Elisabeth von Schönau · Werke

Elisabeth von Schönau

Werke

Eingeleitet, kommentiert und übersetzt von
PETER DINZELBACHER

Herausgegeben von der
Katholischen Kirchengemeinde St. Florin,
Kloster Schönau

FERDINAND SCHÖNINGH
Paderborn · München · Wien · Zürich

Titelabbildung (Fotoreproduktion):

Miniatur zur Eingangsvision des „Liber viarum dei", Buch der Gotteswege,
im verschollenen Codex der Elisabethschriften aus dem Benediktinerinnenkloster Schönau.
Mittelrhein, 2. Hälfte des 12. Jahrhunderts. Ehem. Wiesbaden, Hessische Landesbibliothek,
Hs. 3, fol. 83v.

Buchrückseite:

Zierinitiale E(lisabeth),
Benediktinerinnenkloster Schönau, 2. Hälfte des 15. Jahrhunderts.
Wiesbaden, Hessische Landesbibliothek, Hs. 4, fol. 143r.

Bibliografische Information Der Deutschen Bibliothek

Die Deutsche Bibliothek verzeichnet diese Publikation in der Deutschen Nationalbibliografie;
detaillierte bibliografische Daten sind im Internet über http://dnb.ddb.de abrufbar.

Umschlaggestaltung: Anna Braungart, Tübingen

Gedruckt auf umweltfreundlichem, chlorfrei gebleichtem
und alterungsbeständigem Papier ∞ ISO 9706

© 2006 Ferdinand Schöningh, Paderborn
(Verlag Ferdinand Schöningh GmbH & Co. KG, Jühenplatz 1, D-33098 Paderborn)

Internet: www.schoeningh.de

Printed in Germany. Herstellung: Ferdinand Schöningh, Paderborn

ISBN 10: 3-506-72937-3
ISBN 13: 978-3-506-72937-8

INHALT

Vorwort von Prof. Dr. Franz Kamphaus, Bischof von Limburg VII

Einleitung IX

Bibliographie XXI

Danksagung XXIII

Visionsbuch 3

Buch der Wege zu Gott 103

Offenbarungen über das heilige Heer der Kölner Jungfrauen 145

Briefe 165

Anhang: Der Brief Hildegards von Bingen an Elisabeth 185

VORWORT

zur Übersetzung des visionären Werkes der heiligen Elisabeth von Schönau

840 Jahre nach dem Tod Elisabeths von Schönau hat Professor Dr. Peter Dinzelbacher im Auftrag der Pfarrei St. Florin, Kloster Schönau, und mit finanzieller Unterstützung des Bistums Limburg, das gesamte visionäre Werk der Heiligen aus dem Lateinischen ins Deutsche übersetzt. Was bisher nur in Auszügen vorlag, wird nun allen interessierten Leserinnen und Lesern in Gesamtheit zugänglich gemacht.

Elisabeth von Schönau zählt wie Hildegard von Bingen zum Kreis der frühen rheinischen Mystikerinnen. Im Mittelalter und bis in die frühe Neuzeit hinein war Elisabeth weitaus bekannter und beliebter als ihre „große Schwester" Hildegard. Die beiden Ordensfrauen standen in Briefkontakt zueinander. Ihre Korrespondenz zeigt ein Verhältnis wie zwischen Schülerin und Meisterin. Die jüngere Elisabeth nennt Hildegard ihre „Herrin", während die ältere Hildegard Elisabeth als ihre „Tochter" bezeichnet.

Elisabeth bat Hildegard in ihren Briefen um Trost und Rat. Sie war eine leidenschaftliche Gottsucherin und dabei zutiefst menschlich: mit Fehlern und Schwächen, mit Irrungen und Wirrungen auf ihrem Reifungsweg.

Sie hat die Erfahrung von Gottesferne und Gottverlassenheit gemacht und hat darunter schwer gelitten. Elisabeth kannte Angstzustände und Depressionen, Glaubenszweifel und Selbstüberforderung. Ihre seelische Not drückte sich in immer wiederkehrenden körperlichen Krankheiten aus. In der Erfahrung des Schweigens und der Abwesenheit Gottes steht sie heutigen Menschen nicht fern. Was Elisabeth ausmacht, ist das kompromisslose Ringen um die Nähe Gottes. In diesem Ringen wurde ihr eine visionäre Schau zu eigen, die auch heutige Menschen beeindrucken und uns Mut machen kann.

Das Kloster Schönau, Stätte des Lebens und Wirkens der heiligen Elisabeth, ist bis heute ein Wallfahrtsort für Menschen, die Gott suchen, die sich auf Gottes Spuren begeben und nach dem Sinn in ihrem Leben fragen. Möge die Lektüre des visionären Werkes der heiligen Elisabeth von Schönau viele Menschen ermutigen, sich auf diesen Weg einzulassen.

Limburg, am Fest der Kreuzerhöhung 2005

+ Franz Kamphaus
Bischof von Limburg

EINLEITUNG

Leben

Elisabeth[1] wurde 1129 in einer adeligen rheinländischen Familie geboren und im Alter von zwölf Jahren den Benediktinerinnen im Kloster Schönau[2] im Taunus (bei Strüth im Rhein-Lahn-Kreis, zwischen Wiesbaden und Koblenz) übergeben. Dabei handelte es sich um ein erst seit kurzem bestehendes Doppelkloster, eine im ganzen Mittelalter bekannte Einrichtung, wo Mönche und Nonnen am selben Ort lebten, baulich getrennt, doch unter gemeinsamer Leitung. Elisabeth kam als Oblatin ins Kloster. Das benediktinische Mönchtum rekrutierte sich ja seit den Anfängen zum größten Teil aus Oblaten, Kindern ab fünf Jahren, die als „Zehnt" von ihren Eltern einem Klosterpatron verlobt wurden und als Mönche oder Nonnen für ihre Familie zu beten hatten, unabhängig von ihrem eigenen Willen, da die Entscheidung der Eltern bis Ende des 12. Jahrhunderts unaufhebbar war und somit ein Austritt aus dem Kloster unmöglich[3]. Elisabeth gehörte offenbar zu jenen, die sich gut in die neue Situation einfügten, und sie scheint von ihren Mitschwestern stets volle Unterstützung erhalten zu haben (was man von Hildegard von Bingen nicht unbedingt sagen kann[4]). Etwa siebzehnjährig legte sie die ewigen Gelübde ab. Ihr Leben wäre wie das so vieler ihrer Standesgenossinnen in der Klausur ihres Konvents dahingegangen[5], ohne ein Spur zu hinterlassen, hätte das Mädchen nicht seit ihrem 23. Jahr, genauer seit dem 18. Mai 1152, begonnen, ekstatische Zustände zu erleben und Visionen zu schauen. Da diese Schauungen nach dem im 12. Jahrhundert vorherrschenden Weltbild sowohl von ihrer Schwesterngemeinschaft als auch den Schönauer Brüdern und speziell ihrem Abt Hildelin (+ 1165/67) als authentische Botschaften Gottes verstanden wurden, war man begierig, sie aufzuzeichnen und zu verbreiten. Daß es auch damals solchen Phänomenen gegenüber prinzipiell skeptischere Gläubige gab, wie u.a Bernhard von Clairvaux[6], die sich fragten, ob solche Gesichte nicht auf Selbsttäuschung oder gar dämonischer Einwirkung beruhten, sollte Eli-

---

[1] Für eine ausführlichere Charakterisierung vgl. v.a. Dinzelbacher, Offenbarungen und Clark (1992).
   N.b.: Alle in den Anmerkungen abgekürzt zitierten Titel sind in der Bibliographie unten S. XXI vollständig aufgeführt.

[2] Zur dessen Geschichte zuletzt eingehend Kemper.

[3] Dinzelbacher, Europa 137 f.

[4] Vita S. Hildegardis II, 12 [13]; Guibert von Nogent, Epistula ad Bovonem 11 (Silvas, A., Jutta and Hildegard, Turnhout 1998, 230, 113).

[5] Wenigstens einmal, um 1156, hat sie Schönau verlassen, um Hildegard von Bingen auf dem Rupertsberg zu besuchen, s. u. S. 108 (Buch der Wege zu Gott 6).

[6] Dinzelbacher, Bernhard 312 f.

sabeth zwar auch bemerken müssen[7], hat aber ihr visionäres Leben keineswegs behindert. Vielmehr intensivierte es sich noch durch den Eintritt ihres vordem als Kanoniker am Kassiusstift in Bonn lebenden Bruders Egbert (Ekbert, vor 1132-1184)[8] in Schönau im Jahre 1155, wozu ihn Elisabeth gegen den Willen der Familie motiviert hatte. Dieser fungierte nicht nur als ihr „amanuensis", d.h. Vertrauter und Aufzeichner, eine Konstellation, die wir bei so vielen späteren Mystikerinnen ebenfalls antreffen, sondern er provozierte, ja, wie er selbst einmal sagt[9], zwang sie geradezu, von dem ihr regelmäßig erscheinenden Engel Auskünfte über Glaubensfragen und aktuelle religiöse Probleme zu erbitten. So produzierte Elisabeth auf solche Anfragen hin u.a. eine ganze visionäre Geschichte des Heeres der 11.000 heiligen Kölner Jungfrauen und identifizierte einzelne ihrer Reliquien.

Wie aus zahlreichen Hinweisen in ihren Werken zu ersehen, wurde die Nonne immer wieder von Krankheits- und Schwächeanfällen gequält, deren Natur sich kaum mehr diagnostizieren läßt; neurologische Störungen sind wohl am ehesten zu vermuten, die sicher von ihrem Fasten und der Eisenkette als Bußgürtel[10] verschärft wurden. Dem Eintritt einer Ekstase ging sehr oft eine heftige Schmerz- und Unruhephase voran. Trotzdem wurde ihr, etwa gleichzeitig mit dem Klostereintritt des Bruders oder jedenfalls wenig später, die Leitung ihres Konvents als „magistra" übertragen, wobei sie natürlich dem Abt des Männerklosters untergeordnet blieb. Von ihrer diesbezüglichen Tätigkeit scheinen, anders als bei Hildegard, keine Nachrichten überliefert zu sein. Die großen gesundheitlichen Anstrengungen, denen Elisabeth ausgesetzt war, haben schon in ihrem 35. Lebensjahr, am 18. Juni 1164 oder 1165[11], zum Tod geführt, oder, wie sie es selbst gesehen hätte, zum ersehnten Eingang in jene bessere Welt, die sich so oft vor ihrem geistigen Auge entfaltet hatte[12]. Ihr Neffe Symon schrieb zusammenfassend über Elisabeths Leben: „Seit ihrer Jugend trug sie das Joch des Herrn und wandelte unter der Ordensregel in Armut und vielfältiger Bedrängnis. Die Hand des Herrn lag stets schwer auf ihr, und in keinem Augenblick fehlte ihr die göttliche Heimsuchung, die ihr Wesen bedrückte und ihren armen Leib in Drangsalen und Bedrängnissen zerbrach..."[13] Und ihr Bruder Egbert klagte: „Ach, unsere Elisabeth, jene auserwählte Leuchte des Himmelslichtes, die hehre und durch überfließende Gottesgnade geehrte Jungfrau, das leuchtende Kleinod unseres Klosters, die Leiterin unserer Jungfrauenschar, weh, sie ward vor den reiferen Jahren dem Erdenlicht entzogen... Durch Dich ward der Welt der Himmel eröffnet und durch das Organ Deiner Stimme flossen die seit Ewigkeiten verschlossenen Gottesgeheim-

---

[7] S. u. S. 6, 49, 84.
[8] Dinzelbacher, P., Ekbert: LexMA 3, 1763; Kemper 80 f.
[9] S. u. S. 159. Zum Verhältnis zwischen Elisabeth und Egbert vgl. Clark (1996) und (1999).
[10] Von Egbert bezeugt (Roth 265).
[11] Egberts Brief über ihren Tod enthält unvereinbare chronologische Informationen, so dass beiden Daten möglich sind (Clark 1992, 26; Kemper 82). Köster (1980) 489 bezeichnet 1165 als Überlieferungsfehler.
[12] Vgl. ihre letzten Worte und Ermahnungen an ihre Mitbrüder und –schwestern (Roth 271 ff.).
[13] Roth 154. Symon folgt der Schilderung Egberts (ebd. 264).

nisse zu uns, und Deine Rede war kostbarer als Gold und süßer als Honig...
Oh glückselige Frau, wie viele Könige und Propheten wünschten das zu schau-
en, was Du schautest, und schauten es nicht!"[14]

Werke

Elisabeths Werke bestehen alle aus der Aufzeichnung der von ihr zweifellos
tatsächlich geschauten Visionen und Erscheinungen, gehörten Auditionen
und gesprochenen Glossolalien. Daß es im Verlauf dieser Aufzeichnungen
durch sie und ihren Bruder zu einer gewissen Auswahl und Bearbeitung des
in der Ekstase oder im Traum Erfahrenen gekommen ist, entspricht dem hier-
für Üblichen[15]. Elisabeth hat ein Visionenbuch hinterlassen, das Buch der
Gotteswege, die Offenbarungen über die Kölner Jungfrauen und ein schma-
les Bündel Briefe. Alle ihre Werke gehören zu der heute immer noch wenig
bekannten, im Mittelalter jedoch sehr umfangreichen Textsorte der Visionsliteratur. Diese war eben im 12. Jahrhundert einerseits durch den Höhepunkt
des (weit zurückreichenden und weit verbreiteten) Typus der umfangreichen
Jenseitsvisionen geprägt, also Aufzeichnungen von einmaligen Nah-Tod-Er-
lebnissen, wie sie ähnlich heute von Ärzten und Psychologen aus dem Mund
von reanimierten Patienten aufgezeichnet werden[16]. Andererseits kam es damals gleichzeitig zur Entstehung von an der Schwelle zur Mystik stehenden
(vordem sehr seltenen) Offenbarungsbüchern, also Sammlungen mehrerer
kleiner Visionen ein und derselben Person[17]. Wiederholung gleicher oder ähnlicher Motive und Korrespondenzen zwischen einzelnen Gesichten sind für
dieses Genus typisch und prägen auch die Visionen Elisabeths.
     Durch den stark autobiographischen Charakter der Schauungen dieser
Charismatikerin – sie spricht wesentlich mehr als Hildegard über ihre eigene
Befindlichkeit, über ihr Verhältnis zu den Personen der anderen Welt, über
Ereignisse in ihrer nächsten Umwelt – bezeugen ihre Texte jene Individuali-
sierungstendenz, die für das „Bernhardinische Zeitalter" typisch war[18]. Sie
verweisen bereits auch auf die dann seit dem 13. Jahrhundert so zahlreichen
frauenmystischen Aufzeichnungen[19]. Elisabeth berichtet aber andererseits
noch keine mystische Vereinigung mit Gott („unio mystica") von sich, was

---

[14] Roth 263 f. Zu diesem Schreiben über den Tod seiner Schwester vgl. El Kholi, S., Ekberts von
      Schönau Trostschreiben De Obitu Domine Elisabeth: Archiv f. mittelrheinische Kirchenge-
      schichte 52, 2000, 315-363 (mit Übersetzung).
[15] Dinzelbacher, Revelationes.
[16] Dinzelbacher, P., An der Schwelle zum Jenseits. Sterbevisionen im interkulturellen Vergleich,
      Freiburg 1989.
[17] Dinzelbacher, Vision; Ders., Revelationes.
[18] Dinzelbacher, Bernhardinische Epoche; Ders., Handbuch 25 ff.; Ders., Europa 40, 77, 121 f.
[19] Dinzelbacher, Offenbarungen.

als die wesentliche Bedingung bezeichnet werden kann, wenn von christlicher Mystik gesprochen wird[20]; sie deutet auch die Liebesbeziehung zu Jesus nur sehr generell und nicht auf sich selbst bezogen mit Formulierungen aus dem *Hohen Lied* an. Deshalb kann ihr Werk noch nicht wie z.B. im späten 13. Jahrhundert das einer Mechthild von Magdeburg, Gertrud von Helfta, Agnes Blannbekin oder Hadewijch[21] als mystischer Text im Vollsinn des Wortes angesprochen werden. Elisabeth ist viel mehr, hierin den alttestamentlichen Propheten oder auch Hildegard ähnlich, Sprachrohr der Botschaften der Gottheit, die sie ja oft genug durch Glossolalie, also nicht selbst formuliertes, „automatisches" Reden in religiöser Trance, übermittelt.

Der *Liber Visionum* (1152/55) stellt ihr frühestes Werk dar, das thematisch stark an der Liturgie des Kirchenjahrs orientiert ist: Zu jedem Fest erscheint der entsprechende Heilige oder schaut Elisabeth die entsprechenden Geschehnisse aus dem Leben Christi. Ein großer Teil der Schauungen Elisabeths spiegelt so das Eingebundensein benediktinischen Lebens in die Liturgie. Viele Bilder wirken dabei wie Schilderungen romanischer Kunstwerke, Elisabeths Visionen sind offenbar stark von den ikonographischen Konventionen ihrer Zeit geprägt. Eher von den alttestamentlichen Propheten angeregt erscheinen die Drohbotschaften an Sünder, vor allem die Sekte der Katharer, für die Gott die schrecklichsten Strafen bereiten wird (3, 24 und 28). Nicht umsonst hat Egbert ein Werk zur Widerlegung ihrer „Irrtümer" verfaßt[22]. Besondere Verehrung zeigt Elisabeth für ihren Schutzengel, der ihr sehr viele ihrer übernatürlichen Erfahrungen vermittelt, und noch mehr für Maria, die hohe „Herrin" ihres Konvents. Vereinzelt (z.B. 2, 17) erscheinen auch im Visionsbuch schon symbolische Bilder, wie sie Elisabeths nächstes Werk ganz prägen werden.

Dessen Titel, *Liber viarum dei*, Buch der Gotteswege, begonnen im Juni 1156, vollendet im August 1157, läßt sich unterschiedlich verstehen, nämlich als Buch über die von Gott für den Aufstieg der verschiedenen Stände der Gläubigen vorgesehenen Wege, oder als Buch von den Wegen dieser Christen zu Gott, je nach dem, ob man „*dei*" als objektiven oder subjektiven Genetiv übersetzt. Beides ist gleich richtig und gleichermaßen gemeint. Es handelt sich um eine groß angelegte, systematische Allegorie über die Wege der einzelnen Stände der christlichen Gesellschaft zum ewigen Heil, angeregt sicherlich durch den 1151 fertig gestellten *Liber Scivias* der Hildegard von Bingen. Es ist ein typischer Zug der mittelalterlichen Mentalität, abstrakte Gegebenheiten (Lebensweg) durch oft ungemein ausführlich detaillierte allegorische Bilder (konkreter Berg mit konkreten Wegen) zum Ausdruck zu bringen[23].

---

[20] Dinzelbacher, Mystik.

[21] Zu diesen vgl. ebd. und Dinzelbacher, Wörterbuch.

[22] Roth 201 ff.; 352. Zur historischen Interpretation Heer, F., Aufgang Europas, Wien 1949, 500 ff.; Manselli 227 ff.

[23] Dies sollte seinen Höhepunkt jedoch erst zwischen dem 13. und 15. Jahrhundert und in Frankreich finden (*Rosenroman*, Pilgerfahrten des Guillaume de Digulleville. Vgl. Dinzelbacher, P., Die mittelalterliche Allegorie der Lebensreise: Søndergaard, L.u.a., edd., Monsters, Marrels, and Miracles, Odense 2005, 65-112, Ill. 20-30.).

Während die beiden vorhergehenden Schriften auf grundsätzlichen und nicht nur für ihre Epoche relevanten Lehren des Christentums basieren, verdankt das einflußreichste Werk der Schönauerin über die Ursulanischen Märtyrerjungfrauen, der *Liber revelationum Elisabeth de sacro exercitu virginum Coloniensium*, ebenfalls aus den Jahren 1156/57, seine Existenz einer konkreten Zeitfrage: Bei Arbeiten außerhalb der Kölner Stadtmauern ab 1106 hatte man einen alten römischen Friedhof angeschnitten; nur wenige zweifelten daran, daß die dort wieder und wieder aufgefundenen Knochen Märtyrern aus der Verfolgungszeit der christlichen Kirche gehören müßten. Als solche genossen Ursula und ihre Gefährtinnen in der Stadt schon lange Verehrung. Nun erhob sich aber angesichts der Menge der immer wieder neu aus dem Boden geborgenen Gebeine wegen der fehlenden Namen das Problem ihrer Identifikation, das so gelöst wurde: „Man begann, Grabsteine zu meißeln, sich Inschriften für die angenommenen Gefährtinnen Ursulas einfallen zu lassen und für sie Verwandte zu erfinden, dann, um die beachtlichen Reste männlicher Gebeine zu rechtfertigen, eine ganze Eskorte von Königen, einen Papst, Kardinäle und Bischöfe, die ihr Los [mit den Jungfrauen] geteilt hätten.“[24] Auch Elisabeth hatte Anteil an der Legendenentstehung: Den Deutzer Mönchen, denen die Obhut über die entdeckten Bestattungen oblag, kam es gerade recht, daß in relativ geringer Entfernung, eben im Kloster Schönau, eine bereits bekannte Visionärin lebte. An sie wandte sich 1156 Abt Gerlach mit der Bitte, durch Vermittlung ihres Schutzengels Näheres über die Namen und das Leben der Märtyrerinnen und Märtyrer von den Himmlischen zu erfragen. Elisabeth konnte den wegen offenkundiger Fälschungen unsicher gewordenen Benediktiner durch ihre diesbezüglichen Offenbarungen beruhigen. Es besteht kein Zweifel daran, daß sie in ihren Ekstasen tatsächlich das schaute und hörte, was man von ihr erwartete, und daß sie demnach selbst davon überzeugt war, die Reliquien guten Gewissens authentisieren zu dürfen.

Damit war ein wichtiger Schritt zur weiten Verbreitung der bislang eher nur lokalen Ursula-Legende getan. Wie war sie überhaupt entstanden? Ein Kult für eine Gruppe von Märtyrerinnen scheint in Köln nach einer spätantiken Inschrift schon im 4. oder 5. Jahrhundert existiert zu haben. Die zugehörige Passion wurde im frühen und hohen Mittelalter um neue Details erweitert, was wir hier nicht im Einzelnen verfolgen können, und auf eine aus England stammende Schar von Jungfrauen unter ihrer königlichen Anführerin Ursula bezogen[25]. Ihre Anzahl wurde verschiedentlich angegeben, dann auf elf fixiert. Da dies mit römischen Ziffern XI geschrieben wird, über denen ein Strich steht, der auch als Abkürzung für „mille“ (tausend) verwendet wurde, konnte die Zahl als 11.000 gelesen werden. Vielleicht wurde auch eine Abkürzung nach dem XI, nämlich „VM“, „virgines martyres“ (Märtyrerjungfrauen), als „virgines mille“ (tausend Jungfrauen) aufgelöst. Die um 970 aufgezeichnete Passio erzählt dann die bis heute bekannte Geschichte von der

---

24 Moulinier 178.
25 Literatur: Staab, F., Ursula: LThK 10, 2001, 488. Zu ergänzen: Ferreiro Alemparte, J., La leyenda de las once mil vírgines, Murcia 1991; Holladay; Moulinier.

englischen Königstochter Ursula, die, um einer Heirat mit einem Heiden zu
entgehen, mit 11.000 Begleiterinnen und einigen Begleitern, darunter dem völlig ahistorischen Papst Cyriacus, in elf (!) Schiffen nach Köln gekommen sei,
wo sie allesamt von den damals die Stadt belagernden Hunnen ermordet worden seien. Eine seit dem frühen 11. Jahrhundert viel gelesene Fassung der Legende mit dem Titel *Regnante domi*no, die für den Kölner Ursula-Konvent
verfaßt worden war, kannte und erwähnte auch Elisabeth. Ein hauptsächliches
Problem für sie waren die Gebeine von Männern und Kindern, die bei den
Ausgrabungen gefunden wurden, von denen die Legende jedoch nichts erwähnt. Elisabeth fand in ihren Ekstasen phantasievolle ,historische Lösun-
gen' im Stil anderer Märtyrer-Passionen: Visionär geschaute Geschichte, von
der keine anderen Quellen berichten, sondern die mit diesen im Gegensatz
steht. Elisabeths Darlegungen wurden trotzdem mit so viel Anerkennung angenommen, daß mittelalterliche Geschichtsschreiber sogar die ihnen vorliegenden historischen Traditionen nach den Angaben der Seherin korrigierten[26]
– eine eindringliche Illustration zur Hochschätzung des visionären Charismas im hohen Mittelalter.

Wiewohl es jedoch bereits in jener Epoche und später auch Kritik an Elisabeth Offenbarungen speziell über die Märtyrerinnen gab[27], war damit für
die Kölner ein unermeßlicher Reliquienschatz guten Gewissens verfügbar und
Tausende neuer Heiliger zu verehren. Wiewohl Papst Bonifatius IX. 1381 jede weitere Translation von Ursula-Reliquien untersagte, blühte der Handel
mit ihnen bis in die Neuzeit. Die typischen Kopfreliquiare der 11.000 Jungfrauen finden sich nach wie vor in der Goldenen Kammer ihrer Kirche zu
Köln und weithin in der ganzen Region und über diese hinaus verstreut, nach
wie vor auch zur Verehrung durch die Gläubigen aufgestellt, obgleich Ursula 1969 als unhistorisch aus dem römischen Heiligenkalender gestrichen wurde[28].

Die *Briefe* der Seherin schließlich, auch sie in ihrer gegebenen Form kaum
ohne das Modell entsprechender Schreiben Hildegards denkbar, enthalten vor
allem moralische Ermahnungen, wie sie sie von der himmlischen Stimme vernommen hatte. Im Unterschied zu Hildegards auch an Laien gerichtete
Schreiben wenden sich Elisabeths Briefe mit einer Ausnahme (Brief 16) aus-
schließlich an Männer im Bischofs-, Abts- und Mönchsstand und Frauen im
Rang einer Äbtissin oder Meisterin. Es fällt auf, daß sie sich öfters derselben
Formulierungen bedienen, die ihrerseits oft wiederum aus den anderen Werken entnommen sind. Ihr Inhalt ist stark sentenzenhaft, d.h. ermahnt die verschiedenen Empfänger immer wieder mit denselben Worten zu denselben Tugenden und verkündet in denselben Bildern die Herrlichkeit der zu
erwartenden Belohnung im Jenseits. Einzelne Passagen beziehen sich jedoch
auf aktuelle Probleme, so die zwiespältige Papstwahl von 1159 (Brief 4). Die

---

[26] Köster (1965) 42 f.; Dinzelbacher, Frauenmystik 81 f.
[27] S. u. S. 147; Roth, Nachtrag (von 1886) LIV.
[28] LThK 10, 2001, 488.

Briefe stammen aus Elisabeths letzten Jahren[29], als sie sich ihres Charismas gewiß geworden war.

Abschließend ist zu bemerken, daß noch eine Gruppe weiterer Visionen existiert, die sogenannten *Revelationes extravagantes*, die sich nicht in den Schönauer Manuskripten und somit auch nicht in der Roth'schen Edition finden, Elisabeth jedoch versuchsweise zugeschrieben wurden[30]. Es handelt sich hierbei um v.a. mariologische Erscheinungen und Lehrgespräche, die unter dem Namen der hl. Elisabeth von Thüringen (1207-1231) handschriftlich überliefert sind, von der wir jedoch durch ihre Vertrauten wissen, daß sie ihre übersinnlichen Erfahrungen nicht weitererzählte[31]. So scheint es nicht ganz ausgeschlossen, daß es sich bei diesen Texten um durch Interpolierungen aufgeschwollene echte Erscheinungen Elisabeths von Schönau handelt, denn die älteste lateinische Handschrift bezieht sich auf eine „Elisabeth virgo", eine jungfräuliche Visionärin, was auf die ungarische Prinzessin, die mehrere Kinder geboren hatte, nicht zutreffen kann; auch kommen darin Passagen über die hl. Ursula vor. Weiterhin wurden manche echte Schauungen der Schönauerin in anderen Handschriften irrtümlich ihrer ungarisch-thüringischen Namenscousine zugeschrieben[32]. Andererseits tauchen diese Texte erst in Manuskripten des 14. Jahrhunderts vornehmlich franziskanischer Provenienz auf und enthalten teilweise wörtliche Auszüge aus den Offenbarungen Angelas von Foligno (1248-1309). Deshalb könnten sie ebensogut eine spätmittelalterliche Fälschung sein[33]; jedenfalls wirken sie lehrhafter und abstrakter als die authentischen Elisabeth-Texte. Diese *Revelationes extravagantes* zirkulierten nicht nur in Latein, sondern auch in französisch, italienisch, katalanisch[34] und spanisch[35]. Sie werden hier jedoch nicht weiter berücksichtigt, da vor einem eindeutigen Urteil eine neue und eingehende philologische Untersuchung nötig wäre.

Rezeption

Nicht anders als bei den meisten sonstigen VisionärInnen auch, zirkulierten Elisabeths Offenbarungen schon zu ihren Lebzeiten, da ihr deren Verbrei-

---

29 Zur Datierung im einzelnen Clark 1992, 164 Anm. 55.

30 Oliger, L., ed., Revelationes B. Elisabeth: Antonianum 1, 1926, 24-83; Übersetzung in Montalembert, G. v., Leben der Hl. Elisabeth von Ungarn, Aachen 1857 (u.ö.), 502-521.

31 Huyskens, A., ed., Der sog. Libellus de dictis quatuor ancillarum s. Elisabeth confectus, Kempten 1911, 80 f.

32 So die mittelfranzösische Übersetzung des Buches der Wege zu Gott, s. u. S. XX.

33 Köster, Werk 101, 117-119.

34 Oliger, L., ed., Revelacions de Santa Elisabeth: Estudis franciscans 38, 1926, 341-355.

35 In: Floreto de Sant Francisco, Sevilla 1492.

tung ja in der Ekstase anbefohlen worden war und ihr Konvent dies unter-
stützte. Einige Visionen kamen allerdings auch ohne ihre Zustimmung in Um-
lauf[36]. Durch die sukzessive Veröffentlichung wurden v.a. einzelne Texte wie
besonders die Revelationen über die Ursulanischen Jungfrauen und die Himmelfahrt Mariens oft abgeschrieben, wogegen der Codex des von Egbert nach
dem Tode seiner Schwester zusammengestellten Gesamtwerks (welcher der
hier publizierten Übersetzung zugrunde liegt) kaum mehr rezipiert wurde[37].

Vom dreizehnten bis ins neunzehnte Jahrhundert war Elisabeth wesentlich
bekannter als die heute ungleich berühmtere Hildegard von Bingen. Für das
Mittelalter bezeugt dies die etwa zehnfache Zahl an Handschriften, in denen
das Werk der jüngeren Benediktinerin überliefert ist, ebenso wie die bis zum
frühen 16. Jahrhundert entstandenen Übersetzungen einzelner Schauungen
ins Altnordische, Anglonormannische, Französische, Provenzalische, Katal-
anische, Spanische, Italienische und Frühneuhochdeutsche. Hildegards
Schauungen wurden dagegen im Mittelalter überhaupt nicht übersetzt, der
Originaltext bald von der Kompilation des Zisterziensers Gebeno von Eberbach verdrängt[38].
   Im 20. Jahrhundert allerdings hat Hildegard ihre jüngere Zeitgenossin so
sehr in den Schatten gestellt, daß, um nur *ein* sprechendes Beispiel zu erwäh-
nen, *das* theologische Standardwerk, der 31 monumentale Bände umfassende
Dictionnaire de théologie catholique, letztere nicht einmal im Register erwähnt,
wogegen die Bingener Benediktinerin einen adäquaten Artikel erhalten hat.

Die Druckgeschichte der Werke Elisabeths beginnt schon 1513, als ihre Visionen zusammen mit den altchristlichen des Hermas, der karolingischen des
Wetti von Reichenau, denen des Dominikaners Robert von Mozat, der Hildegard von Bingen und der Mechthild von Helfta zu Paris von dem französischen Humanisten Faber Stapulensis herausgegeben wurden; auch der
Nachdruck von 1628 durch Bernardus Gvaltherus bringt sowohl Elisabeth
als auch Hildegard.
   Die erste und bislang einzige kritische Ausgabe verdankt man dem dem Be-
nediktinerorden nahestehenden nassauischen Kirchenhistoriker Ferdinand
Wilhelm Emil Roth (1853-1924), Privatgelehrter und 1887/91 Hausarchivar
des Grafen zu Eltz in Eltville[39], der 1884 auf der Grundlage von knapp 30
Handschriften Egberts Fassung letzter Hand publizierte. Die an dieser Ausgabe mehrfach geäußerten Kritiken sind m. E. nicht wirklich begründet, denn
auch eine neue Textkollation würde, von ganz wenigen Stellen abgesehen, keine wesentlichen Änderungen erbringen, wie sich aus der Übersetzung von
Clark ergibt, die dazu (sowie für eine eventuelle Neuedition) mehrere Hand-

---

[36] S. u. Visionen 3, 19.
[37] Köster (1965) 32 f. Vgl. für die handschriftliche Überlieferung die anderen in der Bibliographie
    S. XXII zitierten ausführlichen Arbeiten desselben Verfassers.
[38] Embach, M., Die Schriften Hildegards von Bingen, Berlin 2004.
[39] Hinrichsen, A., Das literarische Deutschland, Berlin 2. Aufl. 1891, s.v.

schriften überprüft hat[40]. Allerdings ist die Roth'sche Ausgabe von unge-
wöhnlich zahlreichen Druckfehlern entstellt, die nur teilweise im Anhang der
ersten Auflage und in den Korrekturseiten der zweiten Auflage von 1886 ver-
bessert sind. Da dieser Text auch in großen Bibliotheken fehlt und heute an-
tiquarisch so gut wie nicht mehr zu erhalten ist, wäre ein verbesserter Neudruck sinnvoll.

Verglichen mit der geradezu hemmungslos produzierten Schwemme von Büchern und Aufsätzen, die zu Hildegard von Bingen in den letzten Jahren nicht
nur, aber vor allem von deutschen und amerikanischen AutorInnen vorgelegt
wurde, ist die neuere wissenschaftliche Literatur über Elisabeth beinahe Quan-
tité négligeable. Nachdem die handschriftliche Überlieferung in den fünfziger
Jahren eingehend durch Köster[41] bearbeitet worden war, verschwand Elisabeth bis zu den achtziger Jahren wieder aus der Diskussion, auch eine Arbeit
des Verfassers dieser Zeilen über ihre Stellung in der Visionsliteratur (1986, erweitert 1993) änderte daran nichts. Die wichtigsten jüngeren Beiträge stellen
die Biographie Clark's (1992) sowie ihre Übersetzung von Elisabeths Werk ins
Amerikanische (2000) dar, die aus feministischem Interesse entstanden und
demgemäß interpretieren, aber mit aller nötigen mediävistischen Fachkompe-
tenz erstellt sind. Sie wurden daher auch bei der Erarbeitung der vorliegenden
Publikation dankbar herangezogen. Von theologischer Seite erschien in letzter Zeit nur eine negativ gefärbte dogmatische Studie (Weiß); eine psycholo-
gische Untersuchung, wie sie für die Helftaer Mystikerinnen, Seuse, Blannbekin u.a. Frenken[42] erarbeitet hat, steht noch ganz aus.

Zu Stil und Übersetzung

Man darf an die Offenbarungen Elisabeths nicht von der Lektüre der großen
mittellateinischen Stilisten des 12. Jahrhunderts wie eines Anselm von Can-
terbury oder Bernhard von Clairvaux kommen. Die von Egbert nach Elisabeths Vorgabe verwendete Syntax ist einfach und das Vokabular beschränkt,
was unzählige Wiederholungen mit sich bringt. Dem Autor kam es, anders
als bei seinen eigenen Werken, primär nicht auf sprachliche Eleganz an, sondern auf gute Verständlichkeit. Vielfach bemerkt man auch noch die deutsche
Satzstruktur hinter der lateinischen, also Elisabeths gesprochene Worte[43].

---

[40] Vgl. auch bereits die positive Beurteilung von Strauch, Ph., [Rezension zur Ausgabe von Roth],
    Anzeiger für deutsches Alterthum 12, 1886, 25-37.
[41] Vgl. für seine und die im folgenden genannten Arbeiten die Bibliographie unten S. XX.
[42] Frenken, R., Kindheit und Mystik im Mittelalter, Frankfurt 2002. Zur Religionspsychologie
    der paranormalen Erfahrungen Elisabeths vgl. Dinzelbacher, Frauenmystik 85 ff.
[43] Vgl. die Einleitung zu den Visionen S. 5.

Die vorliegende Übersetzung ist die erste Gesamtübertragung der Werke Elisabeths in die deutsche Sprache (bislang waren nur einige Abschnitte übersetzt worden, und das vornehmlich in alten, kaum verbreiteten Publikatio-
nen[44]). Sie bemüht sich um möglichste Treue dem Original gegenüber, so lange
dies ohne Vergewaltigung des heutigen Sprachgefühls möglich ist. Sowohl die
Satzstellung als auch die Ausführlichkeit des lateinischen Textes sollten in ihr
durchscheinen, weswegen auch die unzähligen Redundanzen, etwa die dauernden Satzanschlüsse mit „und" oder das auf jeder Seite dutzende Male fi-
gurierende „aber" zumeist wiedergegeben wurden. Das mag für gegenwärtige Leser ermüdend wirken, doch so war nun einmal die Ausdrucksweise
Elisabeths und Egberts, denen es darauf ankam, sich ausführlich mitzuteilen,
um möglichst unmißverständlich zu sein, und die in einer Epoche lebten, in
der man wesentlich mehr Zeit zur Lektüre eines Textes aufwenden konnte.
Diese für uns bisweilen fremdartige Stilistik sollte also bewahrt werden. Das
gilt auch für die dauernden Demutsformeln, Epitheta, Bibelanspielungen, wie
sie heute selbst in der Kirchensprache kaum mehr Verwendung finden. Diese prinzipielle Bibeldurchwirktheit des kirchlichen Mittellateins bedingt m.
E., daß es nicht sinnvoll oder nötig ist, jeden entsprechenden Anklang in den
Anmerkungen nachzuweisen. Vielmehr wird dort nur auf direkte Zitate und
gezielte Bezugnahmen verwiesen. Dabei wurden die Bibelstellen so ins Deutsche übersetzt, wie sie im Text der Werke der Seherin erscheinen, nicht aber
nach einer vorliegenden deutschen Standard-Übersetzung zitiert. Diese folgt ja dem hebräischen, aramäischen, griechischen Urtext der *Heiligen Schrift*,
nicht aber dem lateinischen der *Vulgata*. Zudem waren im 12. Jahrhundert
noch zahlreiche in Details voneinander abweichende Bibelhandschriften in
Benutzung, woraus sich Divergenzen sowohl zum heutigen Standardtext der
Vulgata als auch zu den heutigen deutschen *Bibeln* ergeben. Auch zitiert Elisabeth oft aus den liturgischen Gebeten, die sie durch tägliche Übung aus-
wendig wußte. Da dasselbe für ihre Mitschwestern und sonstigen Leser galt,
begnügt sich der Text damit, nur die Anfangsworte zu nennen, die Fortset-
zungen waren allen vertraut. Diese Gebete sind meist aus den am Tage der jeweiligen Schauung üblichen monastischen Gebeten genommen und werden
nicht im Einzelnen nachgewiesen[45]. Die Übersetzung folgt genau dem von
Roth 1886 publizierten mittellateinischen Text, der auf einer aus Schönau
stammenden Handschrift basiert, welche die zur Verbreitung bestimmte End-
fassung Egberts darstellt. Die nicht handschriftlich vorgegebene, sondern erst
von Roth eingeführte Interpunktion durfte freilich des Sinnzusammenhangs
wegen des öfteren unbeachtet bleiben.

---

[44] Vgl. die Nrr. 304, 1216, 1222 in der Bibliographie von Lewis. Erst nach Abschluß meiner Arbeit wurde mir die Existenz einer mit 1994 datierten, unpublizierten Übersetzung durch einen
Arzt aus Kiedrich bekannt, Franz Gugerel.
[45] Die entsprechenden Antiphone usw. sind in den Anmerkungen der Übersetzung von Clark
(2000) genannt.

Verehrung Elisabeths[46]

Elisabeth von Schönau wurde niemals kanonisiert. Im Mittelalter feierte man in ihrem Kloster ihre Memorie, aber kein Heiligenfest. Doch muß ihr Grab in Ehren gestanden haben, denn um 1500 (?) kam es zu einer Umbettung ihrer ursprünglich beim Marienaltar der Mönchskirche bestatteten Gebeine in eine eigene Kapelle[47]. Elisabeth-Reliquien wurden an einige Kirchen im Niederrheingebiet abgegeben[48]. Trotz der in der Umgebung erfolgreichen Reformation blieb das Kloster Schönau katholisch, doch wurde der Frauenkonvent 1606 aufgelöst und seine Gebäude abgebrochen. 1630 ist ein Elisabeth-Altar in Schönau bezeugt, die Gebeine Elisabeths wurden jedoch im Dreißigjährigen Krieg zerstreut, nur die Schädeldecke blieb bis heute bewahrt. Ihre Kapelle brannte 1723 mit den Klostergebäuden ab. Der Herausgeber ihrer Werke, Roth, erklärte nach einem Besuch in Schönau, daß zu seiner Zeit, also in den achtziger Jahren des 19. Jahrhunderts, keine Verehrung vor Ort existierte. Doch wurde um 1900 aus freiwilligen Spenden ein neues Reliquiar für Elisabeths Haupt in Auftrag gegeben. Im Jubiläumsjahr 1965 kam es zu einer genauen Untersuchung der Reliquie, an der eine Trepanation festgestellt wurde (offenbar ein Versuch, die Krankheitsschmerzen der Nonne zu lindern). Auch erschien zum ersten Mal eine Festschrift für die Visionärin. Heute feiert die Pfarrei St. Florin im Kloster Schönau jährlich am Sonntag nach dem 18. Juni das Elisabethfest.

Blickt man über die Region hinaus, so ist zu bemerken, dass Elisabeth in der Neuzeit mehrfach irrtümlich für eine Angehörige des Zisterzienserordens gehalten und in die ordenseigenen Kalendarien aufgenommen wurde. Dies ist damit zu begründen, dass ihre Werke häufiger in Handschriften aus diesem Orden überliefert wurden als in solchen, die aus Benediktinerkonventen stammen. Seit 1584 steht sie unter dem 18. Juni im *Martyrologium Romanum*; 1854 richtete die Diözese Limburg ihr ein Proprium (Eigentext für die Meßfeier) ein. Im reformierten Bereich wurde sie durch den pietistischen, aus Moers (Niederrhein) stammenden Mystiker Gerhard Tersteegen (1697-1769) gewürdigt, der auch sonst ökumenische Züge aufweist.

Darstellungen Elisabeths

Die älteste Abbildung der Seherin fand sich in einem leider seit 1945 in Dresden verschollenen Schönauer Manuskript ihrer Werke (Wiesbaden, Hessische Landesbibliothek, Hs. 3), doch ist eine Photographie davon erhalten. Es han-   Abb. 1

---

[46] Roth CXXIII ff.; LThK 3, 1931, 631 f.; Prämonstratenser-Chorherrenstift Tepl.
[47] Vgl. Wiechert, F., Die Reliquien der hl. Elisabeth von Schönau: Ebd. 59-79; Kemper 101.
[48] Roth, Gebetbuch 71 f.

delt sich um ein noch in der 2. Hälfte des 12. Jahrhunderts entstandenes Werk,
das Elisabeth am Fuße des Berges der Gotteswege in Proskynesis hingestreckt
zeigte. Nur drei Wege führten zu der auf der Spitze stehenden apokalypti-
schen Gestalt Gottes hinan[49].

Abb. 3   In der etwa 1372 für König Karl V. von Frankreich hergestellten Prachthand-
schrift mit der volkssprachlichen Übersetzung des *Buches der Wege zu Gott* (Paris, Bibliothèque Nationale, Ms. fr. 1792) zeigt eine leider etwas beschädigte Miniatur Elisabeth auf ihrem Lager, vor ihr der Engel, und über ihr der symbolische
Berg, auf dem Gott thront, zu dem die Vertreter verschiedener Stände auf ihren
Wegen hinaufklettern[50]. Da diese Ausgabe die Schauungen der Schönauerin irrtümlich Elisabeth von Thüringen zuschreibt, ist die Nonne in den braunen Ha-
bit und den schwarzen Schleier der Franziskanerinnen gekleidet.

Abb. 4   Eine ebenfalls in der Wiesbadener Bibliothek aufbewahrte Handschrift
(Hs. 4) aus der 2. Hälfte des 15. Jahrhunderts zeigt auf dem Vorsatzblatt Elisabeth stehend und ihr gegenüber den sie belehrenden Engel[51]. Beide tragen
Schriftbänder in den Händen auf denen „Felix Elisabeth virgo" (die selige
Jungfrau Elisabeth) bzw. „angelus" (der Engel) steht. In dem von ihm erwor-
benen Gebetbuch Elisabeths befindet sich nach Roths Angabe eine dem 15.
oder 16. Jahrhundert angehörige Miniatur, die Gott Vater dabei zeigt, „wie er
eine nackte Frauensperson (Elisabeth), die bis zu den Hüften im Wasser steht,
an der Rechten fasst und mit der Rechten segnet". Eine weitere Buchmalerei
zeigt Gott Vater, der eine Frau, wohl auch die Visionärin, krönt[52].

        Aus dem Barock sind u.a eine Radierung, die Altartafel in Schönau und ei-
ne ebendort befindliche Büste (um 1740) erhalten[53]. Elisabeth ist hier jedes
Mal in zeitgenössischer Benediktinerinnentracht gegeben, begleitet von ihrem Engel; das Altargemälde zeigt über ihr noch Maria mit Engeln. Weiters
ist eine überlebensgroße Holzstatue aus der Mitte des 18. Jahrhunderts in der
Klosterkirche erhalten geblieben, die Elisabeth mit weit zurückgeneigtem
Haupt, also in Verzückung, darstellt[54]. Bisweilen beanspruchte man die Visionärin auch irrtümlich für den Zisterzienserorden. So findet sich im Kloster Kolen (Belgien) ein mit 1635 datiertes Ölgemälde des Zisterzienserinnen-
Stammbaums, auf dem Elisabeth neben Hildegard mit einem Buch als
Attribut erscheint. Auch in St. Marienthal bei Görlitz wurde sie auf einem
Wandgemälde des 19. Jahrhunderts als Zisterzienserin dargestellt[55]. Zum Jubiläum 1965 malte Beate Heinen (ehem. Schwester Felicitas aus dem Hilde-
gard-Kloster Eibingen) ein holzschnittartiges, fast monochromes Bild Elisabeths mit dem übergroßen, sie segnenden Engel[56].

---

[49] Dinzelbacher, Himmel 26.
[50] Ebd. 126 f.
[51] Prämonstratenser-Chorherrenstift Tepl, gegenüber S. 32.
[52] Roth, Gebetbuch IV f.
[53] Prämonstratenser-Chorherrenstift Tepl, Umschlag; gegenüber S. 32 bzw. 65.
[54] Ebd. Gegenüber S. 128.
[55] Zisterzienserinnenabtei St. Marienthal [Klosterführer], Leipzig 1984, 64.
[56] Ebd. 16 a. – Im LcI 6, 132 ist noch ein Gewölbeschlußstein um 1430 erwähnt, der jedoch nicht, wie
      angegeben, in der Festschrift (Prämonstratenser-Chorherrenstift Tepl) abgebildet zu finden ist.

BIBLIOGRAPHIE

Allgemeine Abkürzungen

BS = Bibliotheca Sanctorum, ed. Istituto Giovanni XXIII, Roma
DS = Dictionnaire de spiritualité ascétique et mystique, Paris
DThC = Dictionnaire de théologie catholique, Paris
LcI = Lexikon der christlichen Ikonographie, Freiburg
LexMA = Lexikon des Mittelalters, München
LThK = Lexikon für Theologie und Kirche, Freiburg (1., 2. oder 3. Auflage je nach Erscheinungsdatum)
ND = Neudruck
Sachwörterbuch = Dinzelbacher, P. (Hg.), Sachwörterbuch der Mediävistik, Stuttgart 1992

Abgekürzt zitierte Quellen

Roth, F. W. E. (Hg.), Die Visionen der hl. Elisabeth und die Schriften der Aebte Ekbert und Emecho von Schönau, Brünn 2. Aufl. 1886
Roth, F. W. E. (Hg.), Das Gebetbuch der Hl. Elisabeth von Schönau, Augsburg 1886

Abgekürzt zitierte Sekundärliteratur
(weitere Literaturangaben in den Anmerkungen)

Clark, A. L., Elisabeth of Schönau. A Twelfth-Century Visionary, Philadelphia 1992
Clark, A. L., Holy Woman or Unworthy Vessel? The Representations of Elisabeth of Schönau: Mooney, C. (Hg.), Gendered Voices, Philadelphia 1999, 35-51, 202-207
Clark, A. L., transl., Elisabeth of Schönau. The Complete Works, New York 2000
Clark, A. L., The Priesthood of the Virgin Mary: Journal of Feminist Studies in Religion 18, 2002, 5-24
Clark, A. L., Repression or Collaboration? The Case of Elisabeth and Ekbert of Schönau: Waugh, S. u.a. edd., Christendom and Its Discontents, Cambridge 1996, 151-167
Dinzelbacher, P., Bernhard von Clairvaux, Darmstadt 1998
Dinzelbacher, P., Angst im Mittelalter, Paderborn 1996
Dinzelbacher, P., Christliche Mystik im Abendland. Ihre Geschichte von den Anfängen bis zum Ende des Mittelalters, Paderborn 1994
Dinzelbacher, P., Die „Bernhardinische Epoche" als Achsenzeit der europäischen Geschichte: Bauer, D./Fuchs, G. (Hgg.), Bernhard von Clairvaux und der Beginn der Moderne, Innsbruck 1996, 9-53

Dinzelbacher, P., Die letzten Dinge. Himmel, Hölle, Fegefeuer im Mittelalter, Freiburg 1999

Dinzelbacher, P., Die Offenbarungen der hl. Elisabeth von Schönau: Bildwelt, Erlebnisweise und Zeittypisches: Ders., Frauenmystik 78-101

Dinzelbacher, P., Europa im Hochmittelalter, 1050-1250, Darmstadt 2003

Dinzelbacher, P., Handbuch der Religionsgeschichte im deutschsprachigen Raum II. Hoch- und Spätmittelalter, Paderborn 2000

Dinzelbacher, P., Himmel, Hölle, Heilige. Visionen und Kunst im Mittelalter, Darmstadt 2002

Dinzelbacher, P., Mentalität und Religiosität des Mittelalters, Klagenfurt 2003

Dinzelbacher, P., Mittelalterliche Frauenmystik, Paderborn 1993

Dinzelbacher, P., Revelationes, Turnhout 1991

Dinzelbacher, P., Vision und Visionsliteratur im Mittelalter, Stuttgart 1981

Dinzelbacher, P. (Hg.), Wörterbuch der Mystik, Stuttgart 2. Aufl. 1998

Gössmann, E., Das Menschenbild der Hildegard von Bingen und Elisabeth von Schönau vor dem Hintergrund der frühscholastischen Anthropologie: Dinzelbacher, P., Bauer, D. (Hgg.), Frauenmystik im Mittelalter, Ostfildern 2. Aufl. 1990, 24-47

Hauck, K., Kirchengeschichte Deutschlands, 6. Aufl. Berlin 1953

Heinzer, F., Imaginierte Passion – Vision im Spannungsfeld zwischen liturgischer Matrix und religiöser Erfahrung bei Elisabeth von Schönau: Bihrer, A. u.a. (Hgg.), Nova de Veteribus, München 2004, 463-475

Holladay, J., Relics, Reliquiaries, and Religious Women. Vizualizing the Holy Virgins of Cologne: Studies in Iconography 18, 1997, 67-118

Kemper, J., Das benediktinische Doppelkloster Schönau und die Visionen Elisabeths von Schönau: Archiv für mittelrheinische Kirchengeschichte 54, 2002, 55-102

Köster, K., Das visionäre Werk Elisabeths von Schönau: Archiv für mittelrheinische Kirchengeschichte 4, 1952, 79-119

Köster, K., Élisabeth et Egbert de Schönau: DS 4/1, 1960, 584-588

Köster, K., Elisabeth von Schönau, Leben und Persönlichkeit. – Das visionäre Werk, seine Überlieferung, Verbreitung und Wirkung in der mittelalterlichen Welt: Prämonstratenser-Chorherrenstift Tepl 17-46

Köster, K., Elisabeth von Schönau. Werk und Wirkung im Spiegel der mittelalterlichen handschriftlichen Überlieferung: Archiv für mittelrheinische Kirchengeschichte 3, 1951, 243-315

Köster, K., Elisabeth von Schönau: Die deutsche Literatur des Mittelalters. Verfasserlexikon (2. Aufl.) 2, 1980, 488-494

Lewis, G. u.a., Bibliographie zur deutschen Frauenmystik des Mittelalters, Berlin 1989, 146-158

Manselli, R., Il secolo XII: Religione popolare ed eresia, Roma 1983

Moulinier, L., Élisabeth, Ursule et les onze milles vierges. Un cas d'invention de reliques à Cologne au XIIe s.: Médiévales 23, 1992, 173-186

Prämonstratenser-Chorherrenstift Tepl (Hg.), Schönauer Elisabeth Jubiläum 1965, o. O. 1965

Steele, F. M., St. Elizabeth von Schönau and her Visions: American Catholic Quarterly Review 36, 1911, 392-408

Weiß, B., Die deutschen Mystikerinnen und ihr Gottesbild I, Paderborn 2004

Weiß, B., Elisabeth von Schönau – Eine fragwürdige Mystikerin: Trierer Theologische Zeitschrift 102, 1993, 125-145

DANKSAGUNG

Die vorliegende Übersetzung verdankt ihr Zustandekommen nicht nur dem Interesse des Unterzeichneten für die Schauungen Elisabeths, mit denen er sich bereits für seine 1978 abgeschlossene Habilitations-Schrift gründlich beschäftigte, sondern auch ganz wesentlich zwei Personen aus dem geographischen und spirituellen Umkreis der Heiligen: Einerseits hat Herr Mag. Wolfgang Riedel vom Freundeskreis des Klosters Eberbach die Arbeit mit viel Engagement initiiert, manche Schwierigkeit praktischer Natur aus dem Weg geräumt, sich der Mühe des Korrekturlesens unterzogen, die Abbildungen besorgt und hat in liebenswürdiger Weise, sozusagen als guter Geist, das ganze Unternehmen begleitet. Andererseits war Herr Diakon Peter Fischer von der Katholischen Kirchengemeinde St. Florin, Kloster Schönau bei Strüth, sehr daran interessiert, dass die Schriften der Heiligen endlich einem weiteren Kreis in Buchform zugänglich gemacht würden, wofür er mit großer Umsicht die nötigen materiellen Vorraussetzungen zu schaffen wusste. Auch ihm ist für die Durchsicht des deutschen Textes zu danken. Frau Kollegin Anne C. Clark war so zuvorkommend, mir ein Exemplar ihrer in keiner österreichischen Bibliothek vorhandenen amerikanischen Übersetzung zuzusenden. Schließlich hat Herr Dr. Hans J. Jacobs meinen Vorschlag, Elisabeths Werke im Schöningh-Verlag zum Druck zu bringen, rasch und erfreut angenommen, so dass es möglich wurde, den fertigen Text in kurzer Zeit der Öffentlichkeit vorzulegen. Allen Genannten sei daher an dieser Stelle freundlichst gedankt.

P. D.

Elisabeth von Schönau

Werke

Visionsbuch

Es beginnt der Prolog des Abtes Egbert zu den Visionen.

Alle, die daran sind, die Worte dieses Buches zu lesen, mögen dies zweifels-
frei wissen, daß die Reden des Engels Gottes, die dieser, wie verkündet wird,
an die Magd Gottes Elisabeth gerichtet hat, von ihm teilweise ganz in lateinischer Sprache vorgetragen wurden, teilweise aber ganz in deutscher Rede.
Manche aber trug er dann teilweise in Latein und teilweise mit deutschsprachigen Worten vor. Ich aber, Egbert[1], der Bruder der Magd Gottes, wurde
durch das wunderbare Wirken Gottes von Bonn zum Kloster Schönau hingeführt und wurde zunächst Mönch. Dann aber durch die Gnade Gottes zum
Amt des Abtes berufen, habe ich dies alles und weiteres zusammengeschrieben, was von ihren Offenbarungen zu lesen ist, und zwar so, daß ich die lateinischen Worte des Engels unverändert ließ, wo sie aber deutsch waren, habe ich sie ins Lateinische übersetzt, so genau ich es konnte, ohne etwas aus
eigener Anmaßung hinzuzufügen – ohne die Gunst der Menschen, ohne etwas an irdischem Vorteil zu suchen. Gott ist mir Zeuge, für den alles bloß und
offen liegt. Ende des Prologs.

1. Es beginnt das Buch. Es lebte in den Tagen des Papstes Eugen[2] innerhalb
der Diözese Trier im Schönau genannten Kloster unter der Leitung des Abtes Hildelin[3] ein Mädchen namens Elisabeth, das die Klostergelübde abgelegt
hatte. Als diese unter den Klosterfrauen das elfte Jahr im Kloster zubrachte,
wurde sie im Alter von dreiundzwanzig Jahren im Jahr der Fleischwerdung
des Herrn 1152 vom Herrn heimgesucht. Und seine Hand war mit ihr und
wirkte in ihr nach seinem herkömmlichen Erbarmen höchst wunderbare und
erinnernswerte Werke. Es wurde ihr nämlich gewährt, im Geiste entrafft zu
werden und die Visionen der Geheimnisse des Herrn zu schauen, die vor den
Augen der Sterblichen verborgen sind. Dies aber geschah nicht ohne deutli-
ches Wunder. Häufig nämlich, und geradezu gewöhnlicherweise kam über sie
an den Sonntagen und anderen Festtagen zu jenen Stunden, in denen die An-
dacht der Gläubigen am heißesten brennt, ein Leiden in der Herzgegend, sie
wurde von heftiger Angst erfaßt und ruhte schließlich wie entseelt, so daß an
ihr bisweilen kein Hauch oder Lebenszeichen mehr bemerkt werden konnte. Kehrte ihr Geist aber nach langer Ekstase wieder ein wenig zurück, brach
sie sofort in lateinischer Rede in ganz göttliche Worte aus. Diese hatte sie weder je von einem anderen gelernt, noch konnte sie sie von sich selbst aus erfinden, da sie ja ungebildet war und keine oder fast keine Kenntnis der lateinischen Sprache hatte. Sehr oft auch trug sie Zeugnisse der Heiligen Schrift
und andere Worte des Gotteslobs, die mit dem übereinstimmten, was sie im
Geiste gesehen hatte, ohne irgendeine vorherige Überlegung vor. Da also offensichtlich alles, was mit ihr geschehen ist, zum Ruhme Gottes und zur Erbauung der Gläubigen beizutragen geeignet ist, wurde dies zu einem großen

---

[1] Vgl. oben S. X.
[2] Eugen III. (reg. 1145-1153).
[3] Der erste Abt des Doppelklosters, gestorben 1165/67 (Kemper 65 ff.).

Teil im vorliegenden Büchlein gemäß ihres Berichtes zusammengeschrieben, indem sie einem ihrer Brüder aus geistlichem Stande, mit dem sie vor den anderen vertraut war, das Einzelne darlegte[4]. Obwohl sie nämlich den Fragenden deshalb Vieles verheimlichte, weil sie sehr furchtsam und von sehr demütiger Gesinnung war, wurde sie gezwungen, diesem, als er allem eingehend nachforschte und es dem Gedächtnis überliefern wollte, aus geschwisterlicher Liebe und dem Befehl des Abtes alles vertraulich zu erzählen. Der Beginn dieses Berichtes aber lautete folgendermaßen:

Du erbittest von mir, Bruder, und dazu bist du gekommen, daß ich dir die Barmherzigkeiten des Herrn erzähle, die in mir zu wirken er sich gemäß dem Wohlgefallen seiner Gnade herabgelassen hat. Ich bin ganz bereit dazu, deiner Liebe in allem zu willfahren, denn dies hat auch meine Seele lange begehrt, daß es möglich wäre, mich mit dir über all dieses zu besprechen und dein Urteil zu hören. Doch warte bitte ein Wenig und vernimm die vielfältigen Beängstigungen meines Herzens, die mich mehr als glaublich bedrücken. Wenn jenes Wort, von dem du gehört hast, allgemein bekannt wird – wie es schon teilweise durch einige unvorsichtige Brüder, weiß Gott, gegen meinen Willen, bekannt wurde – was wird man dann, glaubst du, im Volk über mich reden? Es werden vielleicht manche sagen, es komme mir eine gewisse Heiligkeit zu, und werden meinen Verdiensten die Gnade Gottes zuschreiben, im Glauben, ich hätte irgendeine Bedeutung, obgleich ich nichts bin. Andere aber werden denken und unter sich sagen: Wenn diese eine Dienerin Gottes wäre, würde sie völlig schweigen und nicht zulassen, daß ihr Name auf Erden vergrößert wird, wobei sie nicht wissen, durch welche Stacheln ich andauernd zu sprechen gedrängt werde. Es werden auch solche nicht fehlen, die sagen, dies sei alles weibliche Einbildung, was sie von mir hören, oder vielleicht urteilen, daß ich vom Teufel betrogen werde. Auf diese und andere Arten, Liebster, werde ich notwendigerweise im Gerede der Leute durchgehechelt werden. Und wie geschieht mir, daß ich irgendeinem Menschen bekannt werde, die ich es doch gewählt habe, im Verborgenen zu sein, und die ich mich gewiß nicht als würdig erachte, daß irgend jemand seine Augen aufhebe, mich zu betrachten? Auch Folgendes vermehrt meine Ängste nicht wenig: daß es dem Herrn Abt gefiel, daß meine Worte der Niederschrift anvertraut werden sollen. Was bin ich denn, daß das dem Gedächtnis überliefert werde, was von mir handelt? Wird nicht auch das dem Hochmut zugeschrieben werden können? Aber es sagen mir einige von den Weisen, daß mir der Herr dies nicht allein meinetwegen getan hat, sondern dadurch auch für die Erbauung Anderer Sorge trägt, insofern es ein wenig zur Stärkung des Glaubens und zur Tröstung derer, die im Herzen wegen des Herrn beunruhigt sind, zu gehören scheint. Und daher meinen sie, die Werke des Herrn seien aus den so beschaffenen vorgenannten Gründen nicht mit Schweigen zu übergehen. Und daß es wirklich so ist, wie sie sagen, glaube ich teilweise wegen etwas, was ich dir nun sagen will: Es geschieht manchmal, wenn ich mir im Herzen vorgenommen habe, das zu verheimlichen, was mir vom Herrn gezeigt wurde, daß mich

---

[4] Egbert meint sich selbst.

im Inneren eine solche Qual erfaßt, daß ich meine, an der Schwelle des Todes zu stehen. Doch sobald ich denen, die bei mir waren, eröffnete, was ich gesehen, war ich sogleich erleichtert. Aber ich gestehe, daß ich so noch nicht ganz sicher bin, was ich am ehesten tun sollte. Denn ich verstehe sowohl, daß es für mich gefährlich wäre, die großen Taten Gottes zu verschweigen, als ich auch sehr fürchte, es werde noch gefährlicher sein zu sprechen. Ich verstehe nämlich, daß ich zu wenig Unterscheidungskraft habe, um genügend unterscheiden zu können, was von dem, was mir geoffenbart wird, mitgeteilt werden soll, und was dagegen mit Schweigen geehrt werden muß. Und siehe, unter all diesem bin ich der Gefahr ausgesetzt zu sündigen. Daher, mein Lieber, haben die Tränen aus meinen Augen kein Ende, und mein Denken in mir ist in steter Angst. Doch siehe, bei deinem Eintritt begann meine Seele sich zu trösten, und eine große innere Ruhe ergriff mich. Gepriesen sei der Herr, weil er sich herabgelassen hat, das Gebet seiner Magd anzunehmen, mit dem ich ihn viele Tage lang um dein Kommen gebeten habe. Jetzt aber, weil du nach dem Willen des Herrn aus der Ferne zu mir geschickt worden bist, will ich mein Herz nicht vor dir verbergen, sondern dir das eröffnen, was an mir gut und böse ist. Auch sei das, was geschehen soll, in dein und des Herrn Abtes Urteil gelegt.

Dank sage ich dem Herrn, die geringste unter seinen Armen, da von dem Tag an, von dem ich begann, unter der Ordensregel zu leben, bis zu dieser Stunde die Hand des Herrn so fest über mir war, daß ich nie aufgehört habe, seine Pfeile in meinem Körper zu tragen[5]. Meine verschiedenen und täglichen Krankheiten haben nicht nur mich gequält, sondern auch alle Schwestern, die sich in meiner Umgebung befinden. Der Herr möge ihnen Barmherzigkeit schenken, weil sie die Last meines Unheils in mütterlicher Zuneigung mit mir getragen haben. Als sie auch einmal Medikamente gegen meine Krankheit in Anwendung brachten, wurden die Beschwerden desto größer, und ich hörte in nächtlicher Vision eine Stimme, die mir sagte: Unser Gott im Himmel aber vollbrachte alles, was immer er wollte. Daraus erkannte ich, daß ich ermahnt werde, meinen Körper nicht dem Heilmittel der Menschen, sondern dem Willen meines Schöpfers anheim zu stellen, und so habe ich es auch getan. Und wenn ich oft von solcher Starre ergriffen wurde, daß ich keines Gliedes mehr mächtig war, die Zunge ausgenommen, blieb ich nichtsdestoweniger eifrig dabei, die Psalmen zu ruminieren[6] – dies möchte ich ohne Anmaßung sagen. Aber wenn mich die Lähmung auch des Gebrauchs der Zunge beraubte, vollbrachte ich im Geiste, was Aufgabe der Zunge gewesen wäre. Wie viel Mangel an Notwendigem ich aber mit meinen Krankheiten ertrug, wäre lange aufzuzählen. Du weißt selbst, daß sowohl das Vermögen unseres Hauses bescheiden ist und daß jene weit weg von mir sind, die sich über mich

---

5 Das Motiv der Pfeile verschießenden Gottheit kommt mehrfach im *Alten Testament* vor (Dinzelbacher, Angst 148 f.); hier ist besonders an Hiob (6, 4) zu denken, der seine Erkrankung auf diese Weise erklärt.

6 Ein monastischer Fachausdruck, der wörtlich „wiederkäuen" bedeutet und für das meditierende Sprechen von Gebeten gebraucht wurde.

erbarmen müßten. Aber der Herr, der Vater der Waisen, hat für mich gesorgt: Durch seine Gnade ist alle meine Mühsal für mein Herz eine große Freude. Durch alles sei der Tröster der Niedrigen, Gott, gesegnet. Aber um dich nicht länger aufzuhalten, will ich jetzt die Rede auf das bringen, worüber du mich vor allem befragst.

2. Es geschah am heiligen Pfingsttag[7], als die Schwestern zum Herrnmahl zusammenkamen, ich aber aus irgendeinem Grunde verhindert war, so daß ich jenes göttlichen und lebenspendenden Sakramentes nicht teilhaftig wurde. Daher erfreute mich die Feier jenes Tages nicht so wie gewöhnlich, sondern ich blieb den ganzen Tag über in einer gewissen Düsternis des Gemüts. Auch am nächsten Tag und in jener ganzen Woche verblieb ich traurig in derselben Düsternis und konnte diese Traurigkeit nicht aus meinem Gemüt jagen. Mehr als üblich stiegen alle meine Sünden in mein Herz auf, und ich machte jede einzelne bei mir größer und häufte mir so selbst Schmerz auf Schmerz. Da also diese ungute Traurigkeit bei mir nach und nach anwuchs, wurde mein Sinn so verdüstert, daß ich meinte, in Dunkelheit zu wandeln, wohin auch immer ich mich wandte, verglichen mit dem Licht, das ich zuvor in mir gefühlt hatte. Dabei wurde ich auch mit solchem Ekel erfüllt, daß es nichts gab, dessen meine Seele nicht überdrüssig gewesen wäre. Selbst die Gebete waren mir beschwerlich, welche sonst üblicherweise meine höchste Freude gewesen waren. Das Psalterbuch, das mir immer lieb gewesen war, warf ich weit von mir, kaum daß ich einen Psalm gelesen hatte. Ich bedachte mich wieder und wunderte mich bei mir, was mir geschah; ich nahm es wieder, las, gab aber innerlich wieder auf. Alle seine Kräfte nämlich ergoß mein Feind gegen mich. Denn sogar an meinem Glauben ließ mich dieser Ruchlose unsicher werden, so daß ich zweifelnd über unseren Erlöser nachdachte und bei mir sagte: Wer war denn jener, der sich für die Menschen so sehr erniedrigte? Konnte denn alles wahr sein, was über ihn geschrieben ist? Ich wandte mich anderswohin und sprach: Gut war jener dennoch, wer immer er auch war, über den so viel Gutes gepredigt wird. Auch über unsere selige Schutzfrau dachte ich ähnlich zweifelhaft, wenn die Schwestern ihr Gedächtnis feierten. Und was Wunder, mein Bruder? Fast jeder meiner Sinne in mir war verwirrt. Als ich aber wieder ein wenig zu mir selbst kam, erkannte ich, daß ich versucht wurde, und leistete kräftigen Widerstand und ermahnte meine Vertrauten, daß sie für mich beteten. Aber umso mehr griff mich mein Gegner an und verwirrte mich so, daß es mich sogar ekelte zu leben. Nur ganz wenig Speise und Trank konnte ich vor Widerwillen zu mir nehmen, und so verfiel ich am ganzen Leib und wurde kraftlos. Zuletzt aber gab mir jener Ruchlose ein, daß ich meinem Leben selbst ein Ende setzen sollte und so die Mühsale, die ich lange ertragen hatte, beende. Doch in dieser ganz schlimmen Versuchung schlief jener über mir nicht, der Israel bewacht. Er erlaubte nämlich nicht, daß dieses so große Übel Herr über mich würde, sondern gab mir die Bosheit meines Verfolgers zu verstehen. Und sogleich brachte er mich von diesem Gedanken ab. Wie reich bist du, Herr, in

---

[7] 18. Mai 1152.

deinem Erbarmen, der du die auf dich Vertrauenden aus solchen Gefahren ent-
reißt! Ich gestehe dir, Vater, wenn du mir nicht geholfen hättest, hätte wenig
gefehlt und meine Seele wäre der Hölle anheimgefallen.

3. Und so verhielt es sich nun mit mir bis zum Fest des seligen Maximinus[8], das
am 29. Mai stattfindet. An diesem Tag sah ich bei der Komplet in unserer Kapelle ein kleines Gespenst, in etwas wie eine Mönchskutte gekleidet. Kaum war aber
die Komplet gesprochen, überfiel mich eine sehr große Schwäche, und ich bat
die Meisterin, daß sie zusammen mit den Schwestern mit mir in den Kapitelsaal
käme und sie dort ihre Gebete über mich sprächen. Und als ich mich dort vor
dem Kruzifix niederwerfen wollte, sträubten sich meine Knochen so, daß ich die
Knie unmöglich beugen konnte. So tat ich mir also selber Gewalt an und warf
mich schwer zu Boden und lag dort armselig zitternd und zuckend an Haupt
und Füßen und allen Gliedern. Und nachdem ich vom Gebet aufgestanden war,
wurde das Evangelium herbeigebracht, und sie ließen mich die Passion des Herrn
lesen und halfen mir, da ich zum Lesen zu schwach war. Da wir aber lasen, erschien mir dasselbe Gespenst wie zuvor, und als wir jene Stelle lasen, wo der
Evangelist sagt: Satan fuhr aber in Judas ein, der den Beinamen Iskariot hat[9], begann es zu hüpfen und in Gelächter auszubrechen. Ich sagte den Schwestern aber,
sie sollten diesen Bösewicht verjagen, und sie wunderten sich, von wem ich ihnen spräche. Nach der Verlesung des Evangeliums aber verschwand es.

4. Danach bei der Matutin[10] stand es bei mir in Form eines Menschen von
kurzer und gedrungener Gestalt und schrecklich anzusehen. Sein Antlitz war
feurig, die Zunge brennend und weit aus dem Mund vorgestreckt, seine Hände und Füße glichen den Krallen besonders räuberischer Vögel. In dieser
Form erschien es mir sieben Mal an jenem Tag und einmal in Form eines sehr
häßlichen Hundes. Am Morgen des folgenden Tages stand es an meinem Bett
und drohte mir mit einem Schwur, daß es mir mit einem Schuh, den ich es in
der Hand halten sah, die Zähne einschlagen würde. Danach, ein wenig vor
der Messe, kam es mir wieder entgegen in Gestalt eines großen und furchtbaren Stieres und öffnete sein Maul über mir, wie um mich zu verschlingen;
und am Hals schien es eine Glocke zu tragen.

5. Als dann die Messe unserer Herrin, der seligen Jungfrau, begonnen wurde –
es war nämlich Samstag[11] –, fiel ich in Ekstase. Und mein Herz öffnete sich,
und ich sah über dieser Luft[12] ein hell leuchtendes Rad, das dem Vollmond glich,
aber etwa doppelt so groß war. Und ich schaute durch die Mitte des Rades hin-

[8] Bischof von Trier, reg. ca. 330-352.
[9] Der Beiname des Verräters wurde im Mittelalter meist auf seinen Herkunftsort bezogen und
     mit unterschiedlicher negativer Symbolik befrachtet (Dinzelbacher, P., Judastraditionen, Wien
     1977, 14 f.).
[10] Die erste der sieben klösterlichen Gebetszeiten, vor Sonnenaufgang.
[11] Dieser Wochentag war und ist Maria besonders geweiht und seit Urban II. (1095) in diesem
     Sinne liturgisch zu feiern.
[12] Elisabeth unterscheidet einen unteren Luftbereich von dem darüberliegenden Himmel.

ein und sah etwas wie eine königliche Frau, die in der Höhe stand, bekleidet
mit etwas wie ganz weißen Gewändern und eingehüllt in einen purpurnen Man-
tel. Sofort erkannte ich, daß dies die hehre Himmelskönigin war, die Mutter
unseres Erlösers, deren Anblick ich immer ersehnt hatte. Und als ich voller
Sehnsucht auf sie blickte, fiel sie auf ihr Antlitz und betete drei Mal ein göttliches Licht an, das sich vor ihr befand. Da sie sich aber zum vierten Male ver-
demütigte, schien sie lange liegend zu verweilen. Als sie sich aber erhob, wandte sie ihr Antlitz zu mir und trat ein wenig in die untere Luftschicht auf mich
zu, wobei sie zwei herrliche Gefährten hatte, einen rechts und den anderen
links. Der Rechte schien mit einer allerdings sehr weißen Mönchskutte bekleidet zu sein und einen Abtsstab in der Hand zu halten. Daher kam mir der Ge-
danke, dies sei unser verehrungswürdiger Vater, der selige Benedikt[13]. Der zur
Linken aber erschien als schmucker Jüngling, ansehnlich mit seinem hellen, ge-
lockten Haar. Meine Herrin stand aber da, bezeichnete mich mit dem Kreuzeszeichen und gab meinen Gedanken – ich weiß nicht wie – diese Worte ein:
Fürchte dich nicht, weil dir dies nicht schaden wird. Ich hörte aber keinen Laut
einer Stimme, sondern erblickte nur deutlich die Bewegung ihrer Lippen.

6. Danach schritt sie ins Innere ihres Lichtes zurück, und ich folgte ihr, wobei ich sie mit dem Lob der dreizehn Versikel andächtigst anbetete, die ich
üblicherweise sage. Da ich sie gesagt, kehrte ich aus der Ekstase zurück und
erquickte sogleich meinen Geist durch die heilbringende Hostie. Dann bat
ich den Priester, den Namen des Herrn über mir anzurufen. Als er die Litanei begann, fiel ich wieder in Ekstase. Und wiederum sah ich meine Herrin,
die in einer Kleidung wie einer priesterlichen Kasel beim Altare stand[14], und
auf dem Haupte hatte sie ein herrliches Diadem, ausgezeichnet mit etwas wie
vier kostbaren Edelsteinen, und rundherum war ihm der Englische Gruß eingeschrieben: Sei gegrüßt, Maria, voll der Gnade, der Herr ist mit dir[15].

7. Am selben Tag zur Vesper sah ich wiederum jenen Bösen in Form eines Stieres, und er schwebte vor mir in der Luft. Und ein wenig später erblickte ich
wiederum meine Trösterin im Himmelslicht wie zuvor, die mich mit dem Kreuzeszeichen schützte. Am nächsten Tag, es war ein Sonntag, zeigte sich mir mein
Verfolger wiederum wie zuvor in Form eines Stieres. Da mich jene erschreckende Vision dann zu sehr quälte, sagte ich vertrauensvoll zu ihm: Wenn du wirklich jener Böse bist, befehle ich dir im Namen des Herrn, daß du dich sofort
verwandelst und mir nicht weiter in dieser Gestalt erscheinst. Sogleich verschwand er, und ich erblickte ein furchtbares Tal voller Rauch und schwarzer
Flammen, und eine Schar von ganz scheußlichen Ziegen kam daraus hervor.
    An jenem Tag zur Vesper erschien mir ein großes Licht am Himmel, und
aus seiner Mitte schwebte eine schöne Taube von bewundernswerter weißer

---

[13] Benedikt von Nursia (490?-547/560), der Vater des westlichen Mönchtums, dessen Regel zu
      Elisabeths Zeit die große Mehrzahl aller Klöster folgte.
[14] Hierzu vgl. Clark, Priesthood 17 ff.
[15] Vgl. Lk 1, 28.

Farbe und geradezu flammendem Glanz hervor, die etwas Rotes[16] – ich weiß
nicht was – im Schnabel zeigte. Und kaum daß sie einen Kreis in der Luft geschlagen hatte, zog sie sich wieder ins Licht zurück. Ich aber folgte ihr mit
Verehrung und sprach Gebete zum Heiligen Geist, da ich ja gehört hatte, er
sei in Taubengestalt erschienen. Als ich danach zur Komplet vor dem Kreuze stand und es andächtigst grüßte, wurde mir im Himmel ein großes Kreuz
gezeigt, das so von Gold blitzte und leuchtete, daß es sogar die Augen meines Herzens blendete, mit denen ich es anblickte.

8. An einem anderen Tag, als ich morgens allein im Kapitelsaal stand und betete, trat mir mein Widersacher abermals entgegen. Er stand bei mir in Form
eines hübschen Klerikers, wie mit einem weißen Chorrock bekleidet. Und
wiewohl ich erschrak, verharrte ich dennoch im Gebet und ließ es an keiner
Sorgfalt fehlen, um ihn desto mehr zu beschämen. Nach Vollendung des Gebets aber ging ich in das Dormitorium, und dorthin folgte er mir nach. Von
dort wandte ich mich zur Kapelle und kam zwischen zwei betenden Schwestern zu stehen. Auch dorthin verfolgte er mich und stand bei mir, wobei er
mich mit einer schändlichen Geste verspottete und ich den Blick meines Geistes nicht von ihm abwenden konnte, mit dem ich ihn anschaute. Als ich dann
seine Bosheit nicht weiter ertragen konnte, sagte ich ihm kühn: Ich schreibe
dir im Namen des Vaters und des Sohnes und des Heiligen Geistes vor, sogleich mit dieser Geste aufzuhören und mir eine solche Schändlichkeit nicht
weiter zu zeigen. Auf der Stelle tat er seine vorige Kleidung ab und stand ehr-
fürchtig wie mit einer Mönchskutte angetan. Dann ging ich hinaus, um mich
im Konvent der Schwestern niederzusetzen, und dorthin folgte er mir, blieb
stehen und lächelte mich an. Als er dann verschwunden war, erschien er mir
künftighin nicht mehr. Nachdem ich dann die Messe gehört und kommuniziert hatte und zum Mahl gegangen war, rührte ich die Speise wegen meiner
zu heftigen Verwirrung kaum an. Nach dem Mahl aber brach ich plötzlich
zusammen, und es blieb in mir keinerlei Kraft mehr, und allenthalben war ich
so bedrängt, daß keines meiner Glieder ohne Schmerz war. Als dann die
Schwestern um mich standen, konnte ich kaum die Zunge bewegen, um ihnen anzudeuten, daß sie die Reliquien bringen und über mir die Passion des
Herrn und Gebete sprechen sollten. Während sie aber beteten, spürte ich, wie
meine Kehle wie von irgend jemandes Hand fest zugedrückt wurde, so daß
mir fast der Atem abgeschnitten wurde. Nachdem aber diese Stunde vergangen war, hatte ich künftighin größeren Frieden vor meinem Versucher durch
die Gnade des Herrn, der es versteht, die Seinen aus der Versuchung zu entreißen. Dies wurde, wie ich meine, vom Herrn so bewirkt.

9. Die Schwestern und Herrn Brüder, die die Ängste meiner Seele sahen, kamen zusammen und beschlossen, an sieben Tagen hintereinander gemeinsam
Gebete darzubringen und sich vor dem Herrn für mich zu kasteien und jeden Tag eine Messe wegen meiner Ängste zu feiern. Und da unter den sieben

---

[16] Das Feuer des Heiligen Geistes, vgl. Vision I, 52.

Messen am Donnerstag eine Heilig-Geist-Messe gesungen werden sollte, erwartete ich diesen Tag mit großer Sehnsucht, da ich hoffte, dann würde ich
ein wenig Trost empfangen. Der ersehnte Tag kam, und während die Brüder
den Gottesdienst feierten, lag ich mit den Schwestern im Gebet. Und mein
Herz weitete sich, und ich sah ein erhabenes Licht am Himmel, und siehe, die
Taube von großer Schönheit, die ich zuvor gesehen hatte, flog aus dem Licht
und kam bis zu mir. Und sobald sie dreimal mit ausgespannten Flügeln mein
Haupt umkreist hatte, flog sie bald wieder in die Höhe.

10. Als danach am Freitag die Heilig-Kreuz-Messe gesprochen wurde und ich
niedergestreckt lag, wurde mir am Himmel das glorreiche Kreuzeszeichen gezeigt, ungefähr zur Linken der göttlichen Majestät.

11. Am Samstag aber, als die Messe der glorreichen Jungfrau gefeiert wurde,
sah ich sie wieder in der vorigen Helligkeit in Anbetung vor der großen Majestät. Als die Altardiener, die ihr Lob andächtig sangen, zu diesem Vers in
der Sequenz: Sei gegrüßt, Hochlöbliche, gekommen waren, wo es heißt: Bitte, Jungfrau, daß wir dieses Himmelsbrotes würdig gemacht werden, fiel sie
auf ihr Antlitz und warf sich ganz im Gebet nieder. Und so verblieb sie, bis
das Evangelium begonnen wurde. Seit diesem Tag bis zur Gegenwart bin ich
es gewohnt, fast an allen Samstagen und bisweilen auch an anderen Tagen,
wenn die Messe für sie gefeiert wird, dieselbe Vision zu sehen.
    Als ich am selben Tag nach der Non im Kapitelsaal stand und bitterlich we-
gen bestimmter Träume weinte, in denen die Bosheit meines Verfolgers meine Seele sehr gequält hatte, bat ich meine Herrin andächtigst, daß sie mich
würdige, mir etwas Tröstung zu gewähren, damit mir diese Quälereien nicht
etwa schädlich sein möchten. Und siehe, sofort strahlte jenes Himmelslicht
auf, und meine Trösterin schritt daraus hervor. Und da sie ein wenig herabgestiegen war, stand sie mir gegenüber, und ich blickte auf sie und beobachtete genau die Bewegung ihrer Lippen und erkannte, daß sie mich bei meinem Namen Elisabeth nannte, aber weiter fügte sie nichts hinzu. Dies empfing
ich als Tröstung, dankte ihr, und sie verließ mich.

12. Es geschah einmal, als sich mir öfters jene Taube näherte, von der ich gesprochen hatte, daß ich bei mir selbst über sie in Zweifel geriet und vom Herrn
Abt erfragte, ob der Satan sich in eine Taube verwandeln könne. Als dieser
verneinte, dies jemals gelesen zu haben, und ich doch im Zweifel verblieb, erblickte ich eines Tages das Kreuz, das ich zu sehen pflege, und dieselbe Taube kam von der anderen Seite und setzte sich darauf. So wurde ich dessen gewiß, daß es nicht Satan sei, der ja der Feind des Kreuzes ist.

13. Als zur Vigil[17] des seligen Johannes des Täufers[18] der Gottesdienst gefeiert wurde, befand ich mich im Gebet und sagte fünfzig Psalmen und einige

---

[17] Das nächtliche Gebet vor einem liturgischen Festtag.
[18] 23. Juni 1152.

andere Gebete zum Lob dieses verehrungswürdigen Vorläufers des Herrn. Und als ich die Gebete fast vollendet hatte, glänzte plötzlich ein großes Licht am Himmel auf, und in seiner Mitte erschien etwas wie die Gestalt eines glorreichen Mannes in weißem Gewande, der dem Sonnenaufgang zugewandt stand. Und binnen kurzem wandte er mir sein freundliches und höchst liebenswürdiges Antlitz zu, wie wenn er von mir betrachtet werden wollte. Er hatte aber eine goldglänzende und hell leuchtende Krone auf dem Haupte, die an der Vorderseite mit etwas wie Purpurfarbe ausgezeichnet war. In seiner Rechten erschien eine so leuchtende Palme, daß ich ob ihrer Helligkeit kaum das Übrige, was sich daneben befand, unterscheiden konnte. Ich verstand also, daß dies jener glorreiche Märtyrer sei, dem wir dienten. Als wir danach zur Matutin sagten: Dich loben wir, Gott, erschien er mir auf dieselbe Weise, und ich konnte mich, obschon ich mich an die Wand lehnte, kaum vor der Entraffung bewahren. Und als er wieder verschwunden war, schien jenes Licht, in dem ich ihn gesehen hatte, plötzlich in zwei Teile zu zerfallen, und es strahlte etwas wie ein Blitz auf, den zu sehen mir ganz unerträglich war, und ich sagte: Es genügt mir, Herr, deine Gnade, schone meiner Schwäche und mäßige für mich diese allzu große Helligkeit, weil ich sie nicht zu ertragen vermag! Sogleich verschwand sie, und an ihrer Stelle erschien ein sehr heller Stern. Am Tag erschien mir zur Zeit des Meßopfers der Mann Gottes wiederum in ähnlicher Weise.

14. Am dritten Tage danach, am Fest der seligen Märtyrer Johannes und Paulus[19], zur Zeit der Matutin, als ich zu ihren Ehren fünfzig Psalmen las, sah ich sie in einem sehr weiten Licht eng nebeneinander stehen, nach Osten gerichtet, und mir die Rücken zuwendend. Nachdem ich die Gebete vollendet hatte, bat ich sie eifrigst, mich dessen zu würdigen, daß sie mir ihr Antlitz zuwendeten. Und sie wandten sich mir zu. Sie besaßen aber selbst die Zeichen des Sieges und des Martyriums, nämlich in den Händen leuchtende Palmen und auf den Häuptern hell strahlende Kronen, die an der Vorderseite mit Rot ausgezeichnet waren. Mit solchen Zeichen geschmückt lassen sich die heiligen Märtyrer sehen, wann immer sie mich ihrer Erscheinung würdigen.

15. Am Fest der seligen Apostel Petrus und Paulus[20] fiel ich am Beginn der Vesper in Ekstase, und ich sah jene glorreichen Fürsten im Leuchten eines großen Lichtes mit den Zeichen ihres siegreichen Martyriums stehen. Und indem sie mir ihr Antlitz zuwandten, stiegen sie in die Region dieser unserer Luft herab, wobei die heilige Jungfrau, die Mutter des Herrn Jesus, ihnen voranschritt. Petrus aber blieb stehen, machte das Kreuzzeichen über mir, und ich grüßte ihn, indem ich sagte: Du bist der Hirte der Schafe, der Apostelfürst usw. Und auch Paulus anblickend, griff ich zu diesen seinen Worten: Ich habe einen guten Kampf gekämpft und den Lauf vollendet usw.[21] Und als sie

---

[19] 26. Juni 1152.
[20] 29. Juni 1152.
[21] 2 Tim 4, 7.

in die Region des Lichtes zurückgekehrt waren, erholte ich mich wieder von
der Ekstase. Untertags während der Messe, als der Gottesdienst angestimmt
wurde[22], sah ich eine Taube vom Himmel herabschweben, und sie kam bis
zum rechten Eck des Altares und setzte sich dort nieder. Ihre Größe entsprach
der einer Turteltaube, und ihre weiße Farbe übertraf den Schnee. Als der Herr
Abt unter den anderen Kollekten jene sprach, die heißt: Gott, dem jedes Herz
offensteht, und er bis zum jenem Wort gekommen war, das heißt: Reinige
durch die Eingießung des Heiligen Geistes die Gedanken unseres Herzens,
flog sie heran und umkreiste drei Mal sein Haupt, dann kehrte sie zu dem Ort
zurück, wo sie vorher gesessen war. Als er aber sagte: Heiliger, kam sie wieder, und setzte sich auf dem Korporale nieder. Und man sah etwas Rötliches
aus ihrem Munde herabhängen[23]. Als ich nach dem Ende der Messe zwischen
den Schwestern zur Kommunion ging und die leiblichen Augen auf sie richten wollte, vermochte ich sie nicht zu sehen. Wenn ich die Augen aber ab-
wandte, sah ich sie, und aus der Furcht, die ich davon hatte, fiel ich, sobald
ich kommuniziert hatte, in Ekstase, erholte mich aber bald. Und seit damals
erschienen mir alle Heiligen, die bei uns gefeiert werden, an ihren jeweiligen
Festtagen durch die Gnade des Herrn im himmlischen Licht, nämlich der
Märtyrer Kilian[24] mit seinen Gefährten, dann die sieben Brüder[25].

16. Danach erschien mir auch unser Vater, der selige Benedikt, der auch zu
mir in die Luft herabzuschreiten schien. Dann die selige Margareta[26], ansehnlich durch unermeßliche Helligkeit und glorreich durch die Siegeszeichen. Zur
Trennung der Apostel[27] erschienen mir alle, aber Petrus und Paulus schienen
gesondert von den anderen zu stehen. Danach sah ich den Confessor Alexius[28], der ich weiß nicht welchen großen Schmuck von der Brust bis unter den
Nabel hatte.

17. An der Vigil der seligen Maria Magdalena[29] sah ich sie zur Vesper mit einer hell leuchtenden Krone und zugleich mit ihr die Mutter des Herrn. Sie
standen aber einander gegenüber, als ob sie sich miteinander besprächen, und
binnen kurzem wandten sie sich nach Osten. Unter Tags bei der Messe, als
ich mich auf den Boden gekniet hatte und betete, sah ich in der Luft recht nahe der Erde zwei leuchtende Männer einander gegenüber sitzen und in ihrer
Mitte etwas Leuchtendes, das ungefähr die Gestalt eines Grabes hatte. Und

---

[22] Hier liegt möglicherweise eine Textverderbnis vor.
[23] Vgl. Anm. 16.
[24] Patron von Würzburg, enthauptet 689.
[25] Die Söhne der hl. Felicitas, 162 hingerichtet.
[26] Margareta von Antiochien, angeblich zu Beginn des 4. Jahrhunderts hingerichtet.
[27] Divisio apostolorum, der Tag, an dem sich laut apokryphen Texten die Apostel nach der Himmelfahrt Christi voneinander verabschiedeten, um in alle Welt zu gehen und das Christentum
zu predigen, gefeiert am 15. Juli.
[28] Alexius von Edessa (unbekannter Lebenszeit) wurde wegen seiner Ablehnung der Ehe zugun-
sten der Keuschheit verehrt und am 17. Juli gefeiert; der Schmuck scheint seine Enthaltsamkeit
zu symbolisieren.
[29] 21. Juli 1152.

siehe, eine Frau, ähnlich jener, die ich am Abend gesehen hatte, trat hinzu und blieb stehen, wobei sie die Form dieses Grabes genau betrachtete. Als sie aber dort stand, trat von hinten ein Jüngling hinzu, umgeben von einer ganz weißen Kleidung, mit schwarzen Haaren und einem flaumigen Bart und einem überaus schönen Antlitz. Sogleich wandte sich jene zu ihm und ging ihm entgegen, blieb stehen, und schien etwas von ihm zu erfragen. Dann begann ich angstvoll bei mir zu denken, wer denn dieser Jüngling wäre. Und als ich in großem Verlangen glühte, dies zu wissen, erschien plötzlich in seiner Rechten ein goldenes Kreuz. Daraus erschloß ich sogleich, daß er selbst es sei, der von den Toten auferstehend zuerst Maria erschien.

Am selben Tag bei der Vesper, als ich aus Schwäche nicht bei dem Konvent sein konnte, saß ich mit der Meisterin im Kapitelsaal, und wir beschäftigten uns mit den Abendpsalmen. Es war aber regnerisches Wetter, und ich sah allein mit dem Blick des Geistes einen glänzenden Regenbogen; mit den äußeren Augen konnte ich nämlich das Himmelszelt von dem Ort, an dem ich mich befand, nicht sehen. Und ich sagte in meinem Herzen dem Herrn: Ich bitte dich, Herr, daß ich das, was ich nun allein im Geiste sehe, auch mit dem fleischlichen Auge erblicke, um über diese geistliche Vision gewisser zu werden! Ich glaubte mir selbst nämlich nicht genügend. Und nach kurzer Zeit kamen die Schwestern aus der Kapelle, blieben im Kreuzgang stehen und blickten zum Himmel. Als sich aber die Meisterin wunderte, was sie anblickten, sagte ich: Sie sehen, wie ich meine, den Regenbogen, den auch ich schon zuvor in der Schau des Geistes erblickte. Als wir also zu ihnen hinausgingen, sahen auch wir ihn.

18. An der Vigil des heiligen Apostels Jakobus[30] begann ich nach dem Frühstück sehr zu ermatten, wurde aber doch nicht schwach bis zur Ekstase. Und ich sah das Licht, das ich zu sehen pflege, in etwa über der Kirche des heiligen Florinus[31], wo unsere Herrn Brüder sich befinden. Es sollte aber am folgenden Tag dort das Kirchweihfest gefeiert werden. Und ich sah etwas wie eine leuchtende Leiter aus jenem Lichte wie funkelndes Gold herabsteigen bis zum Hochaltar, der sich in dem Gotteshaus befindet. Und als ich hinblickte, sah ich zwei Jünglinge bis zum Altar herabsteigen. Der vorausgehende aber schien ein goldenes Weihrauchfaß in der Hand zu tragen; nach diesen stiegen aber noch zwei andere herab, schließlich stieg eine große Menge herab und umgekehrt wiederum hinauf. Und so stiegen sie andauernd von der Non des Vortages bis zur Non des folgenden Tages auf und ab. So lange nämlich verweilte ich andauernd in dieser Vision[32]. Es erschien aber auch der selige Jakobus, der am oberen Ende mit der seligen Jungfrau Christina[33] stand, und die Jungfrau der Jungfrauen mit ihnen. An diesem Tag aber zur Zeit des Got-

[30] 24. Juli 1152.
[31] Der Priester Florinus, Patron des Schönauer Konvents, lebte im 7. Jahrhundert und wurde außer in der Gegend seines Wirkens, dem Engadin, besonders im Schönau nahegelegenen Koblenz verehrt, wo ihm eine Stiftskirche geweiht ist.
[32] Die den Traum des Patriarchen Jakobus wiederholt (Gen 28, 12).
[33] Christina erlitt das Martyrium um 304 in Bolsena und wird am 24. Juli gefeiert.

tesdienstes sah man ihn bis hier nach unten herabsteigen, wo wir wohnen. Ich
sah aber an diesem Tag eine große Helligkeit um den vorgenannten Altar und
alles, was sich dort abspielte. Denn ich erkannte auch, welche Altardecke dort
war, und sagte es unserer Meisterin an – sie aber bestätigte, daß dies so sei,
wie ich sagte, nachdem sie einen Boten dorthin geschickt hatte.

19. Am Kettenfest des heiligen Petrus[34] sah ich ihn wieder in derselben Gestalt, in der er mir auch vorher erschienen war, danach den Protomärtyrer Stephanus am Tag seiner Auffindung[35], danach den König Oswald[36], danach die
Märtyrerin Afra[37] mit ihren zwei Gefährtinnen, dann den seligen Cyriakus[38],
dann an seiner Vigil den seligen Laurentius[39]. Ihn umfloß aber allenthalben
ein derartig dichtes Licht, daß es sogar berührbar erschien. Der Glanz seiner
Palme und seiner Krone war so groß, daß er auch auf irgend eine Weise die
Augen meines Herzens blendete, so wie üblicherweise das Leuchten glänzenden Goldes die fleischlichen Augen sich abzuwenden zwingt. Er hatte aber
eine leuchtende Stola, die sich von der linken Schulter bis zur rechten Seite
hinzog. Und ich fragte die Meisterin, was das denn bedeute, und sie sagte mir,
dies sei das Zeichen seines Diakonats. Es stand aber bei ihm auch die selige
Jungfrau wie bei allen Vorhergenannten. Und er hatte mir sein Antlitz freundlich zugewandt, bis er mein Verlangen gestillt hatte. Diese Gnade pflegen mir
nämlich alle zu erweisen.

20. Es geschah in der Nacht des Sonntags, die als erste auf das Fest des seligen Jakobus folgte[40], daß ich am ganzen Körper ermattete, und zuerst begann
meine Finger- und Zehenspitzen zu kribbeln, und dann mein ganzes
Fleisch, und überall brach mir Schweiß aus. Und meinem Herzen geschah es
so, als ob es mit einem Schwert in zwei Teile zerschnitten würde. Und siehe,
ein großes Flammenrad strahlte am Himmel auf, dessen Anblick mir große
Angst einjagte, und verschwand sogleich. Danach öffnete sich an derselben
Stelle etwas wie eine Pforte, und ich sah durch sie hinein und sah ein viel groß-
artigeres Licht als jenes, das zu sehen ich gewohnt war. Und viele Tausende
Heilige standen darin rund um eine große Majestät, in folgender Ordnung
verteilt: Es befanden sich vorne in jenem Kreis einige hervorragende und sehr
hervorgehobene Männer, geschmückt mit Palmen und weithin strahlenden
Kronen und an der Stirne ausgezeichnet mit dem Zeichen ihrer Passion. Und

---

[34] 1. Aug. 1152. Am Fest Petri Kettenfeier wurde der Ketten gedacht, mit denen der erste Papst
   in Rom gefangen gehalten worden war, sie waren hochverehrte Reliquien.
[35] 3. Aug. 1152.
[36] 9. Aug. 1152. Oswald, der erste christliche König von Northumbrien, fiel 642 im Kampf gegen einen heidnischen König; sein Kult war durch iroschottische Mönche auch in Deutschland
   verbreitet.
[37] 7. Aug. 1152. Afra erlitt um 304 das Martyrium und ist im Augsburger Ulrichsmünster begraben.
[38] 8. Aug. 1152. Der Diakon Cyriacus wurde um 305 Opfer der Christenverfolgung.
[39] 9. Aug. 1152. Vgl. Vis. I, 53.
[40] 26. Juli 1152.

ich erkannte sowohl aus ihrer Zahl als auch aus der einzigartigen Glorie, die
sie vor den anderen besaßen, daß dies die verehrungswürdigen Apostel Christi waren. Zu ihrer Rechten aber stand ein zahlreiches Heer, glorreich durch
dieselben Zeichen. Danach standen noch andere ausgezeichnete Männer, aber
das Zeichen des Martyriums erschien nicht an ihnen. Zur Linken der Apostel erglänzte aber der heilige Stand der Jungfrauen, geschmückt mit den Zeichen des Martyriums, nach diesen ein zweiter Chor ausgezeichneter Mädchen, gekrönt zwar, aber ohne die Zeichen des Martyriums. Danach
erschienen noch andere verehrungswürdige Frauen mit weißen Schleiern[41].
Und so wurde durch diese alle der Kreis geschlossen. Innerhalb dieses erschien
noch ein anderer Kreis von großer Helligkeit, den ich als den der heiligen Engel erkannte. In der Mitte von allem aber [sah ich] die Glorie der unendlichen
Majestät, die ich überhaupt nicht in Worte fassen kann. Ihren glorreichen
Thron umgab ein glänzender Regenbogen. Zur Rechten der Majestät aber sah
ich einen in höchster Glorie thronen, ähnlich dem Menschensohn. Zur Linken aber erschien das intensiv strahlende Zeichen des Kreuzes. Und da ich
dies alles zitternden Herzens anschaute, würdigte der Herr mich noch, dies
hinzuzufügen, daß er mir unwürdigsten Sünderin über die Glorie seiner un-
aussprechlichen Dreifaltigkeit auf eine Weise, die zu erklären ich nicht wage,
dies bedeutete, daß nämlich wirklich eine Gottheit in drei Personen ist und
die drei Personen eine göttliche Substanz. Zur Rechten des Menschensohns
aber thronte die Engelskönigin und Herrin der Königreiche auf etwas wie einem Sternenthron, von unermeßlichem Licht umflossen. Zur Linken des vorgenannten Kreuzes saßen auch vierundzwanzig ehrenreiche Männer mit ihr
zugewandtem Antlitz in einer Gruppe zusammen[42]. Nicht weit von ihnen entfernt sah ich zwei große und edle Widder[43] vor dem Kreuzzeichen stehen, die
auf ihren Schultern ein Rad von sehr großer Helligkeit und wunderbarer Größe trugen. Da ich dies alles so geschaut hatte, brach ich in folgende Worte aus
und sagte: Erhebt die Augen eures Herzens zum göttlichen Licht, betrachtet
und schaut die Glorie und Majestät des Herrn!

Am Morgen danach zur dritten Stunde wurde ich deutlich schwächer als
am Abend. Und es kam einer der Brüder zum Fenster[44], und ich bat ihn, die
Messe der heiligen Dreifaltigkeit zu feiern, und er stimmte zu. Sobald er aber
die Messe begann, fiel ich in Ekstase. Und wieder schaute ich die genannte
Vision, aber deutlicher. Zur selben Stunde sah ich den vorgenannten Bruder,
wie er am Altar stand, umflossen von viel Licht, und seinen Atem, der wie ein
weißer Rauch aus seinem Munde nach oben hinaufstieg.

---

[41] Die Witwen.
[42] Die 24 Ältesten der *Apokalypse 4*, 4.
[43] Die Widder könnten mit der Lamm-Gottes-Symbolik zu tun haben, ihr paarweises Auftreten
    erinnert jedoch eher an die in der Kunst häufige Darstellung dieser Tiere beim Lebensbaum,
    z.B. auf einem Fresko in S. Isidoro (Léon), 2. H. 12. Jh. (Fielhauer, H., Das Motiv der kämp-
    fenden Böcke: Festschrift f. O. Höfler, Wien 1967, 69-106, 89 ff.)
[44] Wegen der Klausur durften die Nonnen nur durch ein Sprechfenster mit der Außenwelt kom-
    munizieren.

21. Am nächsten Sonntag, nämlich zur Auffindung des heiligen Stephanus[45], wurde ich in gleicher Weise schwach und sah dieselbe Vision, aber insofern ausführlicher, als ich dann vor dem Thron Gottes ein höchst liebliches Lamm stehen sah, das ein goldenes Kreuz auf seinem Rücken befestigt hatte. Aber auch die vier Evangelisten sah ich dann in jenen Gestalten, die ihnen die Heilige Schrift zuschreibt[46]. Sie waren aber rechts von der seligen Jungfrau in der Ordnung aufgestellt, daß sie ihre Antlitze ihr zugewandt hatten. Ich verheimlichte aber diese Visionen mehr als sieben Tage bei mir. Und als ich mir im Herzen fest vorgenommen hatte, sie niemandem zu offenbaren, wurde ich von heftigstem Herzschmerz ergriffen, so daß ich meinte, sterben zu müssen. Die Schwestern waren daher um mich und forderten eifrig, ich solle ihnen offenbaren, was ich gesehen hatte. Und als sie es aus mir herausgebracht hatten, gesundete ich auf der Stelle von dem Leiden. Und damit ich nicht schon Gesagtes weiter wiederhole, wisse, daß ich diese Visionen, die ich an den vorgenannten Sonntagen schaute, an jedem Sonntag, der danach kam, sei es zwei, sei es drei Mal oder sogar öfter zu schauen gewohnt bin, wobei ich zuvor jedoch in Ekstase falle, wie du selbst schon mit eigenen Augen gesehen hast.

22. Am Mittwoch vor der Himmelfahrt der seligen Maria[47] nach der Komplet stand ich in der Kapelle und betete aus ganzem Herzen zum Herrn, indem ich sagte: Mein Herr Gott, siehe, ich empfehle meine Seele und meinen Leib der Auflegung deiner Rechten, deiner heiligen und unteilbaren Dreifaltigkeit, vertraue dir alle meine Ängste an, Herr, da sich mein Geist ja sehr über das ängstigt, was du mit mir getan hast, deswegen weil ich erkenne, daß ich einer so großen Gnade gänzlich unwürdig bin. Du weißt, mein Herr, daß ich mir niemals angemaßt habe, solches von dir zu verlangen. Doch jetzt, da du aus deiner freiwilligen Güte dein Erbarmen mit mir so gesteigert hast, flehe ich dich an, daß du mich in der Zukunft so bewahren mögest, daß ich es durch keine meiner Sünden verursache, aus deiner Gnade zu fallen, und mich nicht wieder jener Geist der Traurigkeit fernerhin ergreife, von dem ich schon verschlungen worden wäre, wenn du nicht, Herr, zu Hilfe gekommen wärest. Als ich dieses und Ähnliches gebetet hatte und schon zu meinem Lager zurückkehrte, strömten plötzlich folgende Worte in meinen Mund: Oh Jungfrau, hüte dich, nicht wieder zu fallen, daß dir nicht etwas Schlimmeres widerfahre, weil der Gute Hirte für seine Schafe sorgt. Am folgenden Tag zu Mittag wurde mein Herz plötzlich von einem Schlag getroffen, und ich vernahm folgende Worte: Fürchte dich nicht, Tochter, weil der Herr, dein Tröster, jedes Kind züchtigt, das er aufnimmt! Am selben Tag zur Vesper, als ich mein Herz vor meiner Herrin mit vielen Tränen ausgegossen hatte, geschah es wiederum, daß ich unvorhergesehenerweise diese Worte in meinem Mund

---

[45] 3. Aug. 1152.
[46] Nämlich den Lukas als Stier, den Markus als Löwen, den Matthäus als Engel und den Johannes als Adler. Diese auf Ez 1, 1 ff. und Offb 4, 1 ff. basierenden Evangelistensymbole waren seit den Kirchenvätern in Gebrauch und wurden in der mittelalterlichen Kunst unzählige Male dargestellt.
[47] 13. Aug. 1152.

bewegte: Sei freudig und wohlgemut, denn die göttliche Milde hat dich aus
der Gefahr für Leib und Seele entrissen.

23. Als ich danach an der Vigil der Aufnahme[48] {Mariens} andächtigst betete,
strömte es plötzlich in meinem Mund, so daß ich sagte: Dies sind die Trost-
worte, die eine neue Sprache sprechen, denn es ist nötig, eine bestürzte Seele
zu trösten. Dann wurde ich wieder in meiner üblichen Weise schwach und
fiel in die Ekstase. Ich schaute die Vision, die ich an den Sonntagen zu sehen
pflege. Ich sah aber unter anderem, wie meine Herrin von ihrem glorreichen
Thron aufstand und aus jenem großen Licht hinausschritt, das ich wie durch
ein Tor schaute, wobei sie jene dreifache Menge an Frauen begleitete, die ich
in ihrer Umgebung anwesend geschaut hatte. Anschließend schritten aber die
heran, die an der Stirne das Zeichen des Martyriums trugen. Nach diesen jene, die ich ohne Zeichen gekrönt gesehen hatte. An dritter Stelle die mit weißen Schleiern Gezierten. Zu ihrer Rechten aber schritt ein glorreicher und
freundlicher Mann, ausgezeichnet mit der priesterlichen Stola. Nachdem sie
so kurze Zeit hindurch in der unteren Luft mit diesem heiligen Heer erschienen war, wurde sie wieder in dem Licht, aus dem man sie hatte herausschrei-
ten sehen, mit unermeßlichem Lob und Freude aufgenommen. Und nachdem
ich aus dieser Vision erwacht war, ergriff ich sogleich diese Worte: Oh glorreiches Licht, in dem alle Heiligen, gekleidet mit weißen Stolen, unablässig
anwesend sind und den auf seinem Thron Sitzenden ob seines Verdienstes
rühmen, der von Ewigkeit zu Ewigkeit lebt. Als ich wieder untertags während der Messe im Geiste war und dasselbe schaute wie zuvor, bewegte ich
folgende Worte im Geiste: Oh glorreiche Trinität, die du auf dem Thron deiner Majestät sitzest und die Tiefen beschaust und die Gedanken eines jeden
einzelnen Menschen erforschst. Dem fügte ich hinzu: Sei gegrüßt Maria, Zierde der Jungfrauen, Herrin der Völker, Königin der Engel! Danach erwachend,
brach ich in folgende Worte aus: Dich heiligen Herrn, und das Übrige mit
dem Vers. Und ich fügte hinzu: Der Herr eröffnet uns die Pforte zum Leben,
wenn wir gegen den so harten Teufel streiten wollen. Alles aber, was gesagt
wurde, sah ich ähnlich am Tag der Geburt unserer Herrin[49].

24. Am Samstag nach der Aufnahme[50] ergriff ich unvorbereitet diese Worte:
Herr, unser Gesetzgeber, Herr, unser König, der uns in sein wunderbares Licht
berufen hat, damit wir, wenn wir wegen unserer bösen Taten Buße tun wollen, den Preis empfangen, der in der Arena erworben wird. Mißachtet diese
Worte nicht, denn sie nützen euren Seelen! Merkt sorgfältig auf, wie der
Schöpfer sein Geschöpf ermahnt! Ich werde euch trösten, sagt der Herr, und
euch gegen die Traurigkeit geistliche Freude bieten und in eure Herzen zugleich Furcht und Liebe legen. Wenn ihr mich fürchtet und meine Gebote beachtet, werdet ihr meine wahren Jünger sein; ebenso ermahne ich euch, einan-

---

[48] 14. Aug. 1152.
[49] 8. Sept. 1152.
[50] 16. Aug. 1152.

der zu lieben. Ihr müßt bedenken, wie Gott uns als erster geliebt hat, als er seines eingeborenen Sohnes nicht geschont hat, sondern ihn unseretwegen zum
Opfer gemacht hat, daß jene Drachme wiedergefunden werde, die verloren
ging[51]. So trifft auf uns dieses Sprichwort zu: Wenn wir Gott lieben und vollkommene Zuneigung haben und brüderliche Liebe zueinander, werden wir jene Drachme finden, die verloren ging. Ebenso ermahne ich euch, daß ihr vollkommene Liebe zu Gott und zum Nächsten haben sollt, denn die Liebe ist
das höchste Geschenk, das große Gut, von dem der ganze Stand der Vollkommenen abhängt. Vor allem aber habt Liebe, die das Band der Vollkommenheit
ist, und der Friede Christi gehe in euren Herzen auf. In ihm seid ihr auch in
einem Leib berufen. Und seid dankbar; das Wort Christi möge in Überfluß in
euch wohnen! Weiters: Für alle, die hier gemäß der Welt leben wollen und ihre Körper nicht von den fleischlichen Gelüsten abbringen, sondern alles, was
zu dieser Welt gehört, erfüllen wollen, ist sehr zu fürchten, was gesagt ist: Liebt
nicht die Welt und das, was in der Welt ist, sondern tut Buße wegen der verkehrten Werke, denn siehe, die Zeit ist nahe! Wachet also, weil ihr weder den
Tag noch die Stunde kennt, wann der Herr kommen wird![52]

25. Am Fest der Enthauptung des heiligen Johannes des Täufers[53] wurde ich
sehr schwach und begann jenes große Licht zu schauen, das ich wie durch ein
Tor zu sehen pflege, und darob geängstigt, warf ich mich ganz aufs Gebet und
fiel in die Ekstase. Und ich schaute den seligen Johannes auf dieselbe Weise,
wie ich ihn zuvor gesehen hatte, und sagte in meinem Geiste: Es segne uns
Gott der Vater, es schütze uns Jesus Christus, es erleuchte uns der Heilige
Geist, usw. Und ich fügte hinzu: Oh, Schlüssel Davids[54] usw. Und ich fügte
hinzu: Dies ist Johannes, den die Hand des Herrn im Mutterleib geheiligt hat,
durch dessen Fürbitten wir demütig flehen, Hilfe zu erlangen. Danach, mich
aus der Ekstase erhebend, nahm ich einen Trank, aber erhielt nichts von meinen Kräften zurück. Und mich in den Schoß der Meisterin zurücklehnend,
fiel ich wieder in Ekstase und schaute dasselbe, was ich geschaut hatte. Bald
wieder zu mir kommend, ergriff ich diese Worte: Hilf mir, mein Herr Gott,
usw. Sie sagen auch, ich hätte gesagt: Daß mich nicht die Größe der Offenbarungen überhebe! Und nichts weiter. Untertags zur Terz wiederum in Ekstase gefallen, erblickte ich so wie durch ein Tor jenes große Licht, das ich zu
sehen pflege, und meine Herrin, die sich von ihrem Thron erhob und zu mir
in dieses äußere Licht kam, und mit ihr war jener selige Vorläufer des Herrn.
Ich aber betete sehr demütig und empfahl mich und alle meine Vertrauten und
unseren Ort eifrig ihrem Schutz. Und zugleich bat ich um das, daß, wenn sie
mich erhörten, sie mir ein Zeichen der Erhörung gäben. Sogleich gingen sie
zum Licht zurück, von dem sie gekommen waren, und fielen vor der großen
Majestät aufs Antlitz so wie Betende und zugleich mit ihnen die unzähligen

---

[51] Lk 15, 8 f.
[52] Joh 1, 2-15.
[53] 29. Aug. 1152.
[54] Vgl. Jes 22, 22; Offb 3, 7.

Scharen der Umstehenden. Dann erwachte ich aus der Ekstase, brach in diese Worte aus und sagte: Dir Lob, dir Glorie, dir Danksagung, oh selige und gepriesene und glorreiche Dreifaltigkeit. Bitte für uns, selige Jungfrau Maria, daß wir der Verheißung Christi würdig werden! Alle heiligen Engel Gottes mögen für uns vor dem Angesicht des Herrn beten. Unter den von Frauen Geborenen erhob sich kein größerer als Johannes der Täufer usw. Verherrliche deine Barmherzigkeit, Gott, der du die auf dich Hoffenden heil machst!

26. An der Erhöhung des Hl. Kreuzes[55] fiel ich oft in Ekstase und schaute jenes glorreiche, überaus leuchtende Kreuzeszeichen nicht nur in jener getrennten Region des Lichtes, sondern es wurde mir außen in einem unteren Licht ganz deutlich gezeigt.

27. Am Fest des Hl. Michael[56] zur ersten Vesper, als ich mich in Ekstase befand, sah ich vor dem Thron der Majestät des Herrn drei sehr glorreiche Männer stehen, von denen der, der in der Mitte war, die anderen zu überragen schien, und man sah ihn ein goldenes Weihrauchgefäß in der Rechten tragen. Und ich sagte, als ich wieder zu mir kam: Es stand der Engel neben dem Altar des Tempels usw. Untertags bei der Messe sah ich wieder denselben besonders ausgezeichneten Mann mit einem hervorragenden Banner einherschreiten, wobei ihn eine zahlreiche Schar begleitete. Sie gingen aber um den Thron herum, und als sie vor das Angesicht der Majestät gekommen waren, fielen sie auf ihr Antlitz nieder, und dies geschah dreimal. Bei derselben Messe, als die Schwestern zum Kommunizieren gingen und ich wegen meiner Schwäche noch weit weg saß, blickte ich in den Kelch und sah die wahre Gestalt des Blutes. Und als man den Wein eingoß, erblickte ich deutlich den Unterschied zwischen dem Blut und dem, was ihm zugegossen wurde, bis es sich vermischte, so daß einzig die Farbe des Blutes erschien.

An einem anderen Tag, ich weiß nicht wann, ereignete sich Ähnliches. Ich sah alles so, wie es mir üblich ist, was außen um den Altar herum zur Zeit der Messe getan wurde. Und während der Priester den Kelch segnete, siehe, näherte sich behutsam die Taube, die ich auf dem Altar zu sehen pflege, steckte das Haupt in den Kelch, und sofort erschien die Gestalt des Blutes. Auch jetzt freilich ist es nicht selten, daß ich dergleichen sehe.

28. Es geschah auch eines Tages, daß einer von den Brüdern kam und in der Pyxis das göttliche Sakrament des Herrnleibes zum Gebrauch für eine gewisse kranke Schwester brachte. Als wir um diese herumstanden, ich und einige Schwestern mit mir, und mit dem Bruder sprachen, blickte ich auf die Pyxis und dachte bei mir über die Würde dieses Sakramentes nach. Und sogleich wurde mein Herz gelöst, so daß ich mich kaum von der Ekstase zurückhalten konnte. Und siehe, eine große Helle blitzte in der Pyxis auf, und ich schau-

---

[55] 14. Sept. 1152. Fest des Gedenkens an die feierliche Erhöhung der Kreuzesreliquie 335 bei der Weihe der Konstantinischen Basilika auf dem Berge Golgotha.

[56] 29. Sept. 1152.

te hinein, obwohl sie doch noch geschlossen war, und es erschien die Gestalt des wahren Fleisches in ihr[57]. Indem ich dies sage, erzittere ich immer noch so, wie ich damals erzitterte. Gott aber ist mir Zeuge, daß ich in dem allen nichts in Täuschung oder auf der Suche nach Eigenruhm gesprochen habe.

29. Du hast mich, mein Bruder, brieflich hinsichtlich deiner Patrone, also der Märtyrer der Bonner Kirche Kassius und Florentius[58], gebeten, daß ich ihnen an ihrem Geburtstag[59] einigen Dienst erweise, ob vielleicht sie selbst mich würdigten, sich mir zu zeigen. Und ich habe es getan, soweit ich konnte. Denn ich habe zu ihrer Ehre an jenem Tag nach der Matutin fünfzig Psalmen gelesen, als aber mein Verfolger[60] die Kerze auslöschte, welche ich in der Hand hielt. Danach um die dritte Stunde fiel ich ohne Schmerz in die Ekstase und schaute drei herrliche Männer in der Region des Lichtes, geschmückt mit Palmen und mit an der Vorderseite rot gekennzeichneten Kronen. Es standen aber zwei von ihnen gemeinsam beieinander und ein wenig entfernt vom dritten. Am folgenden Tag zur Vesper, als ich in gewohnter Weise in der Ekstase war, es war nämlich Samstag, bat ich den Herrn, daß er mir wieder jene deine Patrone zeige, da es mich bedrückte, nicht deutlich erkannt zu haben, wer jene zwei wären, bezüglich derer du gebeten hast, da ich ja drei sah. Und es verzögerte der Herr die Zeit meiner Erhörung, so daß ich fürchtete, dies gegen den Willen des Herrn gefordert zu haben. Und zitternd sagte ich: Herr, wenn es dein Wille ist, daß geschehe, was ich erbeten habe, möge es geschehen, wenn aber nicht, so möge es nicht geschehen. Und sogleich sah ich, wie zwei sehr liebenswürdige Männer aus der Gruppe der Märtyrer mit den oben erwähnten Zeichen hervortraten, und sie kamen in der Mitte vor dem Anblick des Thrones zu stehen. Und ich erwachte mit Freude und ergriff sogleich diese Worte: Diese sind zwei Olivenbäume und zwei leuchtende Kerzenhalter[61] vor dem Herrn, dem Beherrscher der gesamten Erde.

30. Danach am Fest der heiligen elftausend Jungfrauen[62] sah ich eine zahlreiche Schar von Jungfrauen, die alle durch Siegespalmen ausgezeichnet waren und mit an der Vorderseite gekennzeichneten Kronen, und ansehnlich durch ihr schönes Haar.

31. An der Vesper der Allerheiligenvigil[63] litt ich lange an Krampfschmerzen, und während ich von diesem heftigen Leiden gequält wurde, drückte ich

---

[57] Im 12. und 13. Jahrhundert, als die Katharer die Transsubstantiation leugneten, wurden häufig Visionen aufgezeichnet, die die Identität der Hostie mit dem Fleisch Christi beweisen sollten; die der Elisabeth gehört zu den ältesten.

[58] Opfer der Säuberung des römischen Heeres von Christen durch Diokletian 303.

[59] D.h. ihrem Todestag, denn als Geburtstag von Märtyrern wird ihre ‚Geburt' zum ewigen Leben gefeiert; 10. Okt. 1152.

[60] Der Dämon.

[61] Zitat aus einem liturgischen Text, der auf Offb 11, 4 beruht.

[62] 21. Okt. 1152.

[63] 31. Okt. 1152.

das Kreuzeszeichen des Herrn fest an meine Brust und wurde endlich, in die
Ekstase fallend, ruhig. Dann wurde mir auf ungewöhnliche Weise gezeigt, als
ob mein Geist in die Höhe entrafft würde, und ich sah die Pforte im Himmel
offen und eine so große Menge von Heiligen, wie ich sie noch nie zuvor gesehen. Auch das, was ich mich erinnere, dir über die Heilige Trinität gesagt
zu haben, wurde mir damals zum zweiten Male mitgeteilt. Am selben Festtag zur Vesper, als ich wiederum begann, schwach und auf die Ekstase vorbereitet zu werden, sah ich bei mir jemanden wie einen sehr liebenswürdigen
Knaben stehen, gekleidet in ein weißes, gegürtetes Gewand. Und ich sagte:
Wer bist du, mein Herr? Und er neigte sein Haupt, auf daß ich schweige. Und
ich sagte: Der gute Engel Gottes, der mit Jakob war, sei mit mir im Lande
meiner Pilgerschaft, und mein Gott segne meine Wege. Und sogleich darauf
war ich in der Ekstase, und es schien mir, ich werde in die Höhe getragen, und
ich hörte die Stimmen von einen sehr lieblichen Gesang Singenden.

32. Danach an dem Tag, an dem nach kirchlichem Brauch die gemeinsame Erinnerung an die verstorbenen Gläubigen gefeiert wurde[64], sah ich zur Zeit des
Gottesdienstes ungefähr gegen Norden einen sehr hohen Berg und neben ihm
ein tiefes, außerordentlich schreckliches Tal. Es war nämlich voll von schwarzen Feuern, die wie zugedeckt waren und die Flamme nicht in die Höhe steigen lassen konnten. Dort sah ich unzählige Quälgeister und die in ihre Gewalt gegebenen Seelen, die in fürchterlicher, beweinenswerter Weise von
ihnen zusammengeschlagen, hin und her gezerrt und auf unzählige Weisen
gepeinigt wurden. Ihr Aussehen konnte ich allerdings weder bei diesen noch
bei jenen unterscheiden, nur das verstand ich, daß die einen quälten und die
anderen aber gequält wurden. Ich sah aber weit weg davon gegen Osten ein
sehr erhabenes Gebäude, umgeben mit etwas wie drei Mauern, und darin verschiedene Abteilungen von Wohnstätten; und der Glanz eines unermeßlichen
Lichtes erleuchtete alles. Rundherum aber erschienen die lieblichsten und
schönsten Bäume, Kräuter und Blumen. Die Gegend, die man zwischen diesem Gebäude und dem vorgenannten Tal sehen konnte, schien aber ganz von
spitzesten und halbverbrannten Dornen bedeckt. Als ich darauf hinblickte,
siehe, da erhob sich in zahlreicher Menge eine helle Schar aus dem Tal, die mit
großer Eile und viel Mühe mitten durch dieses unwegsame Dickicht zum vorgenannten Gebäude zu streben schien und schließlich dorthin kam und ein-
trat. Einige aber von ihnen wählten einen Weg außerhalb der Dornensträu-
cher und kamen ohne Mühe hin[65]. Es geschah aber dieser Übergang mehrere
Male und in Abständen.

33. Ich möchte aber nicht, mein Bruder, daß dir etwas hinsichtlich eines unserer Verwandten verborgen bleibe, den wir wie einen Vater liebten: Denn an
seinem Todestag, als ich etwas zu seiner Befreiung tat, was mir durch eine Vision gezeigt worden war, sah ich ihn zur Zeit des Gottesdienstes in weißer

---

[64] Allerseelen, 2. Nov. 1152.
[65] Die Religiosen.

Kleidung bei mir stehen und mit ihm einen schmucken Jüngling, gekleidet in
weiße und gegürtete Gewänder[66]. Und als er bei mir andächtig Hände und
Augen zum Himmel erhoben hatte, als ob er Dank sage, wandte er sich von
mir ab und ging mit seinem Weggefährten bis zu jenem Gebäude, das ich dir
oben beschrieben habe. Und indem ich ihre Wege beobachtete, verlor ich sie
nicht aus den Augen, bis sie dort eingetreten waren.

Was soll ich dir von den Visionen der Heiligen mehr sagen, als daß sie mich
einzeln an ihren Todestagen würdigten, meine Seele, wie gesagt, zu trösten,
ausgenommen einer der Apostel, dem ich wegen meiner Krankheit weniger
fleißig gedient hatte.

Zur Adventszeit sah ich ein großartiges Gebäude, von einer Mauer umgeben, und in seiner Mitte einen Turm von solcher Höhe, daß seine Spitze die
Himmel zu durchdringen schien. Und als es mir mehrmals so erschien, geschah es eines Sonntags, als ich aus der Ekstase zu mir zurückkam, daß ich
plötzlich in folgendes Gebet ausbrach: Lieber und geneigter Herr Jesus Christus, zeige mir, deiner unwürdigen Dienerin, was für eine Stadt das ist, die du
mir vorgeführt hast! Und sogleich wurden diese Worte der Antwort in meinen Mund gelegt: Dies ist das himmlische Jerusalem, das wie eine Stadt erbaut wird, und deren Gipfel in die Himmel hineinreicht.

35. Danach, als das Fest der Geburt des Herrn bevorstand, wurde ich zwei Tage vor dem Festtag auf die Mühe vorbereitet, die ich haben sollte. Wann immer mir nämlich die Würde der kommenden Feierlichkeit in den Sinn kam,
wurde ich ängstlich, und fast alle meine Kräfte verließen mich, als ob ich in die
Ekstase fallen sollte. Als aber der Abend des Festes gekommen war, kam ich
endlich nach vieler qualvoller Mühe zur Ruhe der Ekstase. Ich fühlte mich aber,
als ob ich in die Höhe gehoben würde, und sah die Pforte im Himmel geöffnet und jenes verehrungswürdige Geheimnis, das ich am Allerheiligenfest gesehen hatte, wurde mir dann schon zum dritten Male gezeigt. Und als ich mich
an der Vielfalt der Süße meines Gottes erfreut hatte und endlich zu mir zurückkam, brach ich sogleich in diese Worte aus: Sehnsüchtig ersehnte ich es,
den Herrgott, meinen Heiland, zu schauen, und ich schaute, und siehe, meine Seele wurde gesund. Ich verbrachte aber die Nacht im Gebet und konnte
meinen Körper wegen der allzu großen Helligkeit des Lichtes, das ich die ganze Nacht über schaute, nicht zur Ruhe bringen. Denn jene Pforte, die ich zuvor nicht ohne Entraffung des Geistes schauen konnte, sah ich mit großer Freude andauernd geöffnet, und ihr Licht erschien wie zehnmal so hell als in den
vorhergegangenen Visionen. Als aber schon die Vorbereitungen zur Feier der
ersten Messe im Gang waren, sah ich, wie sich ein Strahl von großer Helle von
oben, von derselben Pforte, bis zum Altar des Gotteshauses ausdehnte. Und
als das Buch der Genealogie[67] begonnen wurde, siehe da kam die glorreiche
Himmelskönigin begleitet von einem großen Heer von Engeln über denselben Strahl herabschreitend und blieb zur Rechten des Priesters stehen. Eine

---

[66] Sein Schutzengel.
[67] Der Beginn des Matthäus-Evangeliums mit der Genealogie Jesu.

Krone, die in großer Helligkeit und Schönheit aufblitzte, hatte sie auf dem Haupte. Und als nach Beendigung des Evangeliums wie üblich jene Antiphon gesungen wurde, die lautet: Oh Herrin der Welt, wurde sie mit ihrer Begleitung in die Höhe gehoben und schritt über den vorgenannten Lichtstrahl zu ihrem Thronsitz zurück. Ich aber, obwohl ich jene ganze Zeit über in der Ekstase lag, hörte dennoch nicht auf, sie höchst andächtig anzurufen. Zwei leuchtende Jünglinge aber, die über den vorgenannten Strahl herabgestiegen waren, blieben bei den Altardienern vom Beginn der Messe bis zu ihrem Ende. Bei der zweiten Messe aber zwei andere. Es stand aber der eine von ihnen zur Seite des Priesters, der andere aber beim Diakon, als er das Evangelium verkündete. Und von dem nun, der beim Diakon war, dachte ich bei mir, daß er einer von unseren Diakonen sei, der an der Messe teilnahm und mit einer Alba bekleidet und zum Ministrieren bereit stände – dies aber traf nicht zu. Aber andererseits war ich diesbezüglich doch im Zweifel, da dieser ja gelbes und lockiges Haar zu haben schien, wogegen jener aber schwarzhaarig war. Da wandte er wie unwillig sein Antlitz zu mir, und sogleich wurden folgende Worte in mein Herz eingedrückt: Ich bin der Engel des Testamentes! Bei allem diesem sah ich auch die Taube über dem Altar, die am Herrnopfer teilnahm.

36. Am folgenden Tag[68] zur Zeit des Gottesdienstes sah ich den seligen Protomärtyrer Stephanus in der vorherigen Helligkeit sehr leuchtend und ausgezeichnet durch die Zeichen des Martyriums und des Diakonats. Am selben Tag zur Vesper sah ich den seligen Johannes den Evangelisten im Angesicht des Thrones stehen, geziert mit einem hellweißen Umhang und einer goldenen Stola nach Priesterart. Ich blickte aber zu dem Ort hin, an dem ich die vier Evangelisten zu sehen gewohnt war, und sah wohl drei Tiere, der Platz des Adlers aber erschien leer.

37. Am Tag der unschuldigen Kinder[69] zur Zeit des Gottesdienstes sah ich einen hohen und leuchtenden Berg, und auf seiner Spitze ein weißes und sehr liebenswertes Lamm, das am Rücken das Zeichen des Herrnkreuzes trug. Es folgte ihm aber eine zahlreiche Schar von Märtyrern mit Palmen und rot gekennzeichneten Kronen. Und ich dachte also bei mir, daß dies jene seligen Kinder seien, die für den Herrn Jesus getötet wurden. Über dieses aber wunderte ich mich bei ihnen, daß an ihnen keine Zeichen der Kindheit erschienen. Bei allen nämlich sah man, daß sie im vollen Jugendalter waren.

38. Zur Beschneidung des Herrn und zur Epiphanie[70] sah ich die Visionen des Sonntags, deutlicher aber zur Epiphanie. Und in der Ekstase ertrug ich größeres Ungemach. Dann sah ich noch zu Beginn der Vesper drei gekrönte Könige, die vor dem Thron standen. Sie kamen näher und beteten den Menschensohn mit gebeugten Knien an. Und sie nahmen die Kronen von ihren

---

[68] 26. Dez. 1152.
[69] 28. Dez. 1152.
[70] 1. und 6. Jan. 1153.

Häuptern, übergaben sie in seine Hände, und empfingen sie wiederum von ihm[71]. Untertags bei der Messe sah ich wiederum dieselben drei Männer, wie sie den Herrn Jesus anbeteten, und sie schienen ihm leuchtende Geschenke – ich weiß nicht welche – in seine Hände zu geben.

39. Am Fest der Reinigung der heiligen Maria[72] bei der Messe begann ich vor dem Evangelium sehr schwach zu werden. Da das Evangelium verlesen war, fiel ich sofort in die Ekstase und schaute, und siehe, unsere Herrin kam auf einem Lichtstrahl herabschreitend und blieb zur Rechten des Priesters stehen, und bei ihr war ein älterer verehrungswürdiger Mann, der einen weißen und herabfließenden Bart hatte. Und als die Schwestern die Kerzen in die Hand des Priesters gegeben hatten, schritt sie wieder in die Höhe zurück. Und siehe, ein zahlreiches Heer ausgezeichneter Mädchen kam ihr mit leuchtenden Kerzen entgegen, verweilte ein wenig in diesem äußeren Licht und schritt mit ihr zurück in die Höhe, wobei sie ihr mit großer Freude folgten. Als ich am selben Tag zur Vesper wiederum in der Ekstase war und sie wiederum in der vorigen Glorie sah, rief ich demütigst ihre Hilfe an und empfahl ihr mich und meine Lieben mit allem Fleiß, und am Schluß des Gebetes fügte ich folgende Worte hinzu: Meine Herrin, was werde ich von dir erhoffen? Und sie schien zu antworten: Güte und Gnade kannst du von mir erhoffen und alle, die ihr Vertrauen in mich setzen.

Gott hat auch an mir, mein Bruder, sein Erbarmen wunderbarerweise gezeigt, seitdem du neulich von mir geschieden bist. Und dieses tat er mir:

40. Es geschah am ersten Sonntag zur Fastenzeit[73] am Beginn der Vesper, daß plötzlich wie üblich die körperliche Starre über mich kam, und ich fiel in die Ekstase. Und ich sah ein weißes Rad, das sich in der Luft mit wundersamer Geschwindigkeit drehte und oben darauf ein weißes Vögelchen, das sich mit großer Schwierigkeit halten konnte, damit es nicht mit der Umdrehung des Rades mitgerissen werde. Wenn es ein wenig von oben nach unten hinabglitt, bemühte es sich, wiederum in die Höhe zu kommen. Und in dieser Art mühte es sich lange ab, bald hinabgleitend, bald wieder hinaufsteigend. Danach sah ich einen hohen und sehr schönen Berg, das Rad wurde auf ihn versetzt und drehte sich dort wiederum wie zuvor, und das Vögelchen, das dazu gehörte, verblieb in seiner Mühe. Ich wunderte mich aber heftig, was dies bedeuten sollte, und erbat mit großer Sehnsucht vom Herrn das Verständnis der Vision. Und nachdem ich ein wenig davon begriffen hatte, kehrte ich aus der Ekstase zurück und brach danach plötzlich in folgende Worte aus: Eng und schmal ist der Weg, der zum Leben führt. Herr, wer wird ihn gehen? Und ich fügte hinzu: Der, der sein Leben von den fleischlichen Süchten freihält und keinen Trug in seiner Sprache hat. Und ich fügte hinzu: Herr, was soll ich tun? Und wiederum strömten diese Worte zur Antwort in meinen Mund: Wenn

---

[71] Ein Gestus aus dem Lehenswesen, der demonstriert, daß Jesus der König aller Könige ist.
[72] Lichtmeß, 2. Feb. 1153.
[73] 8. März 1153. Zur Interpretation dieser Vision vgl. Dinzelbacher, Frauenmystik 96 ff.

du gehen willst, wie ich gegangen bin, achte meine Spuren und weiche nicht nach rechts oder links ab, sondern folge mir. So wirst du zum Ziel kommen, weil ich gesagt habe: Ich bin der Weg, die Wahrheit und das Leben. Wenn jemand durch mich eintritt, wird er gerettet werden und die Weiden finden[74].

Danach fiel ich am Montag wieder in die Ekstase und sah die vorgenannte Vision wie zuvor, insofern aber ausführlicher, als ich auch eine auf dem Rad stehende Leiter erblickte, die von solcher Höhe war, daß ihre Spitze die Himmel zu durchdringen schien. Ihre Seitenpfosten schienen aus Stein und dreieckig zu sein, die Sprossen aber unterschieden sich voneinander durch ganz verschiedene und sehr schöne Färbung. Dies aber behielt ich im Gedächtnis, daß ihre erste weiß wie Schnee war, die zweite aber rot wie glühendes Eisen. Danach am nächsten Tag sah ich wiederum alles, was eben genannt wurde, und bei dem Rad die Gestalt eines Mannes stehen, dessen Haupt golden erschien, und seine Haare waren weißer und reiner Wolle ähnlich[75]. Seine Augen waren sehr leuchtend und sehr schön, seine Brust und die Arme, die er wie ein Kreuz ausgestreckt hielt, hatten einen ganz reinen Glanz so wie höchst glänzendes Silber. Er hatte aber in seiner Rechten einen grünen und erfreulich anzusehenden Baumzweig, in seiner Linken aber ein leuchtendes Rad, geschmückt mit der Buntheit des Regenbogens. Sein Bauch schien ehern, die Oberschenkel aus Stahl, die Unterschenkel aus Eisen, die Füße aber aus Erde[76]. Dies alles erschien mir oftmals zur Fastenzeit.

Es geschah aber am Sonntag, der nach dem Fest des seligen Gregor am nächsten lag[77], daß ich, als ich in der Ekstase war und die Visionen schaute, die ich üblicherweise an den Sonntagen schaue, jenen hervorragenden Lehrer in den Höhen erblickte, voller Ruhm und liebenswerter Helligkeit ähnlich der Glorie der heiligsten Bischöfe Martin und Nikolaus[78]. Er hatte aber am Haupt, so wie ich das auch bei jenen gesehen hatte, ein verehrungswürdiges Diadem, so wie man sagt, daß es von den Päpsten getragen wird. Zur selben Stunde schaute ich auch die vorgenannte Vision, und ich brannte von großer Sehnsucht, da ich verstehen wollte, was ich schaute, vor allem, was diese Menschengestalt bedeute, denn vom Übrigen verstand ich einiges. Ich erbat also von jenem seligen Mann Gottes sehr demütig, daß er für mich beim Herrn das Verständnis der Vision, welches ich ersehnte, erreiche. Und er wandte sich mir zu und antwortete mir folgende Worte: Du vermagst nicht zu verstehen, was dies bedeutet, sondern sage es den Gelehrten, die die Schriften lesen, diese wissen es. Nun also, geliebtester Bruder, mache dir bitte diese Mühe, die göttlichen Schriften zu durchforschen, und versuche aus ihnen die passende Auslegung dieser Vision zu finden. Dir ist dies nämlich vielleicht vom Herrn vorbehalten[79].

---

[74] Joh 14, 6; 10, 9.
[75] Vgl. Dan 7, 9.
[76] Deut 2, 32 f.; 7, 9; Offb 1, 14 ff.
[77] 15. März 1153.
[78] Zwei im Mittelalter besonders verehrte heilige Bischöfe, Martin von Tours (reg. 371-397) und Nikolaus von Myra (1. H. 4. Jh.).
[79] Vgl. Vis. III, 29-31.

41. Vor der Verkündigung Mariä[80] war ich sieben Tage lang krank und fiel am ganzen Körper leidend ins Bett, so daß ich meinem Körper fast keine Stärkung bieten konnte. Ich blieb aber in dieser Schwäche bis zum dritten Tag vor dem Fest. An diesem Tag zur Non begann ich in meinem Mund eine Flüssigkeit wie Honigseim zu haben, von deren Süße ich so gestärkt wurde, als ob ich genug Speise zu mir genommen hätte. Ich wurde am ganzen Leib gestärkt und begann heftig zu schwitzen; und so verblieb ich bis zum siebten Tag.

Zur Zeit der Messe begann ich mich sehr zu ängstigen, und nach beklagenswerten körperlichen Mühen gelangte ich in die Ekstase. Mir wurde gezeigt, als ob mein Geist vom Körper getrennt und in die Höhe gehoben würde. Ich schaute aber in dieser meiner Entraffung die Himmel offen und den Herrn Jesus mit unzähligen Tausenden Heiligen in die Region dieser Luft kommen. Er war nicht schön oder schmuck, sondern als ob er gerade gekreuzigt worden wäre, so erbarmenswürdig erschien er. Und nachdem er der gesamten Welt das Kreuz gezeigt hatte, an dem er hing, und die Wunden seiner Passion, die wie von frischem Blute tropften, rief er mit lauter und äußerst schrecklicher Stimme und sprach: Das habe ich deinetwegen ertragen, du aber, was hast du für mich ertragen?

42. Es standen aber bei ihm zwei verschiedene Scharen unzähligen Volkes, eine rechts, und die andere links. Diese, die zur Rechten waren, schien ein unendliches Licht zu umfließen. Bei ihnen erschien die Jungfrau der Jungfrauen, die glorreiche Maria, an erster Stelle. Da sah ich die unterschiedlichen Gruppen aller kirchlichen Ränge, unter denen auch unseren verehrungswürdigen Vater zu erkennen ich mich freute, den seligen Benedikt mit seiner Mönchsschar. Jene aber, die zur Linken waren, waren von dichten und schrecklichen Finsternissen umzogen, so daß ich kaum ihre verschiedenen Gruppen unterscheiden konnte. Da war aber der Fürst dieses ganz armseligen Volkes, jener große und erschreckende König des Hochmutes, bei dem als nächste Judas und Pilatus standen und die Kreuziger des Herrn. Weh, wie viele aus dem Klerus, wie viele beschämte Männer und Frauen sogar unseres Ordens erkannte ich dort. Und nachdem ich alles genau betrachtet hatte, sprach der Richter aller zu jenen, die zur Rechten waren: Kommt, ihr Gesegneten meines Vaters, empfangt das Reich, das euch von Beginn der Welt bereitet worden ist[81]. Zu jenen aber, die zur Linken waren: Geht, ihr Verdammten, in das ewige Feuer, das dem Teufel und seinen Engeln bereitet ist[82]. Sofort folgten die einen dem Herrn mit freudigstem Entzücken zu den leuchtenden Wohnstätten, die anderen aber gingen voller Trauer und Beschämung mit ihrem Fürsten in den tiefsten Finsternissen unter. Gleich darauf kam ich wieder zu mir, und unter vielen Tränen brach ich zuerst in diese Worte aus: Befreie mich Herr vom ewigen Tod an jenem schrecklichen Tag, wann Himmel

---

[80] 25. März 1153.
[81] Mt 25, 34.
[82] Mt 25, 41.

und Erde bewegt werden. Und ich fügte hinzu: Ich glaube, daß mein Erlöser lebt und ich am Jüngsten Tag von der Erde auferstehen und im Fleische meinen Gott und Erlöser sehen werde[83].

Als ich am Festtage selbst wiederum in meiner Entraffung war, wurde zur Zeit des göttlichen Opfers meinen Augen die Passion unseres Erlösers vorgeführt, wie er von den Ruchlosen der Kleidung entblößt und gegeißelt wurde und schließlich ans Kreuz genagelt. Nicht alles aber, was sich mit ihm in der Passion ereignete, sah ich damals im Einzelnen wie später zu Pfingsten. Wie ich aufhörte, dies zu schauen, sah ich meine Herrin oben in der Helligkeit stehen und empfing von ihr die Offenbarung über eine Sache, von der ich noch nicht will, daß sie bekannt werde.

43. Danach, am Palmsonntag[84] zur ersten Vesper, als die Schwestern das Responsorium: Pilatus trat ein, sangen und bis zu dem Wort: Er soll gekreuzigt werden, gekommen waren, stand ich unter ihnen; und plötzlich fiel ich mit großer Erschütterung meines Leibes in Ekstase und sah den Heiland wie am Kreuze hängend. Bei der Matutin geschah es mir wieder ähnlich.

Am Tag bei der Messe, als die Passion des Herrn begonnen wurde, fiel ich abermals in Ekstase. Da schaute ich in der Ferne einen lieblichen Berg, und von ihm ritt der Heiland auf einem Esel sitzend herab, und er kam zu einer großen Stadt. Am Fuß des Berges aber kam ihm aber eine Schar kleiner und großer Menschen mit blühenden Baumzweigen entgegen, und sehr viele von ihnen zogen ihre Kleider aus und breiteten sie auf der Straße aus, wo er einherzog, und sie gingen mit ihm voller Freude bis zum Stadttor. Es war dort eine große Schar, und sie machten ihm Platz, und er kam mitten durch sie bis zum Tempel, stieg ab und ging hinein. Und weiter sah ich ihn nicht und kehrte zu mir zurück.

44. Ich hatte unsere Brüder eifrig gebeten, daß sie an jenem Tag die Palmsonntagsmesse in der Wiese feiern sollten, die von uns aus zu sehen ist. Sie konnten es aber wegen der Überschwemmung der kleinen Bäche nicht, sondern taten dies hinter der Kirche, wo sie von uns nicht gesehen werden konnten. Doch der Herr blickte auf die Sehnsucht seiner Magd herab, und ich schaute mit den Augen des Geistes alles, was dort von ihnen getan wurde.

45. Danach schaute ich beim Herrnmahl zur Messe[85] wie üblich alles, was am Altar geschah, und als der Priester den Kanon sprach und den Kelch im Angesicht des Herrn erhob, sah ich über dem Kelch den Herrn Jesus, wie am Kreuze hängend; von seiner Seite und seinen Füßen schien das Blut in den Kelch hinabzufließen.

46. Als aber die Vesperzeit anbrach, begann ich sehr schwach zu werden, und alle Kräfte meines Körpers ließen nach, und die Schwestern legten mich in

---

[83] Jak 19, 25 f.
[84] 12. April 1153.
[85] Gründonnerstag, 26. April 1153.

den Kapitelsaal, wo sie das Gebot der Waschung[86] feiern sollten. Und als die
Antiphon begonnen wurde, die lautet: Vor dem Festtage, brach ich plötzlich
in heftigstes Schluchzen aus und begann zu leiden, und nach vieler Mühe wurde ich in der Ekstase ruhig. Dann schaute ich den Herrn in derselben Stadt,
die er am Palmsonntag betreten hatte, mit seinen Jüngern in einem Haus wie
beim Mahle sitzen. Und als ich zuschaute, erhob er sich vom Mahl, und indem er seine Kleidung ablegte, gürtete er sich mit Leinen, nahm eine Schüs-
sel und beugte die Knie vor Petrus. Petrus sprang sogleich auf und stand wie
erschrocken, und der Herr schien zu ihm zu sprechen, auf den Knien, wie er
war. Nach kurzer Zeit setzte sich jener wieder nieder. Und der Herr wusch
jedem einzelnen die Füße, nahm wiederum seine Kleidung, ließ sich nieder
und blieb sitzen, während er mit ihnen zu sprechen schien. Danach erhob er
sich und ging mit ihnen aus der Stadt hinaus und begab sich zu jenem Berg,
von dem ich ihn herabschreiten gesehen hatte. Und nachdem ich dies also geschaut hatte, kam ich wieder zu mir und sogleich begann ich heftiger bedrängt
zu werden als zuvor, so daß sie glaubten, ich stürbe. Als sie die Litanei über
mir sprachen, fiel ich wiederum in die Ekstase. Dann schaute ich, wie der Herr
die Jünger verließ, sich von ihnen trennte, sich mit den Knien auf der Erde
niederließ und sich zum Gebet niederwarf, wie in großen Ängsten befindlich.
Ich sah auch, wie jene kostbaren Blutstropfen von seinem heiligsten Fleische
auf die Erde niederrannen. Und nach dem Gebet ging er zu den Jüngern zurück, die ich auch schlafend schaute. Und nachdem er sie angesprochen hatte, ging er wiederum zu beten, und dies geschah drei Mal. Dann kehrte ich zu
mir zurück und hatte sofort diese Worte in meinem Munde: Jesus war im Leiden, betete lange, und sein Schweiß wurde wie zu Blutstropfen, die von ihm
zur Erde rannen[87]. Und ich fügte hinzu: Am Ölberg betete ich zu meinem
Vater: Vater, wenn es geschehen kann, möge dieser Kelch an mir vorüberge-
hen![88] Und nach kurzem fiel ich wieder in die Ekstase, und ich schaute, und
siehe, der Herr kam vom Gebet zurück, nahm seine Jünger mit sich und gelangte in den Garten.

47. Und nach kurzem kam Judas mit einer bewaffneten Schar, trat zu ihm hin
und küßte ihn. Die aber, die bei ihm waren, gingen wieder zurück und fielen
auf die Erde. Als sie sich erhoben hatten, ergriffen sie ihn und zerrten den Gebundenen bemitleidenswert bis zur Stadt. Die Jünger aber sah ich in ihre Ver-
stecke auseinander laufen. Dann kehrte ich mit diesen Worten aus der Ekstase zurück: Mein Freund verriet mich mit dem Zeichen des Kusses, indem er
sagte: Den ich küssen werde, der ist es, ergreift ihn![89] Danach schaute ich jene ganze Nacht über, ob ich schlief oder wachte, wie jene Ruchlosen den
Herrn verspotteten, indem sie ihn schlugen, anspuckten, mit Ohrfeigen und

---

[86] Eine zeremonielle Fußwaschung war am Gründonnerstag in den Klöstern in Nachahmung des
   biblischen Vorbilds (Joh 13, 1 ff.) üblich; außerdem sah die *Benediktusregel* 35, 9 diesen Ritus
   wöchentlich vor.
[87] Lk 22, 44.
[88] Mt 26, 39.
[89] Mt 26, 48.

Stößen trafen. Ich kam aber nicht in die Ekstase, meine ganze Aufmerksamkeit war dort, und ich konnte mich zu nichts anderem hinwenden, so daß ich fast in Trance erschien.

Am Morgen[90] aber um die dritte Stunde kam ich mit Ermüdung in die Ekstase, in der ich ungefähr bis zur sechsten Stunde verblieb. Da sah ich, wie sie ihn mit einer purpurfarbenen Tunika bekleideten und ihm einen Scharlachmantel umhängten, und sie verspotteten ihn, indem sie ihm die Dornenkrone aufsetzten. Und danach entkleideten sie ihn dieser Gewandung und zogen ihm seine eigene an und legten ihm das Kreuz auf und führten ihn außerhalb der Stadt zu einem wie durchpflügten Ort, der nichts Grünes besaß. Dort entblößten sie ihn, hoben ihn aufs Kreuz und nagelten ihn an. Und so taten sie es auch mit zwei anderen. Dann erwachte ich und brach unter vielen Tränen in diese Worte aus: Der Herr Christus ist bis zum Tode gehorsam geworden[91]. Und ich fügte hinzu: Das Leben stirbt am Holze, die Hölle wird ihres Bisses beraubt.

48. Eine geringe Zeit danach begannen die Brüder den Gottesdienst zu feiern, und nachdem sie bis zur Lesung der Passion vorangekommen waren, begann ich in Schmerzen zu fallen und über jedes Maß gequält zu werden, so daß ich es keinem Menschen ganz darlegen könnte. Gewiß, mein Bruder, wenn mein ganzes Fleisch in Teile zerrissen würde, würde ich es, scheint mir, leichter ertragen. Als ich dann endlich in die Ekstase kam, sah ich wiederum den Herrn am Kreuz, und schon gab er in jener Stunde seinen Geist auf, und sein Nacken neigte sich, das liebenswürdige Haupt fiel zur Seite, die Knie gaben nach, und alle seine Glieder sackten zusammen. Und so hing der Leib seelenlos, des Erbarmens würdig mehr als alles, was ein menschliches Auge an Erbarmungswürdigem je sah. Und was für ein Schmerz, mein Bruder, meinst du, war das für meine Seele, als ich das so große Leid sah und die so unwürdige Verspottung des besten und unschuldigen Mannes, der doch nichts für sich, sondern alles freiwillig für uns auf sich nahm? Aber auch die Mutter meines Herrn sah ich voller Trauer und großen Erbarmens wert mit dem Jünger, den Jesus liebte, beim Kreuze stehen. Zuletzt aber schaute ich auch das, wie einer von den Ruchlosen herbeirannte und eine Lanze in seine Seite stieß und sogleich reichlich Blut zusammen mit Wasser herausströmte. Und siehe, eine dichte und schreckliche Finsternis brach über die ganze Erde herein, und die Felsen schienen schrecklich über die Gefilde hin zusammenzustoßen, aneinander zu schlagen und zu zerbrechen. Und als dieses Chaos sich beruhigt hatte, siehe, da kamen einige verehrungswürdige Männer und lösten den Körper vom Kreuz und trugen ihn voll Verehrung in einen grünen und lieblichen Garten. Und nachdem sie ihn in ein reines Tuch gehüllt hatten, legten sie ihn in ein Grabmal. Dann kam ich schließlich wieder zu Bewußtsein und brach mit bitterstem Weinen in diese Klage aus: Unser Hirte, die Quelle des Lebenswassers, ist von uns gegangen, bei dessen Hinscheiden

---

[90] Karfreitag, 17. April 1153.
[91] Phil 2, 8.

sich die Sonne verfinsterte usw. Und ich fügte hinzu: Sei gegrüßt, Maria, Mit-
genossin der Märtyrer, durchbohrt vom Schwerte mit dem Blut des gekreu-
zigten Sohnes. Und ich fügte hinzu: Nachdem der Herr begraben war, wurde das Grabmal versiegelt usw.

49. Danach am Samstag[92] zur Vesper, als ich in der Ekstase war, erschienen
mir einige verehrungswürdige Matronen, als ob sie Spezereien trügen.

50. Am Heiligen Ostertag[93], als es schon hell wurde, saß ich an meinem Bet-
platz und las in den Psalmen. Und als ich mich bereits dem Ende der Psalmen
näherte, fiel ich in Ekstase und schaute einen Garten, in dem sich ein Grab-
monument befand, doch der Stein war von seinem Eingang entfernt, und Engel saßen dort. Und siehe, eine Matrone kam und trat weinend zum Grab hin
und blickte hinein. Als sie dort den Körper nicht fand, wich sie wie traurig
ein wenig zurück. Der Herr aber eilte ihr entgegen, und bald blieb jene stehen, wie um irgend etwas von ihm zu erfragen, und nach kurzem wandte sie
sich um, um zum Grab zurückzugehen. Und wieder wandte sie sich rasch
um, wie von jenem gerufen, und warf sich eilig zu seinen Füßen nieder. Und
nachdem dieser verschwunden war, erhob sich jene schnell und eilte bis zu
dem Haus, wo die Jünger versammelt waren, und berichtete es ihnen. Gleich
darauf, nachdem ich mich ein wenig erholt hatte, sah ich, wie zwei Matronen
mit Spezereien zum Grab kamen, und wie erstaunt stehen blieben, als sie die
Engel sahen. Danach kamen sie mit Zagen näher heran. Nachdem sie dort ein
wenig verweilt hatten, gingen sie fort. Auch ihnen eilte aber der Herr auf dem
Weg entgegen, und bald eilten jene heran, warfen sich vor ihm nieder und um-
faßten seine Füße. Dies aber wurde mir keineswegs auch von der vorherge-
nannte Matrone gezeigt. Danach, als die Messe gefeiert wurde, sah ich, wie
zwei Jünger zum Grab eilten, von denen der eine freilich älter, der andere jedoch jünger zu sein schien. Und dieser trat aber nicht ein, obschon er schneller zum Grab gekommen war. Doch als der Ältere hingekommen war, trat er
sofort ein, danach aber auch der andere. Und was fragst du weiter, mein Bruder? Fast alles, von dem in den Evangelien gelesen wird, daß es in jener Zeit
geschah, wurde mir gezeigt. Denn auch das schaute ich, wie der Herr sich in
Gestalt eines Pilgers den zwei von Jerusalem nach Emaus Ziehenden beige-
sellte und wie sie ihn, als sie an die Burg gekommen waren und er vorgab, von
ihnen scheiden zu wollen, zurückhielten und bis ins Haus führten. Als er sich
zum Essen niedersetzte und das Brot gesegnet und gebrochen hatte, schien
sogleich der Platz, an dem er gesessen hatte, leer. Sofort standen jene auf und
kamen mit Eile zu den Jüngern und berichteten ihnen im Haus, in dem sie
versammelt waren. Zur selben Stunde aber, in der sie ihnen dies berichteten,
erschien der Herr in ihrer Mitte stehend. Danach schaute ich auch dies, wie
er mit ihnen speiste, und auf dem Tisch war ein Teller mit einem Fisch und
ein zweiter, der einen Honigkuchen enthielt. Es war aber seine Kleidung, in

---

[92] 18. April 1153.
[93] 19. April 1153.

der ich ihn nach der Auferstehung schaute, ganz weiß, und sein Gesichtsausdruck sehr froh und von solcher Helligkeit, daß ich ihn kaum deutlich sehen konnte.

51. Als ich am Tag der Himmelfahrt des Herrn[94] bei der Messe in meiner Entraffung war, schaute ich die im Hause versammelten Jünger und die Mutter des Herrn bei ihnen. Und der Herr trat zu ihnen hinein, und nachdem er mit ihnen das Mahl eingenommen hatte, führte er sie aus der Stadt hinaus bis zu einem Berg. Und ich schaute, wie er vor ihnen erhoben wurde, und eine Menge Engel kam ihm entgegen, und er wurde in den Himmel hinaufgehoben. Und als jene dastanden und zum Himmel hinaufblickten, erschienen, von oben kommend, zwei leuchtende Jünglinge und sprachen sie an. Sogleich gingen jene in die Stadt zurück und versammelten sich im Haus, aus dem sie gekommen waren. Dann kam ich mit diesen Worten zu mir: Der Herr führte seine Jünger hinaus nach Betanien usw., was im Evangelium folgt, und jenes: Oh König der Glorie, Herr der Mächte, der du heute als Triumphator über alle Himmel hinaufstiegst usw.

52. Danach am Pfingsttag[95] vor der Meßfeier, als ich in der Ekstase war, sah ich wiederum die im oben genannten Hause versammelten Jünger und die Mutter des Erlösers unter ihnen. Und als sie dasaßen, geschah es, daß über jedem einzelnen von ihnen etwas wie eine von oben in heftigem Ansturm herabsteigende Feuerflamme erschien. Und gleich erhoben sich alle gemeinsam und gingen mit großem Frohsinn und Vertrauen, das Wort Gottes im Volk zu verkünden. Als ich dies so zur Gänze gesehen hatte, wurde ich mir wiedergegeben und ergriff bald folgende Worte: Der vom Thron hervorgehende Heilige Geist durchdrang unsichtbar die Brust der Apostel usw. Und als die Meßfeier begonnen wurde, fiel ich wieder in die Ekstase und sah etwas wie einen sehr strahlenden Lichtblitz vom Himmel bis zum Altar ausgestreckt. Und mitten durch ihn kam die schöne Taube, die ich zu sehen pflege, und trug im Schnabel etwas ziemlich großes Rotes wie die Feuerflamme, die sie zu tragen pflegte. Und zuerst aber schwebte sie mit ausgebreiteten Schwingen über dem Scheitel des Priesters und ließ dort von dem, was sie im Schnabel führte, etwas wie einen Tropfen fallen. Auch mit den Altardienern, die zum Lesen bereit waren, tat sie ähnlich, und danach setzte sie sich auf dem Altar nieder. Und nachdem ich aus der Ekstase zurückgekommen war, sagte ich unserer Meisterin, daß sie die Schwestern zu frommem Gebet ermahne, wobei ich eben das erhoffte, was nachher auch geschah. Als wir am Ende der Messe zur Kommunion hinschritten, glitt ich aus den Händen der Schwestern, von denen ich gestützt wurde, und fiel schwer in die Ekstase. Und als sie einzeln kommunizierten, schaute ich, wie die vorgenannte Taube heranflog und von dem, was sie im Schnabel führte, den einzelnen austeilte.

---

[94] 28. Mai 1153.
[95] 7. Juni 1153.

53. Dies sind, mein Bruder, die Erbarmungen des Herrn, die er im ersten Jahr meiner Heimsuchung in mir gewirkt hat. Im Laufe dieses zweiten Jahres aber geschah in etwa dasselbe, was im vorigen Jahr an den Heiligenfesten mit mir zu geschehen pflegte, und außerdem manches, was wir der Ungläubigen wegen großteils mit Schweigen übergangen haben. Bisweilen aber werden mir, wenn ich aus der Ekstase zurückkehre, Worte einer anderen Art als üblich in den Mund gelegt, so daß ich beim Sprechen nicht meinem Urteil folge, sondern dem des Herrn, der durch meinen Mund die Visionen offenbart, die ich aus Bescheidenheit vor den Schwestern zu verbergen gewohnt war.

Denn am Fest des seligen Laurentius[96] machte ich mit diesen Worten die Vision bekannt, die ich gesehen hatte: Ich sah einen sehr vornehmen Diakon, Laurentius, mit einer Palme vor den Pforten stehen, und seine Krone war rot. Und er wandte sich zu mir, indem er mich freundlich anblickte. Ähnlich ergriff ich bei der Aufnahme unserer seligsten Herrin, als ich aus meiner Entraffung zurückkam, plötzlich vor allen folgende Rede, indem ich sagte: Ich sah über dem obersten Himmel gegen Osten viele Tausende gekrönter Heiliger – ich schätzte mehr als einhundertvierundvierzigtausend[97] –, die alle mit goldenen Kronen gekrönt sind, ein jeder nach seinem Stand, und in ihrer Mitte einen hohen, sehr prunkvollen Thron, und den, der mitten auf dem Thron saß. Sein Antlitz war schrecklich, und von ihm und vom Thron ging ein großer Glanz wie ein zuckender Blitz aus, so daß ich vor allzuviel Licht kaum die Augen erheben konnte. Und um den Thron [sah ich] viele Engel und die vier Tiere. Diese alle umstanden ihn. Indem sie niederfielen, beteten sie den auf dem Thron Sitzenden an und sagten: Ruhm und Ehre und Segen dem Lebenden, der auf dem Thron sitzt, von Ewigkeit zu Ewigkeit. Danach fügte ich hinzu: Sei gegrüßt heilige, sei gegrüßt fromme und hehre Jungfrau Maria, du bist nämlich mild, du bist süß, du die Helferin und Trösterin aller, die auf dich vertrauen. Hilf mir, meine Herrin Maria, da auf dich meine Seele vertraut. Bitte für mich deinen Eingeborenen, unseren Erlöser, daß er in mir das Werk seines Erbarmens vollende.

54. Am Fest Allerheiligen wurde nach der Ekstase mein Mund zu folgenden Worten geöffnet: Es kam der Engel des Herrn zu mir und entraffte meinen Geist aus meinem Körper. Und sogleich kam ich mit ihm, und er führte mich in die Höhe vor eine Pforte, die sich im Anblick des Herrn befindet. Und ich blickte hinein und sah viele Tausende gekrönter Heiliger; sie standen und dienten Gott, und rund um den Thron waren die vier Tiere. Die Engel aber und Erzengel, auch die Cherubim und Seraphim standen vor dem Thron Gottes und beteten an, indem sie sich niederwarfen. Und mit lauter Stimme sprachen sie: Heilig, heilig, heilig, der Herr, der allmächtige Gott, der war und der ist und der kommen wird. Ähnlich fielen auch die vierundzwanzig Ältesten auf ihr Antlitz und beteten den an, der da lebt von Ewigkeit zu Ewigkeit.

---

[96] 10. Aug. 1153. Laurentius von Rom wurde 258 auf dem Feuerrost gemartert.
[97] Die Zahl nach der *Apokalypse 14*, 1.

55. Ich habe auch etwas, was ich dir über die Weihe der Bonner Kirche berichten möchte, die neulich vollzogen wurde. Wie du mir durch einen Brief
aufgegeben hast, betete ich zum Herrn, und er öffnete mir, wie er pflegt, meine Augen bei der Vesper vor der Kreuzerhöhung. Und unter anderem, was
mir gezeigt wurde, sah ich eine strahlende Lichtflut vom Himmel bis zu jener Kirche herabströmen und sie ganz mit unermeßlicher Helle erleuchten.
Ebenso sah ich auch eine Menge von Engeln im selben Strahl herabsteigen
und die ganze Zeit der Weihe unter den Dienern der Kirche verweilen. Von
solcher Majestät wurde aber alles erfüllt, daß ich es nicht ohne Scheu sehen
konnte, was hier vollzogen wurde. Ich war aber dauernd von der Vesperzeit
des vorherigen Tages bis zu jener Stunde, in der das Amt der Weihe vollendet wurde, dauernd in dieser Vision. Ich sah aber unter anderem, was dort geschah, dich, mein Bruder, zur Matutin auf dem Ambo stehen und eine der
Lektionen lesen.

56. Es geschah, daß eine unserer Schwestern, die in Dierstein[98] weilen, aus
dem Leben schied; ihr Tod wurde uns also gemeldet. Als wir wie üblich Buß-
übungen für ihr Seelenheil unternahmen, sah ich den Engel des Herrn bei unserer Meisterin stehen, in deren Auftrag der Gottesdienst vollendet wurde.
Zur selben Stunde sah ich auch unsere seligste Herrin wie in der Region der
unteren Luft stehend und zu uns herüberschauend. Nachdem unsere Buß-
übung vollendet war, erhob sich der Engel bis zu ihr, und gemeinsam schritten sie in die höheren Sphären zurück.

57. Es geschah zur Vigil der Geburt des Herrn, zur Zeit des Morgenopfers,
als ich im Gebet war: Da öffnete der Herr meine Augen, und ich schaute im
Geiste den Mann, dessen Gegenwart ich ersehnte, von weit her eilend, die
Mühsal meines Leidens anzusehen[99]. Als dieser angekommen war – schon begann die Vesperzeit –, überfiel mich bald heftiges und bitteres Leiden mit
Macht, und ich ermüdete mich darin mehr, als man glauben kann. Als also die
Schwestern mit Tränen über mir beteten, sah ich am Ende des Gebets den Engel des Herrn wie mir von oben zur Hilfe kommen. Und als er bei mir ste-
hengeblieben war, sagte ich ihm: Mein Herr, ich bin erschöpft, dies zu ertragen. Und er sagte zu mir: Du wirst gestärkt und getröstet werden, laß nicht
nach auf deinem Weg! Und über kurzem ruhte meine Fleisch in der Ekstase.
Und er erhob mich im Geist in die Höhe, ich betrachtete die Freude, die Gott
denen bereitet hat, die ihn lieben, so wie im vorhergehenden Jahr. Als ich nach
langer Entraffung zu mir zurückkam, flossen sogleich diese Worte in meinen
Mund: Es stieg der Bote von den Himmeln der Burg des Vaters und ging durch
das Ohr der Jungfrau in unsere Region ein, bekleidet mit der Purpurstola,
und das Licht ging durch die goldene Pforte hinaus und die Zier des gesamten Weltgebäudes. Und jenes: Von jener seiner verborgenen Wohnstätte stieg

---

[98] Di(e)rstein, später Oranienstein genannt, ein vielleicht von Schönau aus beschicktes Benediktinerinnenkloster bei Diez a. d. Lahn (Roth 1886, Anm. 2 zu S. 28).
[99] Egbert.

der Sohn Gottes hinab, kam die zu suchen und zu retten, die ihn aus ganzem Herzen ersehnten. Und jenes: Es kam der Engel des Herrn zu mir und entraffte meinen Geist usw., so wie ich es zum Fest Allerheiligen ausgeführt habe. Danach pries ich den Herrn und sagte: Ich danke dir, Herr, daß du mir deinen Engel gesandt hast, der mich in meiner Anfechtung getröstet hat, denn du allein lenkst Mühe und Schmerz. Zur Zeit der Matutin ertrug ich bei den einzelnen Feierlichkeiten der Messe eine ähnliche Mühe.

58. Am Tag aber, bei der Hauptmesse, als ich wieder in meiner Entraffung war und sehr andächtig den Herrn für die allgemeine Besserung der Kirche bat, forderte ich am Ende des Gebets vom Herrn, daß er sich herablasse, mir anzusagen, was denn sein Wille hinsichtlich des Klerus und der Religiosen sei, die nicht auf einem guten Wege dahinschritten. Und als ich nach Beendigung des Gebetes schon begann, wieder zu mir zu kommen, stand mein Engel bei mir, und ich sagte zu ihm: Oh süßester und liebster Jüngling, antworte mir auf das, was ich vom Herrn erfragt habe! Und er sagte zu mir: Rufe und sage dem sündhaften Volk, dem Volk voller Sünde: Weh, weh euch, die ihr in der Gewalt des Teufels wohnt, hört auf, Schändliches zu tun, lernt, Gutes zu tun! Wenn nicht, sieh, ich, der Herr, schicke meinen Racheengel unter euch! Wenn ihr euch nicht von euren unrechten Wegen bekehrt und Buße ob der schlimmen Taten tut, werde ich, der Herr, meinen Zorn an euch auslassen.

Nun vermag ich aber auch dies nicht zu verschweigen, mit welcher Großzügigkeit meine Herrin mein Herz erfreute. Als ich in der vorgenannten Entraffung war, sah ich sie von Ferne wie in einem Haus im Bett liegend und mit den Händen ein schönes und überaus liebenswertes Kindchen streichelnd. Nachdem sie es mit sehr weißen Bändern gewickelt hatte, legte sie es in die Krippe, die man bei ihr sah, und nach kurzem nahm sie es wieder in ihren Schoß und legte sich zurück.

59. Bald darauf schaute ich sie im Reich der Helle wie eine Königin und Herrin. Ich rief sie also in der gewohnten Weise an und bat sie besonders für einen gewissen Verwandten[100] von mir. Jener gehörte dem Weihegrad der Diakone an, und ich hatte ihn des öfteren ermahnt, es nicht aufzuschieben, zum heiligen Priesterstand aufzusteigen. Er aber schob verschiedene Gründe, die ihm Angst machten, vor, und sagte, er wage es noch nicht, eine so schwierige Sache in Angriff zu nehmen. Bei dieser meiner Anrufung also, als ich diese Sache vor meiner Herrin erwähnte, antwortete sie mir folgende Worte: Sage meinem Diener: Fürchte dich nicht, tue, was zu tun du daran bist, und gib Rechenschaft hinsichtlich des Dienstes für mich, den du mir hättest leisten sollen und nicht geleistet hast!

60. Während ich am Fest des heiligen Johannes des Evangelisten[101] zur Zeit des Gottesdienstes wegen meiner Krankheit im Bett war, kam ebendort die

---

[100] Egbert.
[101] 27. Dez. 1153.

Hand des Herrn über mich, und ich schaute jenen liebenswürdigen Priester
des Herrn im Angesicht des Thrones stehen. Ich verströmte also meine Gebete vor ihm und bat, daß es mir durch seine Fürsprache gewährt werde, etwas von dem zu schauen, was ihm gezeigt wurde, als er noch auf Erden weil-
te. Und sogleich schaute ich die vier Tiere, die ebendort gemäß der Weise
anwesend waren, wie sie bei Ezechiel[102] beschrieben sind, und das vierfältige
Rad bei ihnen. Danach, als ich schon daran war, wieder zu mir zurückzukom-
men, sah ich zwei schreckliche Engel, die – nach ihren Gesichtern – voll Unwillen in der unteren Luft schwebten. Und einer von ihnen hatte ein schreckliches Schwert in der Rechten ausgestreckt, wie um zuzuschlagen. Und ich
sagte meinem Führer: Mein Herr, wer sind diese? Er sagte: Sie haben die Gewalt, der Welt zu schaden.

61. Danach schaute ich am Tag der Unschuldigen Kinder[103] eine große Schar
weißer Jünglinge, die auf einem hohen Berg mit den Abzeichen des Martyriums umhergingen. Vor ihnen schritt ein weißes Lamm, das das Kreuzeszeichen trug. Und ich sagte zu meinem Führer: Herr, wer sind die, die ich hier
sehe? Und er antwortete: Es sind die Unschuldigen und Unbefleckten, die
dem Lamm folgen, wohin auch immer es geht. Und ich sagte: Herr, warum
diese mehr als andere? Und jener: Es sind nicht nur diese, sondern es gibt auch
andere, die unschuldig und unbefleckt und sogar auserwählte Jungfrauen in
Christo sind und die dem Lamm folgen, wohin auch immer es geht. Und ich
wiederum: Warum eher dem Lamm als einem anderen Tier? Doch jener gab
zurück: Weil das unschuldige, unbefleckte und auserwählte Lamm für das
Heil des Menschengeschlechtes getötet wurde.
   Zur Beschneidung des Herrn erfuhr ich eine große Gnade des gütigen Heilands an mir.

62. Auch zur Epiphanie vervielfältigte der Herr seine Gnade an mir, und ich
sah im Geiste meine Herrin und ihr kleines Kind, wie in einem weit entfernten Hause weilend. Und siehe, drei Männer mit königlichem Schmuck gingen dort hinein und beteten mit gebeugten Knien vor dem Knaben. Einer aber
von ihnen bot eine große Goldmünze dar, wie mit einem königlichen Bild geprägt, und gab sie in seine Hände. Ähnlich näherten sich auch die beiden anderen und brachten ihre Geschenke in Gefäßen ehrerbietig dar. Danach wurde mir auch jene Hochzeit, die in Kanaa zu Galiläa gehalten wurde, dargestellt,
ich sah dort wieder den Heiland mit seiner Mutter Maria zwischen den Tisch-
genossen lagern und die sechs dort stehenden Krüge. Darüber hinaus hat es
der Herr auch nicht verschmäht, seiner Magd ebenso die Waschung seines
jungfräulichen Körpers, die im Jordan gefeiert wurde, vorzustellen. Ich sah
nämlich, wie er mit seinem heiligen Täufer in die Wasser des geheiligten Flus-
ses hineinstieg und von ihm getauft wurde, und wie die vom Himmel herab-
schwebende Taube kam und auf seinem Scheitel ruhte. Als ich von dieser Vi-

---

[102] Wie Anm. 46.
[103] 28. Dez. 1153. Vgl. zum Folgenden Offb 14.

sion erwachte, öffnete ich meinen Mund zu diesen Worten: In Gestalt einer Taube wurde der Heilige Geist geschaut, und es wurde die Stimme des Vaters gehört: Dies ist mein geliebter Sohn, an dem ich mein Wohlgefallen habe[104], ihn sollt ihr hören!

63. Danach am Fest der Reinigung[105] zur ersten Vesper tat mir Gott etwas Neues und Ungewohntes. Als ich nämlich in gewohnter Weise in meiner Entraffung war und im Geiste zum Herrn betete und meine Herrin, die ich durch den Geist schaute, grüßte und vor ihr andächtige Gebete verströmte, hörten die Schwestern, die um mich herum waren, klar den ganzen Wortlaut meines Gebetes. Ich aber, als ich wieder zu mir gekommen war, wollte ihnen, da sie dies erzählten, nicht glauben, bis sie eben die Worte, die ich im Gebet gebraucht hatte, der Reihe nach wiederholten.

64. Es ereignete sich, daß eine bestimmte bejahrte Schwester bei uns von einer Krankheit geschwächt wurde, woran sie auch starb. Es geschah aber am dritten Tag vor ihrem Tode, daß sich die Krankheit plötzlich verschlimmerte, so daß wir schon meinten, sie werde sterben, und herbeieilten und die Litanei über ihr begannen. Da überfiel mich also dort ein sehr großes Leiden, und ich brach zur Erde nieder, und die Schwestern sammelten sich um mich mit Gebeten. Nachdem ich eine geringe Zeit über wie leblos gelegen war, wachte ich plötzlich auf und sagte: Salbt sie! Sie war nämlich noch nicht mit Öl gesalbt worden. Dies gesagt, war ich sogleich im Geiste. Wieder aber, nach kurzem erwachend, bevor ich ganz zu mir kam, verkündete ich allen Zuhörenden die Vision, die ich gesehen hatte, und sagte: Unsere Herrin war mit unserem seligen Vater Benedikt herabgestiegen, und ich weiß nicht, aus welchem Grunde sie plötzlich wieder nach oben zurückgingen. Und da waren hier sehr viele böse Geister, von denen noch viele wie Hunde in unserer Umgebung umherwandeln und sich wie Geier auf die Dächer setzen. Es standen aber beim Lager unserer Schwester zwei Engel, die zu jenen sagten: Weichet von hinnen, diese Schwester hat noch eine Lebenszeit erhalten. Nachdem ich dies gesagt hatte und ganz zu mir zurückgekehrt war, wußte ich nicht, daß ich die Vision geoffenbart hatte, und indem ich die Meisterin herbeirief, begann ich, ihr im Geheimen zu erzählen, was ich geschaut hatte. Jene aber bekannte, dies alles habe sie schon aus meinem Munde gehört. Danach am dritten Tage, als dieselbe Schwester aus dem Leben schied, schaute ich in der Stunde ihres Hinscheidens im Geiste eben die selben zwei Engel bei ihr weilen und die den Körper verlassende Seele empfangen. Wohin sie allerdings jene trugen, wurde mir nicht geoffenbart. Als wir während der Bestattung im Gebet waren, sah ich einen schönen Engel von fast winziger Gestalt am Ende der Bahre sitzen. Dieser bewegte sich auch nicht von dort weg, als sie zur Kirche der Brüder getragen wurde, sondern war bis zur Zeit des Begräbnisses anwesend.

---

[104] Mt 3, 17.
[105] 2. Feb. 1154.

65. Danach ergriff auch mich ein heftiges Fieber, und ich wünschte mir das
Sakrament der Ölung. Zu dieser Zeit aber war der Herr Abt zu nahegelegenen Orten verreist, und ich erwartete seine Ankunft. Zu einer Vesperzeit aber
um die Dämmerung, als die Meisterin bei mir saß, kam ein verehrungswürdiger Mann herbei und blieb vor mir stehen, und ich meinte, es sei der Herr
Abt, und freute mich. Und als ich seine Verspätung tadelte und die Härte seines Betragens, empfing er diese Schelte freundlich und tröstete mich, indem
er sagte, ich würde noch nicht sterben. Ich bat also, daß er das Herrngebet
und das Glaubensbekenntnis vor mir rezitiere und mich danach salbe. Nachdem er dies getan hatte, und ich ihm mit Pausen auf die einzelnen Worte geantwortet hatte, schien er den ganzen Ritus der Salbung an mir zu vollenden
und ging hinweg, nachdem er mir den Segen gegeben hatte. Da fragte mich
die Meisterin, die alle meine Worte gehört hatte, mit wem ich das Gespräch
gehabt habe. Und ich sagte: War nicht der Herr Abt hier und salbte mich? Sie
aber bezeugte, daß sie da niemanden gesehen habe. Da erst erkannte ich also,
daß ich eine geistige Vision gesehen hatte.

66. Danach, als die Feier der Verkündigung bevorstand, fiel ich in eine sehr
tiefe Erstarrung und lag zwei Tage vor dem Fest in der Krankheit. Am Tag
des Festes[106] aber am Morgen verschlimmerte sich meine Erstarrung so sehr,
daß die Schwestern zu meinem Lager kamen und die Litanei über mir sagten.
Und als sie dabei waren, von mir zu scheiden, fragten sie, ob ich an diesem
Tag kommunizieren wollte, so wie sie es auch selbst zu tun daran waren. Ich
aber wollte nicht und sagte, ich sei wegen der Schwäche meines Körpers nicht
durch irgendwelche würdigen Werke dazu vorbereitet wie sie selbst. Als sie
darob traurig wurden und von mir schieden, kam der Engel des Herrn und
stand bei mir, legte seine Hand auf mein Haupt und sprach: Steh auf und steh
auf deinen Füßen, du bist von deinen Krankheiten befreit! Gehe zur Kommunion, stärke dich und sei kräftig! Bei diesen Worten floh sogleich jede Erstarrung von mir, und ich wurde an meinem ganzen Leib auf das lieblichste
erquickt. Dies auch fügte er hinzu: Freilich wäre es dem Herrn möglich gewesen, dir die Leiden, die du bisher erduldet hast, leichter zu machen, aber er
wollte, daß du so heimgesucht werdest, damit dir besser geglaubt werde. Bald
also ergriff ich meine Kleidung, stand von meinem Lager auf und schritt mit
vollen Kräften und lebhafter Farbe hinab und kam fröhlich in die Gemeinschaft der Schwestern, wo sich alle wunderten. Und ich tat, was er mich geheißen hatte.
    Am selben Tag wurde mir auch die Verkündigung des Herrn vorgestellt.
Ich sah nämlich im Geiste meine Herrin, die in einem Zimmer im Gebet zu
stehen schien; und plötzlich erschien bei ihr ein Engel von großer Helligkeit
wie zu ihr sprechend. Sie aber schien zu erschaudern, als sie ihn sah, und nachdem sie miteinander gesprochen hatten, verbeugte sie sich ehrerbietig vor ihm,
und bald verschwand jener.

---

[106] 25. März 1154.

67. Am Vortage des Palmsonntagsfestes[107], als die Vesperzeit schon bevorstand, stand ich allein in der Kirche und konzentrierte mich auf die Gebete. Und siehe, eine Fülle strahlenden Lichtes ergoß sich plötzlich vom Himmel über mich, die mir solche Hitze verursachte, wie die Sonne, wenn sie in ihrer ganzen Kraft leuchtet. Ich stürzte mit heftiger Bewegung nach vorne zu Boden und kam in die Entraffung des Geistes. Als die Schwestern kamen, liefen sie also zu mir und wollten mein Haupt von der Erde aufheben, um Polster unterzulegen, konnten es aber mit keiner Anstrengung heben. Über kurzem kam der Engel des Herrn und richtete mich rasch auf und stellte mich auf meine Füße, wobei er sagte: Oh Mensch, erhebe dich und stehe auf deinen Füßen, und ich will mit dir sprechen. Und fürchte dich nicht, denn ich bin alle Tage deines Lebens mit dir![108] Handle männlich und befestige dein Herz und ertrage den Herrn! Und den Sündern auf Erden wirst du sagen: Wie mich einst die Heiden gekreuzigt haben, so werde ich täglich unter jenen gekreuzigt, die sich in ihren Herzen gegen mich vergangen haben. Sie wenden nämlich ihr Antlitz von mir, und ihr Herz ist ferne von mir, damit sie nicht sehen und nicht denken, wie ich gelitten und sie in meinem Blute befreit habe. Und du wirst zu ihnen sagen: Kehret zurück, ihr Sünder, zu eurem Herrn und Gott, weil er mild und barmherzig ist! Er will nicht den Tod des Sünders, sondern eher, daß er sich bekehre und lebe[109]. Nachdem er dies gesagt hatte, ging er fort. Ich aber machte den Schwestern ein Zeichen, daß sie die Wachstafeln bringen und diese Worte schriftlich aufzeichnen sollten. Ich konnte nämlich nichts anderes sagen, bis alles nach meinem Bericht aufgeschrieben worden war.

68. Wieder am selben Palmsonntag zur Zeit des Gottesdienstes, als ich in ähnlicher Weise niedergefallen war, richtete mich der Engel auf, indem er sagte: Oh Mensch, bedenke, was du bist, denn du bist Staub und Asche und ein schwaches Gebilde! Höre mich, der ich mit dir rede! Dies spricht der Herr: Voll ist die Erde von Unrecht, und dieses Volk ist nicht mein Volk, sondern ein Volk, das sich von mir abgewandt hat. Verhärtet ist ihr Herz, und die Worte, die ich gesprochen habe, verstehen sie nicht und werden sie nicht begreifen können, sondern sie wenden sich von mir ab. Wehe ihnen, denn sie werden vom Teufel niedergedrückt und gehorchen jenem. Sie verunehren mein Antlitz mit ihren falschen Werken und haben Gott, ihren Schöpfer, vergessen. Und ich sprach: Mein Herr, ich weiß nicht, was ich sagen oder tun soll, denn ich bin ungelehrt in den heiligen Schriften. Und er sagte mir: Es genügt dir meine Gnade[110]. Wer nämlich hat, dem wird gegeben werden, und der nicht hat, dem wird das, was er hat, genommen werden[111].

---

[107] 27. März 1154.
[108] Ez 2, 1 f.; Is 43, 5.
[109] Ez 33, 11.
[110] 2 Kor 12, 9.
[111] Mt 13, 12.

69. Danach, als ich am Montag bei der Matutin war, legte der Herr sein Wort in meinen Mund, und sofort sagte ich: Weh euch, ihr Heuchler, die ihr Gold und Silber verbergt – das ist das Wort Gottes und das göttliche Gesetz, das kostbarer ist als Gold und Silber –, damit ihr den Menschen fromm und unschuldig erscheint. Innen aber seid ihr voll von böser Gesinnung, und in eurer Unreinheit geht ihr ein zum Heiligsten des Heiligen, das ist der Altar Gottes, um zu kommunizieren. Der Herr aber wendet sein Antlitz ab, daß er eure Opfer und Darbringungen nicht sieht. Dann werdet ihr unglücklicher sein als die, die euch wie einen Spiegel ansehen, wenn sie eure bösen Werke betrachten, und sich über euch empören. Wißt ohne Zweifel, daß das Gesetz in dieser Zeit zuerst durch die Priester und die Älteren des Volkes zugrunde gehen wird.

70. Wiederum am Mittwoch, als ich allein im Kapitelsaal war, fiel ich in Ekstase. Und es sagte der Engel des Herrn zu mir: Du Menschensohn[112] wirst zu ihnen sagen, die auf Erden wohnen: Höret, ihr Völker! Der Gott der Götter hat gesprochen: Tut Buße, denn das Reich Gottes ist nahe[113], und wendet euch in eurem ganzen Herzen zu mir, und ich, der Herr, werde mich euch zuwenden und mich mit euch versöhnen. Wenn ihr dies nicht wollt und mich zum Zorn reizt, werdet ihr in euren Sünden sterben, und der Tod wird euch plötzlich und ohne euer Wissen verschlingen, und ihr werdet armseliger sein als jede Kreatur, sogar die vernunftlosen Tiere, weil sie nichts Übles weiter mehr leiden, wenn sie einmal gestorben sind. Ihr aber werdet im ewigen Feuer gemartert werden, wo die Augen weinen werden und die Zähne knirschen ohne Ende[114]. Und ich sagte: Herr, ich weiß nicht zu sprechen und bin zögerlich beim Sprechen. Und er sagte: Öffne deinen Mund, und ich werde sprechen, und wer dich hört, hört auch mich.

71. Am heiligen Samstag vor Ostern[115] ging ich zum Kapitelsaal und brach an der Schwelle zur Kapelle zusammen. Und das Licht umfloß mich, und der Engel des Herrn war bei mir und sprach: Oh ihr Armseligsten, die ihr für euch Schätze in den Höllenqualen anhäuft! Wißt ihr nicht, daß die Vornehmen, daß die Mächtigen am Tag des Gerichtes zugrunde gehen werden, daß die Reichen und Schlauen trauern werden? Oh, der Ruhm der Welt ist eine armselige Sache, wehe jenen, die ihn lieben! Ich rief, spricht der Herr, und rufe wiederum, und wer ist es, der mich hört und meinen Ratschlägen zustimmen wird? Und als ich rief, rief ich und sprach: Wenn jemand dürstet, soll er zu mir kommen und trinken, und von seinem Bauch werden die lebendigen Wasserströme fließen[116]. Oh Mensch, wer immer du bist, sage du: Hier bin

---

[112] Elisabeth verwendet diese Anrede männlichen Geschlechts für sich, wie in der biblischen Formulierung vorgegeben.
[113] Mt 3, 2.
[114] Mt 8, 12.
[115] 3. April 1154.
[116] Joh 7, 37.

ich![117], und er wird dir sagen: Verleugne dich selbst, im Herzen gehorsam und demütig geworden, komme und folge mir, und ich werde prüfen, ob du wahrhaftig bist oder nicht. Und du sei fest und ausdauernd, laß nicht nach im Streite! Wer nämlich gut bis zum Ende streitet, der wird gerettet sein.

72. An einem der Ostertage zu Mittag, als ich ruhen wollte, stand der Engel des Herrn bei meinem Bett und sprach zu mir: Sei nicht traurig darüber, was dir zu geschehen pflegt! Es genügt dir meine Gnade, weil ich dich nicht verlassen werde, wenn du selbst willst[118]. Bemühe dich, gehorsam zu sein, in aller Demut des Herzens und in Freude! Sei geduldig gegen alle Widrigkeiten, erhebe dich nicht zum Stolz, sondern demütige dich stets, damit du erhoben werden wirst![119] Verachte niemanden, verabscheue niemanden, zeige dich in allem als gutes Beispiel![120] Liebe den Herrn, deinen Gott, aus deinem ganzen Herzen und deinen Nächsten wie dich selbst[121]! Und was ich dir gegeben habe, gib du den anderen, damit auch sie erquickt werden, denn du hättest nichts, wenn es dir nicht von oben gegeben worden wäre[122]. Außer diesem fügte er auch noch vieles Andere hinzu, wie ein Vater, der seine Tochter freundlich unterweist, was, da der Schlaf leider dazwischenkam, aus meiner Erinnerung entschwunden ist.

73. Am Festtag des heiligen Evangelisten Markus[123] sah ich die Pforte im Himmel geöffnet, und aus ihr ergoß sich ein großes Leuchten über mich, und sogleich fiel ich zur Erde. Und als ich in der Ekstase war, schaute ich vor dem Thron Gottes – wie ich es schon am Festtag des seligen Evangelisten Johannes gesehen hatte – die vier Tiere, von denen ein jedes vier Antlitze hatte, die, wie ich bemerkte, in dieser Weise verteilt waren: Das Menschenantlitz war im vorderen Teil, der zum Thron hinblickte, im hinteren Teil aber das Adlerantlitz. Rechts war das Löwenantlitz, links aber das Stierantlitz. Sie hatten auch je sechs Flügel, von denen je zwei über ihren Häuptern aufgerichtet einander berührten. Zwei aber waren so ausgebreitet, daß der eine Flügel eines jeden den des anderen berührte; mit zweien aber verbargen sie ihre Leiber. Sie waren aber vorne und hinten voller Augen. Es erschien auch ein großes und leuchtendes Rad, das bei ihnen vor dem Thron stand und vier Räder zu umfassen schien, die so miteinander verbunden waren, daß jedes einzelne die zwei ihm benachbarten teilweise umfaßte. Und ein jedes berührte das größere innen mit seinen Kreisen. Es gab aber zwischen diesen vieren um den Mittelpunkt des größeren [Rades] einen wie eine Feuerflamme roten Raum, und daraus schienen sozusagen einige kleine Funken zu entspringen und sich auf alle Räder zu verteilen und schienen sozusagen daraus belebt zu werden. Dies-

[117] 1Sam 3, 4.
[118] 2Kor 12, 9; Heb 13, 5.
[119] Lk 18, 4.
[120] Tim 2, 7.
[121] Mt 22, 37 ff.
[122] Joh 19, 11.
[123] 25. April 1154.

bezüglich kam in derselben Stunde jenes Wort in meinen Sinn: Der Lebens-
geist war in den Rädern. Und als ich aufblickte, gingen die Tiere in vier Rich-
tungen auseinander, und jedes einzelne von ihnen schritt einem der einzelnen
Räder voran[124].

74. An einem Sonntag, als bei den Brüdern die Messe gefeiert wurde, blickte
ich zufällig durch das Fenster und wollte die Brüder hören, die zusammen
Gottes Lob sangen. Es stand aber zufällig ein Mann auf dem Weg, rief und
sagte zu einem anderen: Wo, Teufel, bleibst du nur so lange! Und sogleich sah
ich den Satan in der Form eines schwarzen und ungestalten Kalbes bei ihm
stehen. Diesbezüglich mögen sich die Gläubigen ermahnen lassen, von solchen bösen Reden abzusehen!

75. Am Pfingsttag[125] wurden bei uns die Meßfeiern wegen der Exkommunikation des Grafen ausgesetzt[126], aber dennoch setzte der Herr nicht seine Tröstung für seine Mägde aus. Es kam nämlich einer von den Priestern zu uns,
der in einem Gefäß das Sakrament des Herrnleibes trug, so daß wir wie üblich kommunizieren konnten. Als dieser eingelassen war und das Gefäß auf
den Altar gestellt hatte, der bei uns herinnen ist, sah ich ein großes Licht vom
Himmel ausgehen, und es fiel in der Art eines Sonnenstrahles auf jenes [Ge-
fäß] und erleuchtete es ganz. Aber auch eine schneeweiße Taube war zu sehen, die mitten durch dieses Licht kam, herbeiflog und sich bei ihm niederließ. Es kam auch der Engel des Herrn und blieb wie als Zeuge unserer
Frömmigkeit beim Altare stehen, bis wir alle der Reihe nach kommuniziert
hatten.

76. Als ich in der Sonntagsnacht vor dem Fest der Apostel Petrus und Paulus[127] an meinem Gebetsplatz stand und die gewohnten Leiden beginnen spürte, fürchtete ich mich sehr, weil ich am Geburtstag des heiligen Johannes des
Täufers sehr erschöpft worden war. Dieser erschien mir glorreich nach einer
dreitägigen Erstarrung und tiefen Erschöpfung, die ich an seiner Vigil erlitt.
Ich wollte also dieses Mal, wenn irgend möglich, vermeiden, daß mich das
Leiden ergreife, und ging von dem Platz, an dem ich stand, weg und wollte
aus der Kapelle hinausgehen. Als ich ein wenig vorangekommen war, kam das
Leiden so schwer über mich, daß ich nicht weitergehen konnte, und ich kam
kaum zu meinem Platz zurück. Und bald fiel ich zu Boden. Sofort also stand
der Engel des Herrn bei mir und sagte in unserer Sprache: Oh du Arme, wie-
so erträgst du dies so ungern? Wie viele gibt es, die dies gern ertrügen, wenn
ihnen geschenkt würde, das zu vollbringen, was du vollbringst. Wenn du das

---

[124] Vgl. Ez 1, 5 ff.

[125] 23. Mai 1154.

[126] Rupert I. von Laurenburg, der Sohn des Gründers der Propstei Lipporn, hatte diese um 1126
in die Benediktinerabtei Schönau umgewandelt und dem Mainzer Domkapitel unterstellt. Er
war Erbvogt des Klosters. Die Exkommunikation war wegen der Aneignung von Kirchengü-
tern in Worms erfolgt (Kemper 58 ff.; Clark 1992, 154).

[127] 27./28. Juni 1154.

nicht gegenwärtig erleiden würdest, würdest du es jedenfalls dort erleiden, wo es dir härter zu erleiden ist, ehe du zu schauen verdientest, was du nun sehen wirst. Und ich sagte: Mein Herr, diese Ungeduld kommt mir von meiner großen Gebrechlichkeit. Und wenn du mich trösten willst, Herr – was wirst du mir zeigen? Und er sagte: Komme und schaue und betrachte die Freude, die dir von deinem Gott kommen wird. Und sofort erhob er mich hoch hinauf in die obere Luft, und ich sah durch die Lichtpforte hinein und schaute in gewohnter Weise die Herrlichkeit der seligen Gottesstadt. Dann wurde ich wieder zum armseligen Leib zurückgeführt und atmete ein wenig auf.

Wieder aber war ich im Geiste und sah vor jener eben genannten Pforte etwas wie eine Waage hängen. Und mein Engel stand dort dabei, der ein Buch hatte, und der Satan, der ein anderes Buch hatte. Ich erkannte aber, daß das, welches der Engel hatte, das Buch meiner gerechten Werke war, das andere aber das Buch meiner Sünden. Und jeder von beiden legte das Buch, das er hatte, auf die Waage, und man sah, daß das Buch der Sünden schwerer wog. Daher stand mein Engel wie traurig da und sagte: So wird es nicht sein, da sie ja sehr viele und große Schmerzen für ihre Vergehen auf sich genommen hat und oft harte Geißelschläge empfing. Als er noch mehr dieser Art aufgezählt hatte, sagte er: Das muß man bis morgen aufschieben. Bald kam ich wieder zu mir und rief unter vielen Tränen aus: Gehe nicht mit deiner Magd ins Gericht, Herr, sondern ich rufe deine Milde an, daß du zuerst meine Sünden vergibst, ehe du zu richten zum Gericht kommst. Und als ich von allzu großer Angst bedrückt wurde, kam mir wiederum mein Engel entgegen, und ich sagte ihm: Herr, was soll ich tun? Belehre mich, mein Herr! Er sagte: Sei sehr gehorsam, demütig, geduldig und liebenswürdig! Nimm das gern auf dich, was dir geschieht, umarme mit Freude das, was der Herr an dir wirkt, und widme deine Gebete jenen, die das lieben, und allen, die sich deinen Gebeten empfehlen und denen du dich durch ein Versprechen verpflichtet hast. Nachdem er dies gesagt hatte, schied er. Ich aber, nichtsdestoweniger in meinem Herzen verwirrt, begann dies bei mir zu überlegen und sagte: Habe ich nicht immer viel Vertrauen in den Leib meines Herrn Jesus Christus gehabt? Ist dieser nicht die Vergebung aller Sünden? Dorthin will ich gewiß Zuflucht nehmen. Ich bat daher die Meisterin, rasch einen Boten zu schicken und vom Herrn Abt zu verlangen, daß er am morgigen Tag die Messe der heiligen Dreifaltigkeit feiern und mir das heilige Sakrament bringen solle. Ich fürchtete nämlich wegen der Worte des Engels, der gesagt hatte: Dies muß bis morgen aufgeschoben werden, ich würde an diesem Tage sterben. Als er also, wie ich gebeten hatte, die Messe feierte, fiel ich eben zur Zeit der Opferung in die Ekstase des Geistes und sah wiederum die Waage, die ich am Abend gesehen hatte, und die daraufgelegten Bücher. Da kam also mein treuer Fürsprecher, der Engel, und brachte etwas wie ein kleines Brot, wie es die Priester bei der Meßfeier verwenden, und legte es auf das Buch der gerechten Taten hinauf. Und sogleich sah man es so schnell das Übergewicht über das Buch auf der anderen Schale gewinnen, wie wenn er eine ungeheuere Masse dazugelegt hätte. Ich aber wachte mit Freude auf und rief aus: Heilige Dreifaltigkeit, Vater und Sohn und Heiliger Geist, in die Hände deiner Macht, in die Hände deines Er-

barmens empfehle ich meinen Geist, meinen Sinn, meinen Verstand, meine
Gedanken, und meinen ganzen Körper, mein Leben, mein Ende und alle meine Taten. Immer sei dein Segen Tag und Nach über mir, und deine Milde füh-
re mich ins ewige Leben. Dies auch fügte ich hinzu, weil ich daran war, zu
kommunizieren: Herr, ich bin nicht würdig, daß du eingehst unter mein
Dach, aber mache mich heil, und ich werde heil sein, da du mein Lob bist[128].
Nicht zur Verurteilung möge ich es verdienen, deinen Leib und dein Blut zu
mir zu nehmen, sondern zur Vergebung aller meiner Sünden. Zur selben Zeit
sah ich auch im Geiste den Herrn Abt, wie er dann in der Kirche der Brüder
das Sakrament verehrte und es andächtig wandelte, und wie die Taube bei dem
Opfer dabeisaß, und die Helligkeit des Lichtes in der Umgebung. Danach kam
er zu mir und brachte mir, was ich ersehnt hatte, und durch die heilige Kommunion tröstete ich meine Seele.

77. Wieder an der Vigil der Apostel[129] zur Vesper sah ich jene nach vielen Bedrängnissen im Geiste in der Region der Helligkeit und zusammen mit ihnen
die Mutter des Herrn. Ich sah aber auch dieselbe Waage, die ich auch vorher
gesehen hatte, und die Bücher wurden hinaufgelegt. Da war aber eine Menge von Dämonen um die eine Waagschale und eine Menge von Engeln um die
andere, und jene schienen gleichgewichtig zu sein. Da rief ich meine Herrin
und die Apostel unter großen Ängsten an, weil ich unzweifelhaft sterben zu
müssen meinte, und sie gingen ein wenig nach innen zurück. Und nachdem
sie wieder erschienen waren und ich nicht aufhörte, sie und möglichst viele
andere Heilige anzurufen, sah man das Buch der Gerechtigkeit das Übergewicht bekommen. Als ich danach Atem schöpfte, kam ein Engel zu mir und
sagte mir: Dir wurde eine Frist zu leben gewährt, bessere dein Leben! Und
ich sagte: Mein Herr, was soll ich mehr tun? Kennst du nicht meine Gebrechlichkeit und daß ich mich nicht mehr abmühen kann, als ich es tue? Dann un-
terwies er mich und ermahnte mich zu einer Kasteiung des Fleisches, über die
auch ich bei mir oftmals nachgedacht hatte. Als ich zu mir zurückkam, sagte
ich: Löse nach Gottes Befehl, Petrus, die Ketten der Lande, und außerdem
andere Gebete an ihn. Und ich fügte hinzu: Heiliger Apostel Paulus, Verkün-
der der Wahrheit und Lehrer der Völker, verwende dich für uns vor Gott, der
dich erwählt hat! Und dazu fügte ich: Herr, richte mich Arme und Sünderin
nicht nach meinem Handeln! Ich habe nichts Würdiges vor deinem Antlitz
getan, daher flehe ich deine Majestät an, daß du, Gott, meine Ungerechtigkeit
nichtig machst, weil du mich aus Erde geschaffen hast. Und dieses: Übergib
nicht den wilden Tieren eine Seele, die auf dich vertraut, und vergiß die Seelen deiner Armen nicht bis zum Ende!
    Untertags bei der Messe erschienen mir wiederum die Apostel und gemein-
sam mit ihnen unsere Herrin. Da sah ich im Geiste auch die in der Kirche mi-
nistrierenden Brüder und den am Altar stehenden Herrn Abt, und ich sagte
den Schwestern die Beschaffenheit des Meßgewandes. Am selben Tag, als das

---

[128] Mt 8, 8.
[129] 28. Juni 1154.

göttliche Sakrament zu uns gebracht wurde, schaute ich dieselbe Vision, die
ich auch am Pfingsttag geschaut hatte.

78. Am Festtag des seligen Cyriacus[130], der auf einen Sonntag fiel, zerrte ich
meine matten Glieder vom Bett auf, nachdem ich sechs Tage lang mit jener
Erschöpfung krank gewesen war, die bei mir Visionen großer Dinge vorher-
zugehen pflegt, und zog mich zum Gebet an einen verborgenen Ort zurück.
Und als ich mit den Psalmen begann, wurde ich von heftigen Leiden beschwert und fiel in die Entraffung des Geistes. Es war aber die um dritte Stunde. Und siehe, der Engel des Herrn kam und hob mich in die Höhe, so daß
ich alle Grenzen der Erde erblickte. Und ich sah etwas wie Feuerpfeile mit
Haken aus allen Himmelsgegenden in der Dichte eines Schneegestöbers auf
die Erde fallen. Da ängstigte ich mich sehr bei mir und fürchtete, dies sei das
Feuer, das die ganze Welt verzehren würde. Und es sprach der Engel zu mir:
Es ist nicht Feuer, wie du meinst, sondern es ist der Zorn Gottes, der über die
Erde kommen wird. Dies aber hörte ich nicht auf zu sehen bis zur sechsten
Stunde. Dann schöpfte ich ein wenig Atem und begann wieder zu mir selbst
zu kommen. Wiederum aber kam der Engel und stand bei mir und sagte: Warum verbirgst du das Gold im Schmutz[131]? Dies ist das Wort Gottes, das durch
deinen Mund auf die Erde gesandt wurde, nicht daß es verborgen werde, sondern daß es offenbar werde zum Lob und Ruhm unseres Herrn und zur Errettung seines Volkes. Dies gesagt, erhob er über mir eine Geißel, die er wie
in großem Zorn fünf Mal sehr heftig auf mich niedersausen ließ, und so oft
wurde ich am ganzen Körper verletzt, daß sich über meine Verletzung alle
Schwestern wunderten, die um mich herum waren. Danach legte er den Finger seiner sehr weißen Hand in meinen Mund und sagte: Du wirst schweigen
und bis zur neunten Stunde nicht sprechen können, wenn du das kundtun
wirst, was der Herr an dir gewirkt hat. Da er also gegangen war, blieb ich wie
halbtot ungefähr bis zur Zeit der Non. Zuletzt aber, als ich mich erhoben hatte, konnte ich weiter nicht sprechen und machte den Schwestern ein Zeichen,
den Herrn Abt herbeizurufen. Nachdem dieser gekommen war, ertönte schon
das Zeichen zur Non. Aber meine Zunge wurde noch nicht gelöst, und ich
machte unserer Meisterin ein Zeichen, welche allein um mein Geheimnis wußte, daß sie das zu mir bringen solle, was ich heimlich unter meinem Bette verborgen hatte, nämlich einen Teil des vorliegenden Büchleins, das du, mein
Bruder, bei mir zurückgelassen hattest. Ganz fest nämlich, so wie wir es ab-
gesprochen hatten, hatte ich den Vorsatz gehabt, bis zu meinem Lebensende
diese Schriften alle zu verbergen. Als ich also das mir überbrachte Büchlein
in die Hände des Herrn Abtes übergab, wurde die Fessel meiner Zunge zu
diesen Worten gelöst: Nicht uns, Herr, nicht uns, sondern deinem Namen gib
den Ruhm[132]!

---

[130] 28. Aug. 1154. Cyriacus erlitt das Martyrium um 305 in Rom; er wurde u.a. in Worms besonders verehrt.
[131] Vgl. Mt 25, 25 f.
[132] Ps 113B, 1.

Danach aber war ich drei Tage über am ganzen Leib sehr erschöpft, da mein ganzes Fleisch durch die Schärfe der Geißel verletzt war. Am vierten Tage aber kam ich mit einem heftigen Schweißausbruch wieder zu Kräften.

79. Bei der Aufnahme unserer seligsten Herrin in den Himmel[133] nach der Kommunion des göttlichen Sakramentes erzitterte ich heftig, und alle meine Kräfte ließen nach, und ich fiel in die Ekstase und schaute dieselbe Vision, die ich auch im Vorjahr zu dieser Zeit gesehen hatte. Ich grüßte aber meine Herrin, indem ich sagte: Selig bist du Jungfrau Maria, Gottesgebärerin, die du dem Herrn geglaubt hast. In dir wurde vollendet, was dir gesagt wurde. Siehe, du bist erhöht worden über die Chöre der Engel. Und ich fügte hinzu: Mehr als das Heil und jede Schönheit bist du vom Herrn geliebt und würdig bist du, Himmelskönigin genannt zu werden, denn auch die Chöre der Engel sind deine Gefährten und Mitbürger. Zu jener Zeit stand der Engel des Herrn bei mir und blickte mich mit freundlichem und gleichsam mitleidigem Gesicht an, sprach mich an und sagte: Sei nicht traurig und lasse nicht dein Herz sich verwirren! Die heiligen Visionen, die du schaust und geradezu gewohnheitsmäßig hast, wirst du bis zum Tage deines Hinscheidens nicht mehr sehen, sondern betrachte stets und beachte stetig das heilige Licht, das Licht des Himmels, dies ist dir bis zum Endes deines Lebens gewährt, dann, nach diesem Leben, das ewige Licht, das Gott dir zu schenken sich herabläßt, der in der vollkommenen Dreifaltigkeit lebt und herrscht als Gott von Ewigkeit zu Ewigkeit. Und ich antwortete: Amen. Und ich sagte zu ihm: Herr, dies geschieht doch nicht etwa wegen meiner Nachlässigkeiten? Und er sagte: Nein. Sondern der Vater der Waisen hat sich deiner erbarmt und hat mit dir gemäß der Gnade seiner Barmherzigkeit gehandelt.

Da ich also bei mir ob jenes Wortes, das er gesagt hatte, traurig wurde, daß ich die gewohnten Visionen nicht weiter sehen sollte, nahm der Verfolger die Gelegenheit wahr und begann mich in meinen Träumen zu quälen. Ich sah mich nämlich in Träumen vor jenem fliehen und die Hilfe des Herrn und meiner Herrin auf der Flucht anrufen und jenem das heilbringende Zeichen des Kreuzes entgegenhalten. Der aber schien mich nichtsdestotrotz heftigst zu verfolgen. Als ich drei Nächte hintereinander auf diese Weise ermüdet wurde, wachte ich in der dritten Nacht durch diese Quälerei auf, setzte mich in meinem Bett auf und hob unter vielen Tränen diese Klage an: Herr, allmächtiger Gott, vor deine Majestät und deine allerheiligste Dreifaltigkeit bringe ich diese Klage wegen dieses meines ruchlosesten Verfolgers, der deinem heiligen Namen, den ich sowohl im Schlafe als auch im Wachen immer anrufe, keine Ehrerbietung erweist, daß er, bei ihm beschworen, aufhöre, mich zu quälen. Dein heiligstes Kreuz, Herr, das ich über ihn erhebe, fürchtet er nicht, daß er vor seinem Anblick flieht. Aber auch meiner heiligsten Herrin, der ewigen Jungfrau Maria, die ich stets anrufe, und allen Heiligen Gottes klage ich, daß er ihnen auch keine Ehre erweist und nicht durch ihre Anrufung von mir abgeschreckt wird. Als ich dieses und Ähnliches vorgebracht hatte, las ich

---

[133] 15. Aug. 1154.

fünfzehn Psalmen zur Ehre unserer Herrin mit einigen anderen ihrer Lobgebete. Dies vollbracht, forderte ich von ihr sehr eingehend, es für mich beim Herrn zu erreichen, daß er jenen Ruchlosen von mir wegnehme und künftig seiner Magd Frieden gewähre. Kaum hatte ich das Gebet vollendet, siehe, da schaute ich ihn in Gestalt einer Ziege von mir fliehen, und in heftigem Sprung das Haus des Gebetes durcheilend, entwich er mit lautem und schrecklichem Gebrüll durch das Fenster. Daher liefen auch unsere Haushunde aufgeregt zusammen und verfolgten ihn lange mit lautem Gebell, als ob sie irgend etwas Unbekanntes bemerkten. Von dieser Zeit an fühlte ich also seine Bosheit durch die Gnade des Herrn nicht mehr, der die Seinen aus der Anfechtung zu entreißen weiß. Und nun beglückwünscht mich, die Magd Christi, weil zu Eurer Tröstung darin und sehr vielem anderem Ähnlichen der Herr sein Erbarmen an mir vervielfacht hat, nicht als einer, der die Verdienste einschätzt, sondern als einer, der seine Gnade und Tröstung freigebigst allen spendet, die auf sein Erbarmen hoffen. Ihn lobpreise also, meine Seele, mit allen Kräften, ihn liebe, über ihn freue dich von jetzt bis zur Ewigkeit! Ruhm und Ehre der hohen Dreifaltigkeit, Lob dem barmherzigen Christus, der mit Gott dem Vater und dem Geist, dem Tröster, regiert von Ewigkeit zu Ewigkeit. Amen.

DAS ZWEITE BUCH DER VISIONEN

1. Wohlwollend ist die Barmherzigkeit unseres Gottes und über jedes Maß häuft er Gnade auf Gnade für die, die ihn lieben. Gemäß der Größe seiner Güte vervielfachte er seine Tröstungen in seiner Magd, so wie es der Text des vorhergehenden Buches darlegt; und siehe, nichtsdestotrotz ist seine Hand immer noch zum Troste ausgestreckt. Denn sie wird nicht von dem Gemurre jener zurückgehalten, die sich groß schätzen und verachten, was schwächer scheint; sie scheuen nicht davor zurück, die Reichtümer seiner Güte in ihr zu verlachen. Für sie ist dennoch zu fürchten, daß sie mit ihrem Gemurre das Wort des Familienvaters hören werden, der sagt: Ist denn dein Auge schlecht, weil ich gut bin[1]? Dies ist jenen anstößig, daß in diesen Tagen der Herr besonders im schwachen Geschlecht sein Erbarmen zu vergrößern sich herabläßt. Aber warum kommt es ihnen nicht in den Sinn, daß in den Tagen unserer Väter Ähnliches geschehen ist, als heilige Frauen vom Geist Gottes erfüllt wurden, weil die Männer sich der Trägheit hingaben, so daß jene prophezeiten und das Gottesvolk fest leiteten, ja sogar über die Feinde Israels glorreich triumphierten, wie Holda, Deborah, Judith, Jahel[2] usw.? Und da zu hoffen steht, daß im Geist der Demütigen dies etwas Erbauung bewirken werde, wird jetzt auch das, was der Herr nach Fertigstellung des ersten Buches in seiner Magd zu wirken sich herabgelassen hat, gemäß der Erzählung aus ihrem Munde dem Vorhergegangenen angefügt.

2. Es wird aber vielleicht den Leser beunruhigen können, daß oben geschrieben wurde, es sei zu jener vom Engel gesagt worden, daß du die heiligen Visionen, die du schaust, weiterhin bis zum Tage deines Hinscheidens nicht sehen wirst[3], obwohl feststeht, daß sie auch nach dieser Zeit den vorherigen ähnliche Visionen geschaut hat. Aber, wie ich meine, wollte er damit, daß er ,heilige' sagte, speziell jene Visionen der himmlischen Geheimnisse verstanden wissen, die sie wie durch ein geöffnetes Tor im Himmel an den höchsten Feiertagen und häufig an den Sonntagen zu schauen gewohnt war. Von jener Zeit an nämlich, von der an jene Rede an sie erging, hörten Visionen dieser Art bei ihr völlig auf. An dieser Stelle aber, wo das Abbild eines Tores erschienen war, hörte das Licht von großer Helligkeit nicht auf ihr zu erscheinen gemäß der Rede des Engels, die er zu ihr sprach, als er sagte: Paß nun auf und schaue das heilige Licht, das Himmelslicht, dies ist dir bis zum Ende deines Lebens gewährt.

---

[1] Mt 20, 15.
[2] Die im *Alten Testament* erwähnten Prophetinnen, vgl. z.B. Jes 8, 3; Ez 13.
[3] Visionen I, 79.

3. Die Vision, welche die Magd des Herrn an der Pfingstvigil[4] schaute, die in den Beginn des vierten Jahres ihrer Heimsuchung fiel, erzählte sie in folgender Weise:

4. Ich war im Geiste und wurde in etwas wie eine grüne und sehr liebliche Wiese gebracht, und bei mir war der Engel des Herrn. Und ich sah etwas in Ähnlichkeit einer Marmorsäule, die so wie vom Abgrund bis zur Himmelshöhe aufgerichtet war, und ihre Form war dreieckig. Die eine ihrer Kanten war weiß wie Schnee, die andere aber rötlich, die dritte aber hatte die Farbe des Marmors. Es erschienen aber an ihren unteren Teilen zehn sehr leuchtende Strahlen, die im Kreis schräg von ihr bis zur Erde herabfielen; von ihnen schien ein jeder aus mehreren weißen und rötlichen Strahlen zusammengesetzt zu sein. Und als ich mich bei mir über diese Vision wunderte, sprach der Engel zu mir: Betrachte aufmerksam, was du siehst! Und ich sagte zu ihm: Mein Herr, sag mir an, bitte, was dies bedeutet! Er sagte: Diese Säule, die du erblickst, steigt vom Thron Gottes hinab zum Abgrund, und die drei Kanten, die du an ihr siehst, bezeichnen die heilige Dreifaltigkeit. Drei Farben siehst du an ihr: weiß, rot und marmorfarben. Die weiße Farbe symbolisiert die Menschheit Christi, die rote den Heiligen Geist, die marmorne aber bezieht sich auf die Göttlichkeit des Vaters. Die zehn Strahlen aber, die du an ihr schaust, sind die zehn Gebote des Gesetzes. Von ihnen gehen, wie du siehst, unzählbare Strahlen aus, die einen weiß, die anderen rötlich, von denen die Beobachter des Gesetzes symbolisiert werden. Die weißen bezeichnen die, die sich für das Gesetz Gottes keusch und unbefleckt bewahren, die roten aber die, die lieber ihr Blut für Christus vergießen wollten, als das Gesetz zu übertreten. Danach sagte er zu mir: Blicke nach oben! Und ich sah um die Spitze der Säule unzählige andere halb weiße und halb rote Strahlen, die von ihr überallhin ausgingen, und äußerst viele andere, die an diesen hingen. Und als ich mich schweigend darüber wunderte, sagte er zu mir: Dies sind meine Gefährten und Mitbürger, weiß aus Reinheit, rot aus Liebe, womit sie ewig im Herrn brennen. Die ihnen aber anhangen, sind die Heiligen, die die selige Gemeinschaft jener genießen. Danach fuhr er fort und sagte: Betrachte dies genau! Denn siehe, schon beginnst du, dies geringzuschätzen. Und warum wird dies nicht schriftlich aufgezeichnet, wie es üblich war? Und als ich aus der Ekstase zu mir zurückzukehren begann, legte der Herr sogleich in dieser Geisteserhebung ein Wort in meinen Mund, und ich sprach: Herr im Himmel, dein Erbarmen und deine Wahrheit [reichen] bis zu den Wolken, deine Gerechtigkeit ist wie die Berge Gottes, deine Urteile ein tiefer Abgrund. Sie werden von der Fülle deines Hauses trunken werden, und du wirst sie mit dem Wildbach deiner Lust tränken. Herr bei dir ist der Lebensquell, und in deinem Lichte werden wir das Licht schauen. Erstrecke dein Erbarmen auf die, die dich kennen, und deine Gerechtigkeit auf die, die rechten Herzens sind[5]! Ich fügte auch diese Worte hinzu: Dank sage ich dir, Herr Jesus Christ,

---

4 14. Mai 1155.
5 Ps 35, 6 ff.

daß du mir, deiner unwürdigen Magd, etwas Großes und Wunderbares voller Geheimnisse gezeigt hast.

5. Danach kam der Feiertag des seligen Vorläufers des Herrn[6], und wieder vergaß er nicht, mir seine gewohnte Güte zu erweisen. An der Vigil seiner Geburt[7] nämlich erschien er mir um die neunte Stunde, nachdem mein Körper sehr schwer gepeinigt worden war, in der Glorie, in der ihn zu schauen ich gewohnt war. Und ich bat ihn inständig, daß ich das Antlitz unserer Herrin, die sich mir länger als üblich verborgen hatte, mit seiner Hilfe anschauen dürfe. Sofort nach diesen Worten verschwand er, und ich kam zu mir, wobei ich sein Lob in folgender Weise anstimmte: Dies ist einer der Allermächtigsten aus den höchsten Himmeln, den die Hand des Herrn im Leib der Mutter geweiht hat und durch dessen Verdienste wir inständig flehen, Hilfe zu erlangen. Wiederum aber begann ich heftiger als zuvor zu leiden und hörte von dem Engel, der bei mir stand, folgende Antwort: Noch länger wirst du in dieser Qual verbleiben, wenn du nicht von deinem geistlichen Vater Vergebung erlangst. Ich aber vermochte diese Worte den Schwestern, die mich umgaben, auf keine Weise mitzuteilen. Jene also meinten, daß mein Hinscheiden bevorstünde, und meldeten dies aus eigenem Entschluß dem Herrn Abt. Als er kam, vollendete er die Litaneien und die Gebete über mir. Ich aber sagte, indem ich mit allzu großer Schwierigkeit endlich die Worte zusammenbrachte: Vergib mir, Vater! Nachdem ich also von ihm die Vergebung erlangt hatte, wurde ich sogleich ruhig, und so fiel ich in die Ekstase. Und siehe, unsere glorreichste Herrin würdigte mich zusammen mit jenem seligen Vorläufer aus den Höhen hervorschreitend, ihr ersehntes Antlitz ihrer Magd darzubieten. Und sie hatten ein allerdings ziemlich langes Gespräch mit mir, aber wegen meiner übergroßen Vergehen entfielen ihre Worte meinem Gedächtnis.

6. Wiederum am Festtag[8] nach der Lesung des Evangeliums würdigte mich der Mann Gottes, sich mir zu zeigen. Als ich ihm mich und die ganze Gemeinschaft der Brüder und Schwestern sorgfältig empfohlen hatte, antwortete er mir folgenderweise: Dies rate ihnen, daß sie durch das ermahnt, was der Herr mit dir gewirkt hat, sich in allem zu bessern mühen sollen, weil der Herr sich ihrer erbarmt hat und weiter erbarmen wird, und darin werde ich ihr geneigter Helfer sein. Dies gesagt, wurde er meinen Blicken entzogen.

7. Und sogleich hob mich der Engel des Herrn hinweg, und wir kamen zu einer grünen und lieblichen Wiese. Und siehe, es erschienen dort drei hübsche Mädchen, die längs eines Flüßchens dahinwandelten, in einer nicht hinreichend weißen Kleidung, ohne Schuhe und mit sehr roten Füßen. Und als ich bei mir dachte, wer sie denn seien oder was sie denn dort allein täten, sagten sie zu mir: Wundere dich nicht, wir sind Seelen und waren der Klosterdisziplin unterwor-

---

6 Johannes der Täufer.
7 23. Juni 1155.
8 24. Juni 1155.

fen, die eine von uns von Kindesalter an, die andere von der Jugendzeit an und
die dritte von fortgeschrittenerem Alter an. Und weil es den Menschen schien,
daß wir etwas Verdienst hätten, wurde uns, als wir aus dem Leben geschieden
waren, weniger durch Gebete zu Hilfe gekommen, als nötig gewesen wäre. Und
obgleich wir in weniger als einer Jahresfrist hätten befreit werden können, wenn
man uns die geschuldeten Wohltaten erwiesen hätte, siehe, werden wir dreißig
Jahre lang hier festgehalten. Und andere Pein erdulden wir freilich nicht, außer
große Angst, die wir vor drei schrecklichen Hunden haben, die uns dauernd mit
ihrem Biß zu bedrohen scheinen. Wenn du deinen Abt fragen wolltest, daß er
zur Ehre Gottes für unsere und aller verstorbenen Gläubigen Befreiung das göttliche Opfer feiere, hoffen wir, schneller befreit zu werden und zu den uns bereiteten Freuden hinübergehen zu können. Als ich dies unseren Schwestern mitgeteilt hatte, kamen sie frommen Sinnes zusammen und nahmen gemeinsam für
sie eine körperliche Kasteiung auf sich. Und sie teilten den Psalter unter sich auf
und flehten den Herrn sehr fleißig um deren Befreiung an.

8. Aber auch der Herr Abt kam, von mir aufgefordert, nach Beendigung des
Offiziums der Vigilien am nächsten Tag und feierte mit Eifer den Gottesdienst
für die verstorbenen Gläubigen. Wiederum aber wurde ich, eben zur Zeit des
Messopfers, in den oben erwähnten Ort gebracht, und wieder erschienen mir
jene ebendort, wie mit großer Eile gegen den Lauf des genannten Flüßchens
hinaufsteigend. Ich aber gesellte mich zu ihnen und forschte nach, wer oder
von wo sie gewesen seien und was ihre Namen wären. Eine von ihnen antwortete für alle: Es dauerte zu lange, dir das zu erzählten, was es mit uns auf sich
hat, aber, um kurz zu antworten, wir kommen aus Sachsen, ich heiße Adel-
heid, diese aber, die mir zunächst ist, Mechthild, meine Schwester sowohl dem
Fleische als auch dem Geiste nach, jene aber Libista, nur unsere geistliche
Schwester. Als ich aber sah, daß sie nicht verweilen wollten, wollte ich sie nicht
weiter aufhalten, sondern empfahl mich und unseren ganzen Konvent sehr an-
gelegentlich jenen, damit sie, wenn sie in die Gemeinschaft der Heiligen aufgenommen worden wären, die Erinnerung an uns pflegen sollten. Nachdem
sie dies wohlwollend versprochen hatten, begannen sie schneller voranzuschreiten. Und siehe, auf dem Weg, den sie schritten, erschien ein Engel des
Herrn bei ihnen in Gestalt eines schönen Jünglings und, indem er sozusagen
die Führung übernahm, ging er mit derselben Eile ihnen voraus. Und als sie
sich einem bestimmten Gebäude genähert hatten, in dem, wie ich oftmals sehe, die seligen Seelen aufgenommen werden, kamen von dort drei verehrungswürdige Männer heraus, von denen jeder ein goldenes Weihrauchfaß in seiner
Hand hielt, und brachten jeder von ihnen Weihrauch entgegen. Und bald wurden durch den Weihrauch sowohl ihre Gesichter als auch ihre Kleider weißer
als Schnee, und so wurden sie froh ins Innere dieses Gebäudes hineingeführt.

9. Danach verblieb ich bis zum Fest der Apostel[9] in andauerndem Leiden.
In dieser Nacht aber, die den heiligen Vigilien voranging, bedrückte die In-

---

[9]   29. Juni 1155.

tensität des Leidens alle meine Sinne so sehr, daß die Schwestern, die sich meinetwegen auf äußerste ermüdeten, nichts anderes erwarteten als mein Hinscheiden. Es stand aber der Engel des Herrn die ganze Nacht über bei mir, und der Apostelfürst erschien mir im Schmuck übergroßer Helle. An dessen Anblick hatte ich solche Freude, daß ich gezwungen wurde, meine ganze leibliche Qual zu vergessen, die jene, die um mich waren, nicht ohne tiefen Schmerz ansehen konnten. Ich blieb aber in jener leiblichen Qual bis ungefähr zur sechsten Stunde des folgenden Tages. Und es wurde dem Herrn Abt von meinen Bedrängnissen Bericht erstattet, und der kam, mich zu besuchen. Und nachdem er über mir den Herrn angerufen und mich gesegnet hatte, fiel ich endlich in die Ekstase und so ruhte ich. Und ich schaute in jener meiner Entraffung die seligen Apostel Petrus und Paulus auf das glorreichste gekrönt und von unbeschreiblicher Helligkeit umzogen und mit Palmen in ihren Händen. Der Apostelfürst aber blickte mich an und sprach: Was ist dir lieber, so gepeinigt zu werden und unsere Anschauung zu genießen oder sowohl der Pein als auch der Vision zu entbehren? Ich sagte ihm: Mein Herr, wenn es mit der Gunst Gottes und der euren sein kann, will ich lieber diese Leiden erdulden, als eurer süßen Tröstung beraubt zu werden. Du hast gut gesprochen, sagte er, und daher wirst du von dieser Zeit an in deinen Visionen ein geringeres Leiden ertragen. Und ich fragte ihn und sagte: Herr, was waren die Gründe, warum ich bisher so vieles ertragen habe? Er antwortete: Aus keinem anderen Grund bist du so schwer erkrankt, außer, daß das Wunder deiner plötzlichen Heilung umso glorreicher an dir erscheine. Steh also auf und sei gesund! Sprich, aber bewahre deine Zunge vor eitler Rede, und der Herr wird dir Weisheit und Verständnis geben. Nachdem er dies gesagt hatte, erfaßte ich sogleich den Geist und sprach: Löse nach Gottes Befehl, Petrus, die Ketten der Lande, der du es bewirkst, daß die himmlischen Reiche sich den Seligen öffnen. Heiliger Apostel Paulus, Prediger der Wahrheit, tritt für uns bei Gott ein, der dich erwählt hat. Und ich fügte hinzu: Es sandte der Herr seine Hand und bedeckte meinen Mund und erfüllte ihn mit dem Geist der Weisheit und des Verständnisses[10]. Und sogleich danach erhob ich mich vom Bett und ging heil weg, da alle meine Kräfte wieder hergestellt waren.

10. Am heiligen Tag bei der Messe schaute ich, weniger als sonst ermüdet, wieder die Apostel Christi, und als der Herr Abt die heilige Hostie benedizierte, sah ich, wie sie in die wahre Gestalt des Blutes und Fleisches verwandelt wurde. Als wir alle von ihr kommuniziert hatten und die Meßfeierlichkeiten beendet waren, wurde einer der beiden Engel, die ich beim Altar stehen gesehen hatte, und welcher ein goldenes Weihrauchgefäß in seiner Hand hielt, bis zu den Aposteln erhoben, die ich in der Höhe schaute. Und indem ich den seligen Petrus anblickte, sagte ich: Herr, gib uns ein Zeichen, durch das wir verstehen können, wenn du uns deiner Obsorge würdigst! Dieser erhob sogleich die Rechte und bezeichnete unseren Ort mit dem Kreuzeszeichen, und bald verschwand er.

---

[10] Jer 1, 9; Eccl 15, 5.

11. Wieder an der Oktav der Apostel[11], zur Zeit des Gottesdienstes, erschienen mir jene glorreichen Fürsten und zugleich mit ihnen die selige Mutter des
Erlösers, aber nicht nach ihrer Gewohnheit. Sie hielt nämlich wie mit Widerwillen ihr Antlitz von mir abgewandt, und ich sprach gleich traurig den seligen Petrus an und sagte: Mein Herr, was ist mein Unrecht, daß ich nicht ver-
diene, das Antlitz meiner Herrin zu sehen? Und er sagte: Siehe, weil du in
ihrem Dienst lau geworden bist und ihr nicht den geschuldeten Dienst lei-
stest, wie du pflegtest. Nun erfülle also so demütig wie möglich das Gelübde, das du ihr gelobt hast, und bitte deinen Abt, daß er, wie er es am vorhergehenden Samstag mit dem Gottesdienst zu ihrem Gedächtnis getan hat, um
das zu erhalten, was du mit deinen Schwestern gefordert hast, es so auch vor
der Feier der Aufnahme Mariens [in den Himmel] ein zweites und drittes Mal
mache. Und so wirst du ihr Antlitz versöhnen. Denn auch dies hatten wir mit
einem gemeinsamen Gebet zu fordern begonnen, daß unsere Herrin, die mir
ihr glorreiches Antlitz sehr oft auch ohne Kasteiung meines Körpers zuzu-
wenden gewohnt war, es mir aber schon durch viele Tage hindurch entzogen
hatte, mir die übliche Gnade nicht verweigere, wobei wir fürchteten, wir hätten ihr Wohlwollen durch unsere gemeinsame Nachlässigkeit verscherzt. Bei
dieser Gelegenheit hatte ich auch gelobt, sieben Psalter zu ihrer Verehrung
lesen zu wollen. Dies gesagt, verschwanden die Apostel, und ich begann in
gewohnter Weise, die Zeichen zu sehen und zu erwarten, die der Herr Abt
über der heiligen Hostie beim Meßkanon machte, und erwartete, ihre Ver-
wandlung zu schauen. Und es sprach der Engel des Herrn zu mir: Was du
willst, kannst du jetzt nicht sehen, sondern beichte dein Vergehen, und du
wirst es sehen. Dies aber sagte er wegen der Eitelkeit der nächtlichen Vision.

12. Danach zur Translation des heiligen Benedikt[12], als in der Kirche der Brüder das Hochamt begonnen wurde, fiel ich in die Ekstase des Geistes und
schaute wieder in der Region des Lichtes unsere Herrin mit abgewandtem
Antlitz wie zuvor und zusammen mit ihr jenen verehrungswürdigen Vater
unseres Ordens. Ich blickte ihn an und rief ihn demütig an, daß er sich herablasse, mir meine Herrin durch seine Vermittlung zu versöhnen. Aber darauf erhielt ich von ihm keine Antwort. Es stand aber der Engel des Herrn bei
mir und tröstete mich freundlich, indem er sagte: Schau, sei darüber nicht traurig, weil du in Bälde eine Tröstung vom Herrn empfangen wirst. Bitte deinen
Abt, vom Begonnenen nicht abzustehen, weil das nicht nur dir, sondern auch
ihm zum Nutzen dienen wird; und wenn er das nächst Mal eine Messe der
seligen Maria feiert, sollst du die heilige Kommunion von ihm empfangen.
Dies gesagt, schied er, und ich kam zu mir zurück.

13. Am Samstag danach, als der Herr Abt bei uns den Gottesdienst feierte,
wurde ich um den Beginn der Messe nach den Mühen meines Leidens in die
Ekstase geführt. Und siehe, meine Herrin würdigte ihre Magd, sie mit heite-

---

[11] 6. Juli 1155.
[12] 11. Juli 1155.

rem und sehr frohem Antlitz von oben anzublicken. Und ich grüßte sie, indem ich sagte: Sei gegrüßt Maria, voller Gnaden, der Herr ist mir dir. Und ich setzte hinzu: Allerheiligste Herrin, barmherzigste Herrin, Himmelskönigin, laß dich herab, mir Sünderin mitzuteilen, was es sei, womit ich deine Gnade beleidigt habe. Siehe, ich bin nämlich sehr gern dazu bereit, mich zu bessern und dein Erbarmen durch jede Wiedergutmachung zu versöhnen. Sie antwortete und sagte: Du hast mich in deinem Herzen allzu sehr vernachlässigt und bemühst dich nicht, mir mit der Demut, die du mir schuldest, zu dienen, und das Wenige des besonderen Dienstes, den du mir zu erweisen pflegtest, hast du rasch hintangesetzt. Ich sagte zu ihr: Barmherzigste Herrin, wenn dir das von Bedeutung wäre – wie gern würde ich dir dies leisten! Und ich fügte hinzu: Liebste Herrin, ist dir denn an dem Dienst des gegenwärtigen Meßoffiziums irgend etwas gelegen? Sie antwortete: Wahrlich, ich sage dir, daß heute der Geruch im Anblick des Herrn äußerst süß ist. Als sie dies mit mir sprach, sangen die Altardiener mit großer Demut dieses Lied, das heißt: Sei gegrüßt, Hochberühmte. Und als man zu dem Vers gekommen war, der lautet: Bitte, Jungfrau, daß wir jenes Himmelsbrotes würdig werden, sah man, wie jene mit gebeugten Knien nach Osten betete, und so verblieb sie bis zum Beginn der Lesung des Evangeliums. Danach wandte sie sich mir wieder zu und sagte: Dieser ist mein auserwählter Diener und wird die Belohnung für den Dienst, den er mir deinetwegen darbrachte, mit dir empfangen, und in welcher Bedrängnis er auch immer sein wird – wenn er aus ganzem Herzen zu mir ruft, wird er meine Hilfe finden, weil er meinen Dienst mit zerknirschtem und gedemütigtem Herzen vollbrachte.

14. An den Kalenden des August beim Fest des seligen Petrus[13] zur Zeit des Gottesdienstes wurde ich im Geist zu jener Wohnstätte der Seligen gebracht, die ich häufig zu sehen pflege. Und es kamen mir jene drei oben erwähnten Schwestern entgegen und zusammen mit ihnen ein hehrer und sehr verehrungswürdiger Jüngling. Sie sahen mich aber mit frohem und heiterem Antlitz an, als ob sie sich über mein Kommen freuten, und sie wandten oft ihr Antlitz zu ihrem Weggefährten, als ob sie von ihm die Erlaubnis erbäten, mit mir zu reden. Dieser erteilte sie ihnen wohlwollend und sagte: Sprecht mit ihr und dankt ihr dafür, daß sie gut für euch mit ihrem Abt verhandelt hat. Und sie sagten zu mir: Es möge der Herrgott dir vergelten, daß du unsere Bitte gut bei deinem Abt vollbracht hast und der Herr möge ihm Gnade erweisen, weil er uns viel geholfen hat. Nun kommt es uns vor, als ob wir nie ein Leiden erduldet hätten[14]. Und ich sagte ihnen: Nun vergeltet dies also auch jenem und denen, die bei uns sind, durch deren Fürbitte euch geholfen wurde, damit sie es zur Zeit ihres Heimgangs verdienen, zum Ort der Erfrischung und der Ruhe zu gelangen! Sie sagten: Sehr gern werden wir dafür jederzeit den Herrn anflehen.

[13] 1. Aug. 1155.
[14] Ich konjiziere „numquam“ statt „umquam“.

15. Sogleich danach trug mich der Engel des Herrn an einen anderen Platz von höchst angenehmer Lieblichkeit und stellte mich unter einen Baum, welcher ganz mit den schönsten Blüten bekleidet war. Und ich sagte zu ihm: Mein Herr, laßt uns ein wenig an diesem Ort ausruhen! Er sagte: Es ist mir genehm, daß du ruhst. Bald setzte ich mich ins Gras nieder und nahm mir eine Handvoll der Blüten, die allenthalben um mich herum lagen. Und als ich sie näher zu mir brachte, sog ich ihren wunderbar süßen Duft ein. Und während ich mich danach sehnte, länger dort zu verweilen, sah ich in der Ferne einen sehr verehrungswürdigen Mann zu uns herschreiten und zwei sehr schöne Jungfrauen mit ihm. Und mein Herr, der bei mir stand, sagte zu mir: Siehe, unser Herr, der selige Petrus, kommt da. Sogleich erhob ich mich, ging ihm entgegen und fiel bittend vor ihm nieder und empfahl sowohl mich als auch meine Lieben seinem Schutz. Er nahm dies freundlich auf und sagte: Sag deinem Abt, daß der selige Laurentius von ihm eine Huldigung erwartet. Und ich sagte zu ihm: Und was wird er, mein Herr, von dir erwarten dürfen? Er sagte: Er kann auf mich und meine übrigen Mitapostel deswegen gut seine Hoffnung setzen, weil er uns seine Huldigung demütig darzubringen pflegt. Und als er sich von mir entfernt hatte, sagte mein Engel zu mir: Komm, und ich will dir einen von den Brüdern deines Konvents zeigen. Er zeigte mir also am Ort der Erfrischung einen Mönch, der Erminrich genannt wurde. Und er sagte, daß auch ein anderer von unseren Brüdern namens Gerard schnell an denselben Ort gelangen werde.

16. Wiederum aber brachte mich der Engel zwischen zwei Berge und sagte zu mir: Bisher hast du die Freuden und Wohnstätten der Gerechten gesehen, nun blicke hinab, wie beschaffen der Ort und die Strafen der Ruchlosen sind. Und siehe, ich sah einen großen Abgrund, wo die Finsternisse so dicht waren, daß ich ob ihrer Dichte niemanden von denen, die dort waren, erkennen konnte; aber dies bemerkte ich, daß ihre Strafen jede Vorstellung überschritten. Und als ich ihn fragte, wer jene seien, die dort waren, und ob sie je von dort befreit werden könnten, antwortete er, es seien jene gewesen, die sich selbst getötet hätten und niemals von dort befreit werden würden. Um den Berg herum aber [schaute ich] Menschen, wie ganz häßlich und armselig daliegend, über die ich erfuhr, es seien Seelen, denen es gestattet sei, bisweilen aus diesem Abgrund herauszukommen und dort ein wenig auszurasten. Als ich über sie fragte, was mit ihnen endgültig geschehen solle, antwortete mir der Engel, dies zu wissen stehe nur dem Herrn an, was er mit ihnen am Tag des Gerichtes machen wolle.

17. Danach trug er mich auf einen sehr hohen Berg hinauf und stellte mich irgendwo auf seiner Flanke nieder. Und als ich seine Gipfel betrachtete, erschien dort ein so heller Lichtglanz, daß ich seinen Anblick kaum ertragen konnte. Diesen Berg, sagte er, hast du vor drei Jahren zu ersteigen begonnen und bis hier her bist du schon gekommen. Auch was noch übrig ist, wirst du ersteigen, und wenn du zu seiner Spitze gekommen sein wirst, wird es dich aller deiner Mühen nicht gereuen.

18. Am Fest des heiligen Laurentius[15] wurde ich bis zu einer unvorstellbaren Höhe geführt und hörte eine große und furchterregende Stimme vom Himmel, die mir sagte: Ich habe dich mit meinem Geist besucht und wünsche, meinen Willen an dir zu vollbringen. Ich habe begonnen und werde vollenden, fürchte dich nicht, denn ich, der Herr, habe von Anbeginn jene anerkannt, in denen zu wohnen es mir gefällt. Ich habe dich auserwählt, daß du klein seist in deinen Augen, weil du gebrechlich bist, und ich habe dich wie ein Zeichen für jene gemacht, die stärker sind als du. Und ich habe in dir ein großes Wunder gewirkt, und niemand erkannte, daß ich gut bin und kein Ansehen der Person kenne[16]. Aber wer mich sucht in seinem ganzen Herzen und mich liebt, den werde ich lieben und werde ihm mich selbst zeigen. Wehe, was wird mit denen geschehen, die jene lästern, in denen ich wohnen sollte? Jener alte Betrüger aber hat gewissen Leuten eingegeben, die, die ich liebe, zu beneiden und zu schmähen, um sie zu täuschen und zu verderben. Wahrlich, ich sage dir, je mehr sie ermüdet werden, von desto größerem Glanz sind sie vor mir. Niemand vermag die Worte zu verstehen, die ich spreche und gesprochen habe, es sei denn, er kommt von mir. Ich, der Herr, habe den Menschen nach meinem Bild und meiner Gestalt geschaffen und ich habe ihm das Wissen um mich mitgegeben, daß er klüger als jede Kreatur sei; doch er wollte nicht so bleiben, sondern wurde durch den Rat der Giftschlange aufgebläht, so daß er mich verachtete und deren Rat befolgte. Und da der Mensch sah, als ob dies etwas Gutes sei, was sie vorgeschlagen hatte, stimmte er zu. Und sie lehrte ihn, höher hinaufzustreben, während jener tiefer hinabstieg. Und was dann? Was ein Mensch durch Ungehorsam verloren hatte, hat ein Mensch durch Gehorsam seinem Vater gegenüber wiedergewonnen. Oh Mensch, höre und verstehe die Worte, die du hörst, und freue dich mit mir, weil ich dich ersonnen habe und dich so gestaltet habe, daß du mein Diener bist! Und ich habe dich geweiht und dich erleuchtet und dir die Augen geöffnet, daß du nicht in einer anderen Vision, sondern durch das Gewissen schauen sollst, das ich dir eröffnete. Nun also überlege, was du mir vergelten sollst, weil du von mir eine unerhörte Gnade empfangen hast! Du hast geschaut, sage ich. Wie hast du geschaut? Du hast in meinen Geheimnissen jenseits menschlicher Sehkraft geschaut. Und was habe ich vor dir verborgen? Nichts! Du hast in deiner Vision wie auf einem hohen Thron die drei Personen in einer Essenz mit derselben Substanz und derselben Macht geschaut. Und was noch? Mitten auf dem Thron und um ihn herum die Geheimnisse Gottes: die heiligen Diener Gottes, die voll Freude und Preis sind im vollkommenen Lob Gottes[17]. Schauend hast du in deiner selben Vision, von der ich gesprochen habe, zur Rechten eben dieses Thrones die berühmte Himmelskönigin gesehen, gekrönt mit reinstem Golde und vielfarbig bekleidet. Zur Linken aber das heilige Kreuz, mit dem du erlöst worden bist, und die vierundzwanzig Älteren, auf ihren Thronen sitzend und vor dem Thron des in Ewigkeit Lebenden nieder-

[15] 10. Aug. 1155.
[16] Gal 2, 6; Jak 2, 9.
[17] Ich lese „perfecta" statt „perfecte".

fallend. Dann die heiligen Apostel, Märtyrer, Bekenner und Jungfrauen, Mönche und Witwen, durch all deren Anblick du erschreckt und auch verwirrt wurdest. Nun zweifle nicht länger, sondern vertraue auf den Herrn, deinen Gott, alles nämlich ist den auf Gott Vertrauenden möglich. Diese Visionen und viele andere hast du in diesen Zeiten gesehen, aus keinem anderen Grund als wegen der Ungläubigkeit vieler und zur Bestärkung des Glaubens, wie sie dir auch in den göttlichen Sakramenten erschienen sind. Es geziemt sich aber und ist notwendig diese [Visionen] zu offenbaren, die zur Bestärkung des Glaubens der Christenheit passend erscheinen. Viele nämlich nennen sich Christen, wenige aber sind es, die dem folgen wollen, von dem sie den Namen erhalten haben.

19. Danach trug er mich zu jenem großen und lieblichen Gebäude welches ich öfter zu sehen gewohnt bin, und zeigte mir dort zwischen vielen verehrungswürdigen Bischöfen einen und sagte: Dies ist der Herr Bischof Egbert[18], der Oheim deiner Mutter, aber es ist noch nicht lange her, seitdem er zu diesem Ort gelangte. Am nächsten Tag, als ich in der Ekstase war, zeigte er mir gewisse Straforte, und ich sah unter anderem etwas wie eine unterirdische, mit Feuer erfüllte Höhle, die schrecklich rauchte. Und als ich hinblickte, trat etwas wie die Gestalt eines Mannes daraus hervor, blieb am Eingang zur Höhle stehen und brannte heftig von der Flamme, die von innen herausschlug. Und ich sagte: Herr, wer ist dieser? Und er sagte: Dies ist dein Onkel Theoderich. Und ich sagte erschrocken: Er wird doch, mein Herr, irgendwann befreit werden können? Und er sagte: Von den Peinen, in denen er sich jetzt befindet, wird er befreit werden können, wenn zu seinem Gedächtnis und dem aller verstorbenen Gläubigen dreißig Messen und eben so viele Vigilien gesungen werden und ebenso viele Almosen gegeben werden. Ich fragte aber ob er je ganz und gar befreit werden würde, und er nickte. Er zeigte mir auch den Onkel meines Vaters, den Herrn Helid, der einen heftigen Schmerz im Mund hatte, und sagte, er werde so wegen seiner unbeherrschten Worte gequält, die er zu äußern pflegte. Er nämlich, obwohl er ein gottesfürchtiger Mann war, verwendete trotzdem häufig spöttische Reden. Als ich darob traurig war, sagte mir der Engel: Was Wunder, wenn sie so gequält werden? Sie haben niemanden, der ihnen einen Trank reichen würde. Und ich sagte, Herr, welchen Trankes würden sie bedürfen? Mit warmen Tränen, sagte er, müßten sie getränkt werden.

20. Es geschah aber sieben Monate nach der Zeit dieser Vision, da zeigte er mir ebendiese wieder, die genannt wurden, von den Strafen, in denen sie gewesen waren, befreit; einen aber, der zuletzt genannt wurde, in schönem Aussehen und an einem lieblichen Ort, aber doch nicht an jener vollkommenen Ruhestätte der seligen Seelen, den anderen aber nicht so. Nach vielen Tagen aber zeigte er mir wieder meinen selben Onkel, der auf einem trockenen Feld lag, als ob er sehr ermüdet wäre, und dort ruhte. Und als ich sein Aussehen

[18] Wie S. 78 Anm. 23.

erkannte, forderte ich von meinem Herrn, daß ich Erlaubnis bekäme, mit ihm zu sprechen, und er gestattete es mir. Und ich sagte ihm: Oh liebste Seele, sprich bitte zu mir und sage mir, welche Qualen du jetzt erleidest! Und er antwortete mir: Meine Folter besteht in heftigstem Hunger und Durst. Und ich fragte wieder und sagte: Sage mir, ich flehe dich an, wie kann dir diese Folter erleichtert werden? Und er antwortete, indem er lateinische und deutsche Worte mischte: Wenn mir jemand über 40 Tage hindurch das Brot des Lebens und den Kelch des Heiles darbringen wollte, würde mich dieser von dieser Folter befreien, und in der Zukunft wäre mir leichter. Wiederum sagte ich: Kommen dir denn jene Gebete, die dir außer dem Gottesdienst dargebracht werden, nicht zu Hilfe? Und er sagte: Was immer mir abgesehen vom Brot des Lebens und dem Kelch des Heiles dargebracht wird, das verschafft mir eine solche Kraft, wie sie einem hungrigen Menschen gegeben wird, wenn er ohne Brot und Wein mit anderen Lebensmitteln erfrischt wird.

21. Vor dem Fest des seligen Michael[19], am Vortage, nahm mich der Engel auf eine liebliche Insel mit, um die herum etwas wie brennendes Wasser zu sein schien. Und ich sah eine unzählbare Menge von Seelen auf dieser Insel umherwandeln, und fragte den Engel, indem ich sagte: [Wer sind diese?] Und er sagte: Es sind Seelen, und diese ganze Nacht ruhen sie durch die Fürsprache des seligen Michael hier aus. Ich vernahm aber rund um diese Insel ein lautes Heulen und sehr erbarmenswürdiges Stöhnen. Als ich wegen der Seele des Grafen Rupert[20] fragte, wo sie denn sei, antwortete mir mein Führer: Sie ist an einem solchen Ort, wo sie sehr heftige Qualen erleidet. Als ich wegen seiner Befreiung fragte, gab er mir keine Antwort. Ich hörte aber eine Stimme von der Seite her – ich weiß nicht, von wo – ertönen und diese Worte sprechen: Häufiges Gebet befreit eine Seele rascher. Das unternimm du und gib ein Almosen! Und ich wandte mich wieder zu meinem Herrn und sagte: Wirst du mir denn nicht etwas sagen, mein Herr, daß ich es seiner Gattin melden kann, die sich um ihn Sorgen macht? Er antwortete: Was du gehört hast, das melde ihr!

22. Wieder an einem Tag, als mein Führer bei mir war, fragte ich ihn und sagte: Herr, es möge dir gefallen, daß du mir etwas über einen gewissen jungen Kleriker Gerard mitteilst, der ein Kollege meines Bruders in Bonn gewesen war – wo er sich befindet und was mit ihm geschieht. Und sogleich sagte er mir: Er ist befreit, möchtest du ihn sehen? Und als ich nickte, erhob er mich sogleich und führte mich bis zu den seligen Wohnstätten der heiligen Seelen. Und dort zeigte er ihn mir in einer leuchtenden und freudevollen Gestalt. Doch auch jenen berühmten Magister Adam[21] zeigte er mir unter den Seelen der Seligen, voller Ruhm und Freude, von dem er versicherte, daß er inner-

[19] 28. Sept.
[20] Wie Anm. 126.
[21] Nicht sicher identifiziert, möglicherweise Adam Parvipontanus (+ um 1158), der als Logiker eine Schule in Paris leitete.

halb von fünf Jahren befreit worden sei. Er sagte: Von dieser Zeit an wurde er befreit, von der an einer von seinen Gefährten[22] zum Priesteramt befördert worden ist.

23. Danach zum Fest Allerheiligen, als mich der Engel nach allzu großer körperlicher Qual während des Schweigens in der Messe hinübergeführt hatte und mir in gewohnter Weise etwas Verborgenes zeigte, sprach ich während dieses meines Übergangs zu ihm und sagte: Herr, warum habe ich jetzt mehr als gewöhnlich eine so große Qual ertragen? Und er antwortete: Dies war der Grund, daß du nicht beabsichtigtest, heute die heilige Kommunion zu empfangen. Und ich sagte: Herr, ich scheute mich zu kommunizieren, weil ich mich nicht genügend würdig vorbereitet hatte. Neulich aber, am Fest der Apostel Simon und Judas[23], habe ich kommuniziert. Er wiederum sagte: Und wie kannst du je so viel Gutes tun, daß du einer so großen Sache würdig gemacht wirst, wenn das nicht durch die Gnade Gottes geschähe? Nun also werden wir schnellstens zurückkehren, und du wirst mit den Schwestern zur Kommunion gehen. Sogleich kam ich zu mir selbst zurück und nahm schon zur Zeit der Kommunion vom Wasser, erhob mich und tat, wie er mir befohlen hatte.

24. An einem Tag zur Fastenzeit brachte er mich bis zu einem hohen Berg und setzte mich an dessen Flanke nieder. Als ich von dort nach unten blickte, sah ich einen ungeheuren Felsabsturz und darunter gelegen etwas wie dunkle Gewässer. Und er sagte zu mir: Hier siehst du den Abgrund. Und als wir auf die Höhe des Berges vorangeschritten waren, kamen wir zu einer sehr schönen Pforte, und als wir hindurchgingen, fanden wir eine noch schönere als jene und beim dritten Mal eine schönere als die vorherigen. Als wir auch diese durchschritten, fanden wir eine zahlreiche Menge sehr schöner Menschen, die sich freuten und Gott mit heller und froher Stimme eifrig priesen. Man sah, wie alle beim Eintritt meines Führers vor ihm ihre Häupter beugten. Von dem Lied aber, das sie sangen, blieben nur folgende Worte in meinem Gedächtnis: Lob und Ruhm dem erlauchten Gott! Und ich sagte zu meinem Führer: Herr, wer sind die, welche wir hier sehen? Und er sagte: Das sind die heiligen Einsiedler, die in den Tagen des Altertums lebten. Und als ich wegen des seligen Paulus, des ersten Einsiedlers[24], fragte, wo er sei, wies er ihn mir, der unter allen eine einzigartige Glorie besaß. Ebenfalls zeigte er mir den seligen Antonius[25] und bezeugte, daß diese alle Gott von Angesicht zu Angesicht betrachten.

---

[22] Egbert.

[23] 28. Okt.

[24] Paulus von Theben soll 90 Jahre in einer Höhle gelebt haben und um 341 gestorben sein; seine Historizität ist fraglich. Im Mittelalter galt er als der vorbildliche Ureinsiedler.

[25] Antonius, eine historische Gestalt (252-356), begründete eine berühmte Einsiedlergemeinde in der ägyptischen Wüste. Nach der Legende fand er Paulus kurz von dessen Tode und bestattete ihn dann.

25. Ich will eine Sache erzählen, die uns mit argem Kummer verwirrte, aber durch das Erbarmen des Herrn einen Ausgang voller Tröstung hatte: An einem Ostertage, als wir zum Herrnmahl zusammen gekommen waren, schon daran, zur Kommunion zu gehen, geschah es zufällig, daß der den Altardienst verrichtende Priester einen Teil des Blutes des Herrn durch ein unvorsichtiges Anstoßen des Kelches über das Korporale vergoß. Und gleich in derselben Stunde fiel ich in Ekstase und erblickte den gesamten Ausgang der Sache. Es waren aber zwei Engel zur Hilfe bei ihm, einer rechts, und der andere links. Und als jener, ganz aufgelöst, sehr bitterlich weinte und in Erwartung der Ankunft des Herrn Abtes dastand, blickte der Engel, der zu seiner Rechten stand, auf mich hin und sprach: Tröste diesen Bruder, weil dies nicht aufgrund seiner Sünden, sondern der eines anderen geschehen ist. Jener aber wollte die Tröstung nicht annehmen und verblieb drei Tage lang in heftigstem Weinen und zog sich von denen zurück, die ihn trösten wollten. Am Morgen des dritten Tages aber, als es schon graute, fiel ich mit schwerer körperlicher Anstrengung in die Ekstase des Geistes. Und es erschien mir im oberen Licht die Mutter der Barmherzigkeit, unsere Herrin. Nachdem ich sie andächtig für den vorgenannten Bruder gebeten hatte, sagte sie: Sein Klagen und seine Tränen sind bis zu mir in die Höhe gestiegen; tröste ihn und sage ihm, daß er sich aufrichten soll, weil er sich allzusehr gebeugt hat. Er ist mein Diener, ich weiß, daß er mich liebt, und ich liebe ihn und werde seine Helferin sein bei jeder Not, in der er mich von Herzen anruft. Und ich sagte: Herrin, was soll mit dem Korporale geschehen, das mit dem Blut des Herrn getränkt wurde? Und sie sagte: Es soll unter die Reliquien gelegt werden! Doch das war damals auch bereits gemäß der Anweisung unserer geschriebenen Gebräuche[26] geschehen. Und ich fügte hinzu und sagte: Was aber, wenn es in Zukunft geschieht, daß irgend jemand diebisch das Reliquiengefäß entwendet und jenes Tüchlein unwürdig behandelt, weil er nicht weiß, daß es mit dem heiligen Blut getränkt ist? Und sie antwortete und sagte: Der Herr wird das bewahren, was ihm gehört!

26. Es geschah aber nach vielen Bitten, die wegen dieser Nachlässigkeit dem Herrn dargebracht worden waren und nachdem dasselbe Jahr schon vergangen war und sich die Osterzeit näherte, daß ich am Palmsonntag zur Zeit des Gottesdienstes etwas wie ein ausgebreitetes Leinentuch in der Luft über dem Altar sah, das die Gestalt eines sehr weißen Korporales hatte, aber an einer Stelle hatte es etwas wie einen roten Fleck in der Größe eines menschlichen Nagels. Diese Vision sah ich aber an jedem Tag in dieser Woche, wenn die Messe gefeiert wurde; aber ich sah, daß von Tag zu Tag ebendieser Fleck mehr und mehr kleiner wurde. Am Ostertag selbst aber erschien dieses Tüchlein weißer und leuchtender als Schnee – so wie mit Glas geglättete Tücher leuchten, wenn sie von der Sonne angestrahlt werden, und ich sah, daß keine Spur des vorhergehenden

---

[26] Jedes Kloster hatte seine „consuetudines", detaillierte Ausführungsbestimmungen zu der mehr das Allgemeine betreffenden Benediktusregel. Schönau folgte den Hirsauer Gebräuchen (Clark 2000, 289).

Fleckes zurückgeblieben war. Ich fragte also den Engel, der in dieser Stunde bei mir stand, was denn diese Vision bedeute, und er sagte: So wie dieses Tuch schön und rein erscheint, das du da siehst, so ist vor dem Anblick des Herrn die Sünde jener Nachlässigkeit gereinigt, die im Vorjahr an diesem Ort geschah.

27. Am selben Ostertag zur Zeit des Gottesdienstes fiel ich in die Ekstase des Geistes und wurde im Geist zu einem Ort geführt, an dem mir drei Männer von unermeßlicher Helle und göttlicher Schönheit gegenüberstanden. Einer von ihnen, der mit einem ganz weißen Gewand bekleidet war, sprach mich an und sagte: Glaubst du, daß ich an diesem Tage von den Toten als wahrer Gott und wahrer Mensch auferstanden bin? Ihm antwortete ich und sagte: Ich glaube, Herr, und wenn ich nicht vollkommen genug glaube, hilf mir, daß ich vollkommener glaube! Wiederum aber wiederholte er dieselbe Rede und sagte: Glaubst du, daß ich an diesem Tage von den Toten als wahrer Gott und wahrer Mensch auferstanden bin? Und ich antwortete zum zweiten Mal wie zuvor und sagte: Ich glaube, Herr, und wenn ich nicht vollkommen glaube, hilf mir, daß ich vollkommener glaube! Und nachdem er zum dritten Mal dieselbe Frage gestellt hatte und ich ihm zum dritten Male geantwortet hatte, so wie zuvor, fügte er hinzu: Weil du dies wirklich glaubst, wisse, daß du an meiner Auferstehung Anteil haben wirst.

29 [!]. Am Fest der seligen Apostel Petrus und Paulus[27] wurde mir in der Vision meines Geistes die Passion des seligen Petrus gezeigt, so daß ich schaute, wie er mit nach oben gewandten Füßen, das Haupt nach unten hängend, an dem Kreuzesgalgen befestigt wurde. Und es sagte zu mir der Engel des Herrn: Siehe, du schautest, was er für Christus gelitten hat, und nun wirst du schauen, mit welchem Lohn er belohnt worden ist. Und sogleich zeigte er ihn mir, der in den Himmeln wunderbar glorifiziert wurde. Und ich wandte meine innere Aufmerksamkeit auf ihn hin und begann ihn flehentlich zu bitten, wobei ich zwei mir Vertraute erwähnte, denen Gott die Gnade, in ihren Gebeten zu weinen, geschenkt hatte. Und ich sagte unter anderem: Hilf jenen, Herr, daß ihre Tränen dieselbe Wirkung haben können, wie die deinen beim Anblick des Heilands gehabt haben. Und sogleich antwortete er und sprach: Ich werde dir durch ein Gleichnis zeigen, was sie genützt haben und was jenen ihre Tränen nützen werden. Und sogleich sah ich ein hübsches weißes Vögelchen, das aber die Federn mit Staub beschmutzt hatte, wie es bei einem Fluß voller Wasser hin und her flog. Nachdem es dies kurze Zeit hin getan hatte, tauchte es ganz im Wasser unter und wusch sich sehr sorgfältig und wurde weiß wie Schnee. Schließlich flog es auf und setzte sich auf einem schönen Baum nieder, den man am Ufer gepflanzt sah.

28. [!] Am Festtag der seligen Märtyrer Johannes und Paulus[28] sagte ein gewisser Bruder, der bei uns die Messe feierte, unter den anderen Kollekten ei-

[27] 29. Juni.
[28] 26. Juni.

ne zum seligen Johannes dem Evangelisten deswegen, weil an jenem Tage seine Entschlafung im Kalender notiert war. Dann erschien mir während des Meßgeheimnisses derselbe heilige Evangelist mit jenen zwei Märtyrern, und ich erforschte von ihm, wie ich von demselben Bruder zuvor aufgefordert worden war, was das bedeute, daß an jenem Tag seine Entschlafung angegeben werde. Und er antwortete mir folgende Worte: Dies ist der Tag, an dem ich ganz von mir aus ins Grab hineinging, und das war ein bedeutendes Wunder[29]. Und mehr fügte er nicht hinzu. Niemand aber möge aufgrund dieser Worte meinen, die Kirche irre, die sein Fest zur Winterzeit feiert, denn vielleicht ist wegen der Ehre der Geburt des Herrn jene Verschiebung der Feierlichkeit geschehen.

30. Zur Trennung der Apostel[30] erschienen mir alle Apostel zusammen gemäß ihrem gewöhnlichen Wohlwollen, aber getrennt von den übrigen sah man den seligen Petrus und den seligen Paulus stehen. Und ich fragte den Engel, der zu dieser Zeit vor meinem Angesicht stand, was jene Absonderung der beiden meine. Und er sagte: An diesem Tage wurden ihre Gebeine geteilt, und ihnen ist dieses Fest besonders gewidmet. Und ich sagte: Was bedeutet es also, Herr, daß mir alle erscheinen? Er sagte: Dies erweisen sie dir aufgrund ihres Wohlwollens, weil heute gemeinsam der Gottesdienst für alle gefeiert wird.

31. Die Vision Elisabeths, die sie bezüglich der Auferstehung der seligen Jungfrau, der Mutter des Herrn, schaute.

In dem Jahr, in dem mir vom Engel des Herrn das Buch der Gotteswege[31] verkündigt wurde, an dem Tag, an dem die Kirche die Oktav der Aufnahme unserer Herrin[32] feiert, war ich zur Stunde des Gottesdienstes in der Entrückung des Geistes, und es erschien mir nach ihrer Art jene, meine Trösterin, die Himmelsherrin. Da fragte ich sie, wie ich von einem unserer Älteren vorher ermahnt worden war, und sagte: Meine Herrin, möge es deiner Wohlwollendheit gefallen, uns zu würdigen, darüber Auskunft zu geben, ob du nur im Geiste in den Himmel aufgenommen wurdest oder auch im Fleische. Dies aber sagte ich deshalb, weil, wie man spricht, sich darüber in den Büchern der Väter nur mit Zweifel Geschriebenes findet. Und sie sagte mir: Was du fragst, kannst du noch nicht wissen. Es wird aber so sein, daß durch dich dies geoffenbart werden wird. Daher wagte ich während des ganzen Zeitraumes dieses Jahres nicht, darüber entweder von dem Engel, der mir vertraut ist, noch von ihr selbst, wenn sie sich mir zeigte, etwas weiteres zu erfragen. Es legte mir aber jener Bruder, der mich zu dieser Nachforschung drängte,

---

[29] Während nach dem mittelalterlichen Legendenglauben alle anderen Apostel ein tödliches Martyrium erlitten, soll Johannes der Evangelist das kochende Öl überstanden haben und selbst in sein Grab geschritten sein, wo er bis zur Wiederkunft Christi schlafe.
[30] Wie S. 14, Anm. 27.
[31] 1156; s. u. S. 103 ff.
[32] 22. Aug. 1156.

einige Gebete auf, mit denen ich von ihr die Offenbarung erlangen sollte, die
sie mir versprochen hatte.

Und als nach Ablauf eines Jahres das Fest ihrer Himmelfahrt wiedergekom-
men war[33], war ich durch eine vieltägige Krankheit schwach, und wie ich zur
Zeit des Gottesdienstes im Bett lag, kam ich mit heftiger Anstrengung in eine Entraffung des Geistes. Und ich schaute an einem weit entfernten Ort ein
mit viel Licht umflossenes Grab und etwas wie eine Frauengestalt darin, und
herum stand eine große Menge von Engeln. Und nach einem Augenblick wurde sie aus dem Grab aufgerichtet und zugleich mit jener Menge der Dabeiste-
henden wurde sie in die Höhe erhoben. Und als ich aufblickte, siehe, da kam
ihr von der Himmelshöhe ein über alle Vorstellung verklärter Mann entgegen, der in der Rechten ein Kreuzeszeichen trug, an dem auch eine Fahne[34]
erschien. Ich erkannte, daß er der Herr und Heiland selbst war und eine unendliche Menge von Engeln mit ihm. Und sie so froh empfangend, führten
sie sie mit großem Chorgesang in die Himmelshöhe hinweg. Und nachdem
ich dies so erblickt hatte, schritt meine Herrin nach kurzer Zeit zur Lichtpforte, in der ich sie üblicherweise sehe, blieb stehen und zeigte mir ihre Ver-
klärung. In der selben Stunde war der Engel des Herrn bei mir, der gekommen war, mir die zehnte Rede des vorgenannten Buches[35] zu verkünden, und
ich sagte zu ihm: Mein Herr, was bedeutet diese große Vision, die ich schaute? Und er sagte: Gezeigt wurde dir in dieser Vision, wie sowohl im Fleisch
als auch im Geist unsere Herrin in den Himmel aufgenommen wurde. Am
achten Tag danach erkundigte ich mich wiederum bei dem Engel, der mich
auch damals besuchte und das vorgenannte Buch zum Abschluß brachte, am
wievielten Tag nach dem Tag ihrer Entschlafung jene körperliche Auferstehung geschehen sei. Und wieder gab er mir darüber wohlwollend Auskunft,
indem er sagte, daß sie zwar an dem Tag, an dem jetzt ihre Himmelfahrt gefeiert wird, aus diesem Leben schied, am vierzigsten Tag danach aber, d. i. am
24. September, auferstand. Auch fuhr er fort und sagte: Die heiligen Väter, die
das Fest ihrer Himmelfahrt in der Kirche feiern ließen, hatten keine Gewißheit über ihre körperliche Himmelfahrt. Daher machten sie den Tag ihrer Entschlafung zum Feiertag, den sie auch Himmelfahrt nannten, weil sie ohne
Zweifel glaubten, daß sie auch im Fleisch aufgenommen worden sei. Als ich
danach zögerte, die Niederschrift dieser Offenbarung zu verbreiten, damit
ich nicht geradezu als Erfinderin von Neuem verurteilt würde, erschien mir
nach zwei Jahren wieder am Fest ihrer Himmelfahrt meine Herrin, und ich
fragte sie und sagte: Herrin, sollen wir nun jenes Wort verkünden, das mir
über deine Auferstehung geoffenbart wurde? Und sie antwortete: Dies soll
nicht unter dem Volk verbreitet werden, weil die Welt böse ist, und die es hören, werden sich in Streit verwickeln und sich nicht zu befreien wissen. Ich
wiederum sagte: Willst du also, daß wir überhaupt tilgen, was über jene Of-

---

[33] 15. Aug. 1157.
[34] Die Fahne mit dem Kreuzsymbol scheint ab dem 11. Jh. zum üblichen ikonographischen At-
    tribut des Auferstandenen geworden zu sein.
[35] S. u. S. 141 ff.

fenbarung aufgeschrieben wurde? Und sie sagte: Dies ist dir nicht geoffenbart worden, damit es getilgt werde und in Vergessenheit falle, sondern damit mein Lob bei denen vermehrt werde, die mich besonders lieben. Es soll
nämlich durch dich meinen Vertrauten bekannt werden, und es wird denen
eröffnet werden, die mir ihr Herz eröffnen, damit sie mir darob besonderes
Lob zollen und besondere Belohnung von mir empfangen werden. Viele gibt
es nämlich, die mit großer Freude und Verehrung dieses Wort vernehmen werden. Wegen dieser Reden also begingen wir den Tag, der oben erwähnt wurde, wie wir eben konnten feierlich in unseren Räumlichkeiten und zollten wir
der verehrungswürdigen Herrin andächtiges Lob. Und als das Geheimnis des
Gottesdienstes gefeiert wurde, erschien sie mir nach ihrer Gewohnheit, und
als sie mit mir mehrere Gespräche führte, fragte ich sie und sagte: Meine Herrin, wie lange lebtest du nach der Himmelfahrt des Heilands auf Erden? Bist
du etwa im selben Jahr seiner Auffahrt in den Himmel aufgenommen worden? Und sie antwortete freundlich auf meine Worte und sagte: Nach der Auffahrt des Herrn verblieb ich im sterblichen Leben auf Erden ein ganzes Jahr
und so viele Tage, wie zwischen dem Fest der Auffahrt und dem Tag liegen,
an dem meine Aufnahme gefeiert wird. Ebenso fügte ich hinzu und sagte: Und
waren etwa bei deinem Begräbnis die Apostel des Herrn dabei? Und sie sagte: Alle waren da und übergaben mit großer Ehrerbietung meinen Leib der
Erde[36].

32. Als wir einmal das Fest Mariä Verkündigung feierten und mir meine Herrin wiederum ihr glorreiches Antlitz zeigte, wagte ich auch das von ihr zur
erforschen, wie alt sie nämlich gewesen sei, als sie bei der Verkündigung des
Engels das Wort Gottes in ihrem jungfräulichen Palaste empfing. Und sie würdigte diese Frage mit folgender Entgegnung zu beantworten: Fünfzehn Jahre, sagte sie, war ich damals alt und dazu soviel Zeit, wie zwischen der Feier
meiner Geburt bis zum Fest der Verkündigung liegt[37].

---

[36] Die unbiblische Vorstellung von der leiblichen Aufnahme Mariens in den Himmel war im Mittelalter verbreitetes, aber noch nicht allgemeines Glaubensgut. Was Elisabeth schildert, geht auf
die *Dormitio Mariae (Transitus Mariae)* zurück, die Legende von der Entschlafung der Jungfrau, nach der alle Apostel an ihrem Sterbebett zusammengekommen seien und ihr Leib aus
dem Grab in den Himmel aufgenommen worden sei. Diese apokryphe Erzählung war im Westen wenigstens seit dem 5. Jh. bekannt (LThK 10, 2001, 168 f.).
[37] 8. Sept. bis 25. März.

DRITTES BUCH DER VISIONEN

1. Es erhob mich der Engel des Herrn im Geiste an einen sehr hochgelegenen Ort und zeigte mir das Bild einer bewundernswerten und ruhmreichen Stadt[1]. Dies geschah aber zuerst an einem Pfingstfest, zum zweiten Mal an der Oktav desselben Festes, zum dritten Mal am Geburtstag des Vorläufers des Herrn[2]. Und die Stadt, die ich schaute, umzog allenthalben eine goldene Mauer, und ihr Grundriß war der eines Rechtecks. Sie hatte zwölf Tore, angeordnet zu je dreien über die vier Seiten hin. Die einzelnen bestanden aus vier Gesteinen, wobei sie folgenden Unterschied aufwiesen, daß die Oberteile nämlich von der Himmelsfarbe wie Saphir waren, die Schwellen aber weiß wie Kristall, die Pfosten zwischen den Schwellen und den Oberteilen aber rötlich in der Art unbekannter Steine. Eines aber, das in der Mitte der drei zum Osten hinblickenden lag, war den anderen insofern unähnlich, daß seine Pfosten nicht rötlich, sondern weiß waren, aber doch mit Blutströpfchen ganz besprengt. Ich betrachtete und sah auch bestimmte Beschreibungen in Buchstaben an den Oberteilen der Tore. Als ich über sie meinen Führer befragte, was sie bedeuteten, sagte er: Die einzelnen Tore sind mit allen Namen der zwölf Apostel gleicherweise beschrieben. Es standen aber alle Tore offen und ich sah keine Türflügel in ihnen. Es stand aber innerhalb des Mauerbereichs ein großartiger und sehr hoher Turm und schien nichts anderes denn reinstes Licht zu sein, und seine Helle war wie der Glanz von der auf Gold gespiegelten Sonne, aber ich konnte seinen Anblick wegen der Überfülle des Funkelns, das von ihm ausging, nicht ertragen. Und die Beleuchtung der Stadt kam nicht von der Sonne oder vom Mond oder von irgendeinem der Himmelsgestirne, sondern von dem Lichtglanz des Turmes wurde sie gänzlich in Fülle erleuchtet. Es saß aber auf seiner Spitze eine große und verehrungswürdige Majestät, die sich mir als einfach in der Substanz und dreifach in den Personen in unaussprechlicher Weise dartat. Und ein Fluß von nicht großer Breite lief von der Mauerkrone der östlichen Goldmauer bei dem Tor hinab, das in der Mitte lag, und bewegte sich in lieblichem Fließen mitten durch die Stadt. Es standen aber bei der Mauer beim Flußlauf zwei sehr schöne und hohe Bäume einander gegenüber, die den Fluß zwischen sich hatten, und jeden der beiden nannte der Engel des Herrn, der bei mir war, den Lebensbaum, wie ich hörte. Auch mit anderen Bäumen verschiedener Art waren die Flußufer hier und dort über seinen ganz Lauf hin besetzt, und ihr Anblick war sehr erfreulich, aber alle übertraf die Schönheit des zweifachen Lebensbaumes. Ich erhob meine Augen zur Höhe der Mauer, und siehe, den ganzen Bering in der Höhe hatten helle Scharen von heiligen Engeln inne, die das Lob Gottes mit inbrünstigstem Jubel sangen, und ihre Chöre klangen wie sämtliche Arten von Mu-

---

[1] Die Beschreibung der Stadt basiert in der Grundkonzeption auf der *Apokalypse*.
[2] Johannes der Täufer (Fest am 24. Juni).

sikinstrumenten zusammen. Ich blickte umher und betrachtete den Schmuck
der Mauer innen und außen, und sie war allenthalben von oben bis unten an
allen Seiten höchst geziert mit kostbaren Steinen, jeweils in Gruppen treff-
lich verteilt, wobei mitten darunter das Gold der Mauer zwischen den Ordnungen der Steine hervorleuchtete. Sie waren aber von verschiedener Art und
bedeutender Größe, und ihre Verteilung war die folgende: In der ersten Lage waren über den Mauerbering hin Steine in der Höhe verteilt, die ein Feu-
errot besaßen, hell und strahlend so wie Flammen. Auch die in der zweiten
Lage darunter angeordneten Steine waren von roter Farbe, aber dunkler, so
wie die Farbe des Blutes. Die in der dritten Ordnung plazierten hatten ein
Aussehen wie der reine Himmel nach der Art des Saphirs, und etwas heller
erschien deren Farbe, die in der vierten Ordnung waren, so wie es die Ober-
fläche des Hyazinths im Vergleich mit dem Saphir aufweist; und sehr viele
von ihnen waren an verschiedenen Stellen wie mit weißen Linien durchzo-
gen. Die an fünfter Stelle angeordneten waren köstlich durch ein sehr ange-
nehmes Grün, und danach kam die sechste Ordnung: Sie waren weiß und
strahlend so wie kostbare Perlen. An siebter Stelle aber unter diesen allen waren Steine angeordnet, die sich durch die Buntheit dreier Farben abhoben, so
daß sie am unteren Teil nicht unpassend schwarz waren, in der Mitte weiß
wie Schnee, oben aber rot wie Blut.

2. Nachdem ich also alles so betrachtet hatte, begehrte ich, das heilige Geheimnis der Schauung zu erkennen, und wurde zum Teil freilich von meinem
Engelsführer, teilweise vom Vorläufer des Herrn über die Deutung von allem, was ich gesehen hatte, belehrt. Die Stadt, die du gesehen hast, sagte mein
Führer, ist das Symbol des Herrn Erlösers. Und das Zeichen seiner kostbaren Menschheit ist die goldene Mauer. Der Turm klaren Lichtes aber, von dem
die ganze Erleuchtung der Stadt herkommt, bezeichnet die Majestät der Gottheit, die sich herabgewürdigt hat, von den Engen der Menschennatur sich umfassen zu lassen. Die zwölf Tore sind die zwölf Apostel, durch deren Lehre
das Volk der Auserwählten Zutritt zur Kenntnis der Wahrheit hat, die in Jesus Christus liegt, und zur Vermittlung seiner selig machenden Gnade, und
es gibt keine Hinderung durch irgendeine Absperrung für die, die durch sie
hinzukommen möchten. Daher stehen die Tore auch stets offen, und es erscheinen an ihnen keine sperrenden Torflügel. Die oberen Torsteine leuchten
in himmlischer Farbe: Das ist das Zeichen der reinen Kontemplation, durch
welche die Gottesmänner in den Himmel erhoben wurden; sie hatten Um-
gang mit Gott im Himmel auch bereits, als sie noch körperlich auf Erden pil-
gerten. Die Weiße der Schwellen bedeutet das unbefleckte Leben, mit dem sie
sich ohne Klage zwischen den Menschen bewegten und vielen leuchtende Beispiele der Unschuld boten. Die Röte der Pfosten ist die Bezeichnung der Leiden, die sie sowohl im Geiste als auch im Körper mit viel Geduld ertrugen.
Der eine Türpfosten aber, der den übrigen durch seine Weiße unähnlich ist,
ist der geliebte Evangelist des Herrn, der nicht wie die übrigen durch das Leiden des Martyriums dahingerafft wurde, sondern es verdiente, als Beispiel un-
berührter Jungfräulichkeit dem ganzen Gottesvolk vorgesetzt zu werden. Der

Gesinnung des Heiligen blieb freilich das Martyrium nicht fremd, sondern er
setzte seinen Leib verschiedenen Todesarten und vielen körperlichen Bedrängnissen aus wegen des Wortes Gottes und des Zeugnisses Jesu[3], so wie
durch die Blutstropfen dargetan wird, mit denen die weiße Farbe der Pfosten
besprizt erscheint. Daß du aber alle Namen der zwölf Apostel zusammen
den einzelnen Toren überschrieben siehst, ist das Zeichen ihrer Einherzigkeit
und Übereinstimmung ihrer Lehre. Ich wandte mich dem Stadtfluß und den
zwei hohen Bäumen zu, zwischen denen sein Bett lag, und begehrte zu erfahren, was für eine Bedeutung dies habe. Und bald empfing ich auch diesbezüglich folgende Antwort: Darin, was du siehst, ist die Unterscheidung in der
Heiligen Dreifaltigkeit symbolisiert, da ja in Jesus Christus, dessen Bild diese Stadt ist, die ganze Vollkommenheit der Göttlichkeit körperlich wohnt.
Das zweifache Lebensholz sind die zwei Personen des Vaters und des Sohnes, der zwischen den zwei Bäumen in der Mitte dahinströmende Fluß aber
ist die Person des Heiligen Geistes, der seinen Ausgang von beiden gemeinsam nimmt. Er selbst ist der Fluß, der alle Söhne des Gottesreiches bewässert
und befruchtet, daß sie die Frucht guter Werke herbeibringen, und sie selbst
sind die grünenden Hölzer, die du allenthalben am Flußbett stehen siehst. Da
ich auf die Engel blickte, die freudig auf der Höhe der goldenen Mauer saßen, wunderte ich mich, was für einen Grund sie denn für einen solchen Jubel und so fröhlichen Gesang hätten, und wieder kam [der Engel] meinem
Gedanken entgegen und sagte: Dies sind die hilfreichen Geister, die sich einst
um die Menschlichkeit des Herrn Erlösers bemüht haben und in eifrigem Lauf
danach trachteten, daß das Werk der menschlichen Erlösung vollendet werde. Und nun, nachdem sie ihre Aufgabe erfüllt haben, freuen sie sich am Herrn
Jesus und der Errettung seines Volkes. Danach begann der Vorläufer des
Herrn zu mir zu sprechen, der bei uns war, als ich dies zum dritten Mal am
Tag seiner Geburt sah, und sagte: Behalte alles im Gedächtnis, was du gesehen und gehört hast, und sage es dem Mann, der dir eben dafür geschickt wurde, damit er das aufschreibe, weil dir das nicht ohne Zweck vom Herrn gezeigt worden ist. Noch mehr diesem Ähnliches aber wird dir geoffenbart
werden, wenn es an der Zeit ist. Dann begann er selbst, mir alle Ordnungen
der Steine zu erklären, die ich in der goldenen Mauer befestigt sah, und belehrte mich mit großer Sorgfalt. Er sagte: Das sind die verschiedenen Ordnungen der Gläubigen, die entweder, als der Herr Erlöser im Fleisch auf Erden lebte, ihm durch den Glauben anhingen, oder ihn vor seiner Ankunft
gläubig erwarteten, oder nach seinem Scheiden aus dieser Welt zur Vereinigung mit seinem Körper gelangten und bis zur Vollendung der Welt dazu gelangen werden. Du siehst die Steine, die in der obersten Ordnung angeordnet sind, und eine feuerrote Farbe besitzen und einen Lichtblitz aussenden.
Es sind die Apostel Christi und seine heiligen Jünger, die ihn in höchster Lie-
besglut liebten und Strahlen erhellender Lehre über den ganzen Erdkreis aus-
schickten und deren Leben zum Zeugnis der Wahrheit durch das Vergießen
ihres Blutes beendet wurde. Die du aber in der zweiten Ordnung siehst, frei-

---

3   Wie S. 63 Anm. 29.

lich rot, aber weniger strahlend, sind die heiligen Märtyrer, denen in der Kirche das Predigtamt nicht übertragen wurde; aber sie haben durch unzählige
Leiden gequält, durch Beispiele ihrer heiligen Geduld, viele Seelen in Christus bestärkt. Und er zeigte auf die, die saphirfarben waren und sehr ähnlich
dem heiteren Himmel, wobei er sagte: Dies sind die heiligen Patriarchen und
Propheten, Gottesdiener, mit denen der Herr im Alten Testament vertraulich
sprach und ihnen seine himmlischen Geheimnisse reichlich offenbarte. Und
sie gingen vor ihm mit vollkommenen Herzen, wobei sie umso inniger nach
der himmlischen Heimat seufzten, je eingehender sie sie durch den Heiligen
Geist betrachteten. Und er blickte auch jene an, die diesen ähnlich waren, aber
etwas leuchtender und mit weißen Linien beschrieben, wobei er sagte: Dies
sind die heiligen Priester des Neuen Testamentes und große Konfessoren,
auch sie sind himmlisch der Gesinnung und dem Leben nach, doch ist ihre
Lehre leuchtender als die der vorhergehenden Propheten. Die Linieninschrif-
ten aber, durch die sie an einigen Stellen ausgezeichnet sind, bezeichnen ihre
verschiedenen Schriften, mit denen sie das Gottesvolk belehrten und die Kirche mit einem Reichtum an Büchern füllten. Die darunter Angeordneten waren, wie gesagt, durch erfreuliches Grün angenehm anzuschauen; über sie sagte der Mann Gottes: Das sind natürlich die, die aus Liebe zur ewigen Freude
die Kraft ihrer Jungfräulichkeit unverdorben bewahrten. Jene aber, die ihren
Platz ganz nahe nach diesen hatten und ein Weiß wie das von Perlen, bezö-
gen sich, so sagte er, auf alle Gläubigen, die mit dieser Welt zurückhaltend
umgingen und in Gottesfurcht lebten, und jene, die es verdienten, sich mit
gläubiger Buße von den Beflecküngen der Welt zu reinigen. Die Auslegung
derer, die durch drei Farben hervorgehoben und nach den übrigen angeordnet waren, war noch die folgende: Viele, sprach er, bekehrten sich vom üblen
Unglauben und verbrecherischen Leben zum katholischen Glauben und wandelten in der Neuheit ihrer heiligen Bekehrung lobenswert und wurden
schließlich von solcher Tugend erfüllt, daß sie sogar ihr Blut für das Gebot
Christi zu vergießen nicht zögerten. Daher passen zu ihrer Bezeichnung gut
diese in dreifacher Farbe bunten Steine: nämlich schwarz, weiß und rot. Nach
dieser Rede entfernte sich der heilige Vorläufer des Herrn von mir, und ich
kehrte zu mir zurück, nachdem ich den Segen von ihm empfangen hatte.

3. Nachdem sich aber danach ein Jahreskreislauf vollendet hatte, schaute ich
am Pfingsttag in der Vision des Geistes wiederum die vorgenannte Stadt, wie
oben beschrieben, und es wurde mir in ihrer Umgebung etwas gezeigt, das ich
vorher nicht gesehen hatte. Denn ich schaute den zwölf Toren gegenüber, die
sich in den vier Seiten der Stadt befanden, eine unzählbare Menge von Engeln,
die alle sehr sorgsam mit der Errichtung eines wunderschönen Baues beschäftigt waren. Sie erbauten aber etwas wie zwölf Straßen in wunderbarer Arbeit,
die jeweils auf die einzelnen Tore zuliefen. Und andere von ihnen brachten eifrig und schnell die zum Gebäude gehörigen Steine herbei, andere paßten die
übernommenen Steine in das Bauwerk ein. Andere Bauleute aber zierten die
Straßen selbst mit dem schönsten Pflaster, weitere aber errichteten Mauern, so
daß auf jeder Seite, nämlich rechts und links, jede einzelne Straße eine hohe

Mauer hatte. Es waren aber sämtliche Steine, aus denen das Bauwerk entstand, hell und leuchtend und von unterschiedlicher Farbe gemäß dem verschiedenen Aussehen der kostbaren Steine. Und diese Buntheit war äußerst erfreulich anzusehen sowohl an den Mauern als auch an den Böden, da ja ein großes Licht durch die Tore von der Stadt ausging und die einzelnen Steine mit unermeßlichem Leuchten durchdrang. Diesen Bau hatte man aber bei den Toren selbst begonnen, und die Straßen, die errichtet wurden, wanden sich hinab zu dem unteren Paradies und waren noch nicht bis dorthin gelangt, weil das Werk noch unvollendet war, das errichtet wurde. Und als ich den Engel des Herrn, der bei mir war, als ich dies schaute, gefragt hatte, was die Bedeutung dieser Vision denn sei, sagte er mir: Die Seelen der Auserwählten werden täglich unermüdlich von den Händen der heiligen Engel von jenen Plätzen zur Ruhe herübergebracht, an denen sie gereinigt worden sind, und der oberen Stadt angepaßt. Und sie begeben sich dort jeweils an ihre Plätze gemäß der Anordnung der seligen Geister, die ihnen dazu von Gott zugeordnet wurden, und es hat eine jede ihre Helligkeit gemäß der Beschaffenheit ihrer Verdienste. Dies ist dieses Bauwerk, und der Meister dieses ganzen Werkes ist der Erzengel Michael. Und ich sagte: Herr, wann geschah es, daß dieses Bauwerk begonnen wurde? Und er sagte: An dem Tag, an dem unser Herr Jesus Christus die Hölle beraubte[4]. Und er fügte hinzu und sprach: Diese Straßen werden bis zum unteren Paradies erbaut, und sie werden am Jüngsten Tage vollendet werden, und dann wird dies da unten alles mit dem dort oben eins sein. Ruhm und Ehre unserem Gott und Herrn! Amen.

4. Als wir die Vigil der Geburt des Herrn feierten, fiel ich um die Stunde des Meßopfers in die Entraffung des Geistes und schaute etwas wie die Sonne von wunderbarer Helligkeit am Himmel und in der Mitte der Sonne das Bild einer Jungfrau, deren Gestalt sehr schön war und das Verlangen erregte, sie anzusehen. Sie saß aber mit über die Schultern aufgelöstem Haar, hatte auf dem Haupt eine Krone aus sehr leuchtendem Gold und in der rechten Hand einen goldenen Kelch. Und sie schritt aus der Sonne, von der sie allenthalben umflossen war, und ein Glanz großer Helligkeit schien sich zuerst über unseren Wohnort, dann nach einem gewissen Zeitraum nach und nach sich verbreitend, die ganze Erde einzunehmen. Es erschien aber bei derselben Sonne eine große und sehr schattige, schrecklich anzusehende Wolke. Und als ich darauf hinblickte, schob sich die Wolke plötzlich vor die Sonne und verfinsterte sie und schnitt die Welt eine Zeit lang von ihrem Glanz ab, und als sie sich wiederum verflüchtigte, wurde die Erde von der Sonne erleuchtet. Dies aber sah ich sehr oft geschehen, daß also abwechselnd die Welt von der Wolke beschattet wurde und dann wieder von der Sonne erleuchtet. Sooft dies aber geschah, daß sich jene Wolke der Sonne näherte und ihr Licht von der

---

[4]   Der Descensus, die Höllenfahrt Christi, bei der er nach Mt 12, 40, v.a. aber altkirchlichen Apokryphen, die ‚Vorväter‘, d.h. die Gerechten der alttestamentlichen Zeit, aus der Unterwelt befreite, während sein Leib im Grab ruhte. Seit dem 4. Jahrhundert war der Descensus Bestandteil der Glaubensbekenntnisse. Vgl. unten S. 178 Anm. 58.

Welt abschnitt, sah man die Jungfrau, die in der Sonne saß, heftig weinen, als
ob sie sehr an der Finsternis der Welt leiden würde. Ich schaute aber diese Vision ohne Unterbrechung den ganzen Tag über und die folgende Nacht, weil
ich wach im Gebet verblieb. An dem heiligen Tag aber, als die Meßfeier dargebracht wurde, fragte ich den heiligen Engel des Herrn, der mir erschien,
was das für eine Vision sei und welche Bedeutung sie habe. Er antwortete mir,
bezüglich dieser Jungfrau, von der ich besonders zu wissen begehrte, wer sie
sei, und sprach: Jene Jungfrau, die du siehst, ist die heilige Menschheit des
Herrn Jesus[5]. Die Sonne, in der die Jungfrau sitzt, ist die Gottheit, die die
Menschheit des Erlösers gänzlich besitzt und erleuchtet. Die finstere Wolke,
die abwechselnd die Helligkeit der Sonne von der Welt abhält, ist die Ungerechtigkeit, die in der Welt regiert. Diese ist es, die das Wohlwollen des allmächtigen Gottes, das durch die Vermittlung der Menschheit des Herrn Jesus für die Menschensöhne Vorsorge tragen sollte, verhindert, und die
Finsternisse ihres Zornes in die Welt bringt. Daß du aber die Jungfrau weinen siehst, ist ein Zeichen dafür, daß ihr lest, vor der Zerstörung der ersten
Generation sei Gott wegen der Größe des menschlichen Unrechtes im Herzen von Schmerz ergriffen worden und habe bei sich selbst gesagt: Es reut
mich, den Menschen gemacht zu haben[6]. So nämlich wie in jener Zeit, wuchsen auch in diesen Tagen die Sünden der Menschen auf das Höchste an. Sie
denken nicht daran, wieviel Gott für sie durch die Fleischwerdung seines eingeborenen Sohnes getan hat, den sie mit sehr bösen Taten verunehren, und
die Wohltaten ihres Erlösers treten sie in den Schmutz und erweisen ihm auch
nicht die entsprechende Dankbarkeit für alle Mühen, mit denen er wegen ihrer Verbrechen gepeinigt wurde. Daher kommt diese bittere Anklage gegen
sie vor den Augen des schrecklichen Gottes, und es gibt keine Freude mehr
für den Menschensohn in dieser Generation von ihn erbitternden Menschen,
sondern es reut ihn eher wegen derer, die für seine Wohltaten keinen Dank
haben. Dies ist die Klage der Jungfrau, die der Wolke gegenüber weint. Daß
du aber bisweilen siehst, daß die Welt von der Sonne erleuchtet wird, wenn
die Wolke abzieht, bedeutet das, daß Gott nicht ganz aufgehört hat wegen des
Überflusses seiner Barmherzigkeit vom Himmel auf die Erde zu blicken –
wegen seines gesegneten Samens, der noch für sie in ihr aufbewahrt wird. Die
goldene Krone, die sich auf dem Haupt der Jungfrau befindet, ist die Himmelsglorie, die durch die Menschheit Christi für alle an ihn Glaubenden bereitet ist. Der Becher, der sich in ihrer Rechten befindet, ist der Quell leben-

---

[5] Auf diesen Passus stützt sich die feministische Interpretation der Vision von Lewis, G., Chri-
    stus als Frau. Eine Vision Elisabeths von Schönau: Jahrbuch für internationale Germanistik 15,
    1983, 70-88 (wie zu erwarten, wiederholt von Gössmann 41 f.), die behauptet, „Elisabeth... sieht
    in ihrer Vision Christus als Frau" (72). Wie aus dem Text ersichtlich, trifft dies keineswegs zu,
    sondern die Visionärin schaut eine allegorische Gestalt, welche die Menschennatur des Erlö-
    sers verkörpert. Personifikationen, positive wie negative, sind aber in der lateinischen Sprache
    fast immer weiblichen Geschlechts, weswegen Elisabeth hier keineswegs von einem „frauli-
    chen Jesus" (Lewis 79) spricht, eine Vorstellung, die ihr ganz fremd war, wie sämtliche ande-
    ren Passagen ihres Werkes zeigen, in denen Jesus vorkommt. Vgl. Dinzelbacher, Frauenmystik
    66 f.
[6] Gen 6, 6.

den Wassers, den der Herr der Welt darreichte, da er die Herzen der zu ihm
Kommenden belehrte und erquickte, indem er sagte: Wenn jemand dürstet,
möge er zu mir kommen, und aus seinem Bauch werden lebendige Wasser
strömen[7].

Am dritte Tage danach aber erschien mir der Auserwählte des Herrn, der
Evangelist Johannes, als für ihn wie üblich die Meßfeier zelebriert wurde, zusammen mit der glorreichen Himmelskönigin. Und ich fragte ihn, wie ich aufgefordert worden war, und sagte: Warum, mein Herr, wurde mir die Menschheit des Herrn Erlösers in Gestalt einer Jungfrau und nicht in männlicher Form
gezeigt? Und er antwortete auf meine Frage, indem er sagte: Daß das geschehe, wollte der Herr deswegen, damit umso passender ihre Erscheinung auch
dazu dienen könne, seine selige Mutter ebenfalls zu bezeichnen. Denn auch
sie ist wahrlich eine in der Sonne sitzende Jungfrau, weil sie die Majestät des
höchsten Gottes ganz erleuchtete vor allen, die vor ihr auf Erden waren, und
durch sie stieg die Gottheit hinab um die Finsternisse der Welt zu besuchen.
Die goldene Krone, die du auf dem Haupt der Jungfrau gesehen hast, bezeichnet diese hervorragende Jungfrau, die dem Fleische nach aus dem Samen von
Königen stammt und mit königlicher Macht im Himmel und auf Erden herrscht. Das Getränk des goldenen Bechers ist die süßeste und großzügigste Gnade des Heiligen Geistes, die ihr reichlicher zuteil wurde als irgend jemandem
der Heiligen des Herrn. Sie reicht auch selbst dieses Getränk den anderen,
wenn der Herr durch ihre Fürsprache seine Gläubigen derselben Gnade in der
heiligen Kirche teilhaftig werden läßt. Das Weinen der Jungfrau aber ist die
beständige Vermittlung derselben höchst erbarmungsvollen Mutter, mit der
sie bei ihrem Sohn immer für die Sünden des Gottesvolkes Fürsprache einlegt.
Wahr ist diese Rede, die ich dir sage, da ja, wenn sie nicht mit beständigem Gebet den Zorn des Herrn zurückhalten würde, die ganze Welt schon wegen der
Überfülle ihrer Ungerechtigkeit in Verderben untergegangen wäre.

5. Ebenso war eine andere Vision, die ich im folgenden Jahr in der Weihnachts-
nacht zur Zeit der Matutin sah, dieser Art. Ich sah zuerst zwei große und sehr
leuchtende Sterne, die in geringer Entfernung voneinander standen und aus
dieser unterschiedlichen Position zusammen kamen, so daß aus ihnen sozusagen ein Körper wurde, ähnlich der in ihrer Kraft strahlenden Sonne. Und
rund um sie war ein heller Kreis, der drei Farben besaß, nämlich rot und grün
und saphirblau. Mitten in diesem leuchtenden Körper sah ich aber eine glorreich gekrönte Frau wie eine Königin von großer Majestät sitzen, und sie hatte auf ihrem Schoß ein hübsches und sehr liebenswertes Kindchen, und es
wurde mir zu verstehen gegeben, daß dies unsere selige Herrin, die Jungfrau
und Gottesgebärerin sei. Nachdem ich die ganze Zeit des Gottesdienstes über,
der in jener Nacht gefeiert wurde, diese Vision geschaut hatte und vieles andere, was nun mit Schweigen zu übergehen ist, mir in ihr geoffenbart worden war, würdigte mich unsere selbe selige Herrin, sich mir näher und deutlicher vorzustellen als vorher, jedoch ohne ihr kleines Kind. Dann also – wie

---

[7] Joh 7, 38.

ich von meinem Bruder vorher ermahnt worden war, der zur selben Stunde
bei uns den Gottesdienst feierte – sprach ich sie an und sagte: Du mögest dich
herablassen, ich flehe dich an, meine Herrin, mir etwas über jenen großen Kirchenlehrer Origenes zu offenbaren, der auch dein Lob ehrbar und liebevoll
an vielen Stellen niedergeschrieben hat, ob er das Heil erlangt hat oder nicht,
da ihn ja die katholische Kirche deshalb verdammt, weil sich in seinen Schriften vieles Häretische findet[8]. Darauf antwortete sie mir folgenderweise: Es ist
nicht der Wille des Herrn, daß dir viel darüber geoffenbart werde. Du sollst
aber wissen, daß der Irrtum des Origenes nicht aus Bosheit geschah, sondern
eher aus allzuviel Eifer, womit er sein Denken in die Tiefen der heiligen Schriften versenkte, die er liebte, und in die göttlichen Geheimnisse, die er allzusehr zu durchforschen wünschte. Daher ist auch seine Strafe, in der er gefangen ist, nicht schwer. Wisse auch, daß für die Ehrerbietung, die er mir in seinen
Schriften erbot, ein besonderes Licht ihn unter den übrigen Seelen an jedem
Fest erleuchtet, an dem mein Gedächtnis in der Kirche gefeiert wird. Was aber
mit ihm am jüngsten Tag geschehen soll, darf dir jetzt nicht geoffenbart werden, sondern der Herr will dies unter seinen Geheimnissen belassen.

6. Ich saß eines Tages zur Vesperzeit und pries den Herrn in den Psalmen, da
wurden meine Augen geöffnet, und ich sah, wie zwei Frauen einander auf einer
Ebene entgegeneilten. Von denen schritt die eine freilich demütig einher mit zu
Boden gesenktem Antlitz und einer sehr bescheidenen Kleidung, die kaum bis
zum Boden reichte. Die andere aber schritt mit erhobenem Haupt pompös in
luxuriöser und fließender Kleidung einher und hinterließ eine lange Spur. Sie
hatte aber einen Bogen gespannt und zielte mit dem daraufgelegten, vorn abge-
stumpften Pfeil[9] mit stürmischer Heftigkeit auf die Brust der anderen Frau. Mit
derselben Heftigkeit aber, womit er abgeschossen wurde, flog er auf die ihn Ab-
schießende zurück. Wieder schoß sie ein anderes sehr scharfes Geschoß mit größerer Heftigkeit in die Herzgegend, das ein wenig steckenblieb, dann zurückkehrte, aber mit geringerer Heftigkeit. Zum dritten Mal schoß sie etwas wie
einen Feuerpfeil mit Haken mit allen Kräften und angestrengtester Heftigkeit
gegen ihre Lenden. Nachdem er dort längere Zeit gehaftet hatte, fiel er sanft zur
Erde. Jene aber drückte sich ganz zusammen, wie schwer verletzt, und schien
durch ihr äußerliches Verhalten die Stärke ihres Schmerzes zu zeigen. Danach
schien sie ein wenig zu Kräften zu kommen und endlich, wie mit wiedererlang-
ten Kräften, machte sie einen Angriff auf ihre Gegnerin, stieß sie mit erhobener
Ferse heftig zu Boden und trat die Niedergestreckte siegreich zusammen[10].

---

[8] Origenes Adamantius (+ um 254) war ein führender Alexandrinischer Theologe und Mystiker,
    der auch im lateinischen Mittelalter viel gelesen wurde, obschon seine Schriften mehrfach ver-
    urteilt worden waren, u.a. weil er die Seelenwanderung und die Endlichkeit der Höllenstrafen
    lehrte. In seinen Kommentaren zum *Neuen Testament* beschäftigte er sich mehrfach mit Ma-
    ria und scheint der erste gewesen zu sein, der sie als ,Gottesgebärerin' ansprach.

[9] Solche Pfeile wurden bei der Jagd verwendet, um kleine Pelztiere ohne Verletzung des Pelzes
    zu erlegen.

[10] Die Szene gibt bildhaft einen Kampf zwischen zwei Personifikationen, einer Tugend und ei-
    nem Laster, wieder; anscheinend sind Demut und Stolz gemeint. Solche in der mittelalterlichen

7. An einem Samstag, als wir gemäß dem Gebot des Heilands einander die Füße wuschen[11], fiel ich in die Ekstase. Und ich sah eine weiße Taube, die in sanftem Flug das ganze Haus umflatterte, wo wir saßen.

8. Am Tag der Geburt des Herrn zur Stunde der feierlicheren Messe besuchte mich in seiner Weise der Engel des Herrn und blieb bei mir stehen. Und ich fragte ihn, wie mir von einem Gelehrteren vorgeschlagen worden war, und sagte: Ich bitte, Herr, daß du mich dessen würdigst, mir die genaue Unterscheidung der drei Himmel zu zeigen, deren Existenz der Apostel in der Schrift angibt, wo er sagt, er sei bis zum dritten Himmel entrafft worden[12]. Und er antwortete mir: Darüber werde ich dir nichts weiter erzählen. Und nachdem er dies gesagt hatte, brachte er sogleich die Rede auf etwas anderes. In der dritten Nacht danach aber, als das Fest des seligen Johannes des Evangelisten war, befand ich mich mitten unter den zur Matutin psalierenden Schwestern und zufällig kam mir in den Sinn, über die Worte des Apostels nachzudenken, derentwegen ich den Engel befragt hatte. Und ich begann zum Herrn zu beten und sagte in meinem Herzen: Herr, wenn daraus etwas Fruchtbares werden kann, lasse dich bitte herab, mir jenes göttliche Verständnis deutlich zu machen, das zu erforschen ich begonnen habe. Und während ich dies so im Herzen überlegte, geschah es, daß ich das ganze Verständnis der Sache, das ich suchte, plötzlich im Geiste empfing und viele Worte, die ich zuvor nicht kannte, innerlich bedachte. Und als ich mich bei mir sehr darüber wunderte, fiel ich in die Ekstase des Geistes und brach zusammen. Und siehe, der Engel des Herrn stand vor meinen Blicken und sagte zu mir: Weil du gefragt hast, habe ich zu deinem Herzen gesprochen. Und nachdem ich gebeten hatte, daß er das selbe, was er mir mitgeteilt hatte, der Ordnung nach wiederhole, sagte er: Wenn du in deiner Frage das geistliche Verständnis suchst, will ich es dir sagen. Jeder gerechte Mensch, der mit dem Heiligen Geist erfüllt ist, wie es Paulus war, ist der Himmel des Heiligen Geistes. Einem Himmel aber werden alle Gerechten verglichen, weil sie ein Herz und eine Seele haben, und ein Geist lenkt sie. Paulus war der Himmel des Heiligen Geistes, der in seinem Herzen wohnte, und dies wurde in ihm gewirkt, daß er der Thron Gottes sei, und derselbe Geist führte ihn zum obersten Himmel. Was war dieser oberster Himmel? Der Menschensohn. Wer war dieser Menschensohn? Unser Herr Jesus, der die Fülle des Himmels ist, zu dem er so durch den Heiligen Geist hingeführt wurde, daß in ihm seine Kraft so wuchs und er ihm mit solcher Liebe anhing, daß er sogar für seinen Namen seinen Leib dem Tod übergab. Derselbe Geist, von dem ich gesprochen habe, entraffte ihn bis zum dritten Himmel. Was war dieser dritte Himmel? Die göttliche Majestät. In ihr tauchte er sein Herz und seinen Geist so tief ein, daß er sogar würdig war, dort die geheimen Worte zu hö-

---

Literatur häufigen allegorischen ‚Etymachien' basieren auf der *Psychomachia* des Prudentius (+ um 405), der als Schulautor viel gelesen wurde. Kämpfe von Tugenden mit Lastern wurden auch häufig in der zeitgenössischen Kunst dargestellt.

[11] Wie S. 30 Anm. 86.

[12] 2Kor 12, 2.

ren, die ein Mensch nicht aussprechen darf. Unmöglich ist es einem Menschen, dies auszusprechen und zu hören, aber der Geist Gottes vermag dies zu sprechen und zu hören. Und ich sagte: Herr, erkläre mir, was das heißt: Ob im Körper, ob außerhalb des Körpers, weiß ich nicht, Gott weiß es[13]. Und er sagte: Der Heilige Geist führte seinen Geist zur so großen Tiefe der Gottheit, daß sogar sein Körper in dieser Zeit unbeweglich war. Ich wiederum sagte: Ich möchte, Herr, daß du dies deutlicher sagst. Und er sagte: Das, was ich sage, hast du in dir selbst oftmals erfahren. Es geschieht bisweilen in heiligen Menschen, daß ihr Geist, der die Sinne des Fleisches dazu belebt, das zu fühlen, was außen existiert, mit solcher Gewalt zu dem, was Geistig ist, innerlich entrafft wird, daß er das Fleisch ohne Sinn und Bewegung zurückläßt. Und dann vermag der Mensch nicht zu unterscheiden, ob sein Geist innerhalb des Körpers oder außerhalb des Körpers ist. Auf diese Weise wurde Paulus entrafft, als er im Geiste bis zum dritten Himmel hinaufstieg. Wiederum fügte ich hinzu und sagte: Er bezeugt doch, Herr, daß er ins Paradies[14] entrafft wurde – was ist das? Und er sagte: Jenes Paradies, zu dem Paulus entrafft wurde, war das oberste der Paradiese und der oberste der Himmel. Das ist die Majestät des erhabenen Gottes, und im Schatten seiner Schwingen wird die ganz Welt Hoffnung haben. Vier Schwingen hat er nämlich: Zwei sind Gnade und Gerechtigkeit. Die Gerechtigkeit, mit der er in der Zeit des Gesetzes befehlend und hart strafend kam. Und was ist die Gnade? Der Sohn Gottes, den der Vater in die Welt sandte, nicht um die Welt zu richten, sondern damit die Welt durch ihn gerettet werde[15]. Zwei Flügel sind es auch, mit denen er noch kommen wird: Wahrheit und Gerechtigkeit. Nachdem er dies gesagt hatte, wurde er meinen Augen entzogen. Als es Morgen geworden war, setzte ich mich mit einer Schwester insgeheim zusammen, die dieses aufschrieb. Und als es eine Unsicherheit hinsichtlich einzelner Worte gab, kam er wiederum und blieb ebendort stehen und rief mir alles ins Gedächtnis zurück.

9. Als mir am Festtag des heiligen Apostels Paulus dieser erschienen war, sprach ich ihn an, indem ich sagte: Mein Herr, ich möchte etwas von dir erfragen, wenn dies mit deiner Gunst geschehen könnte. Er sagte: Frage, und ich werde dir sagen, was du willst! Und ich sagte, wie ich zuvor ermahnt worden war: Herr, wie wir gehört haben, glaubt jenes Volk der Griechen, das du belehrt hast, nicht an den Ausgang des Geistes vom Vater und Sohn – ist dies denn ein Grund für ihre Verdammnis? Und er sagte: Zweifelsohne können die, die dies nicht glauben und in diesem Unglauben bis zum Ende verbleiben, nicht gerettet werden! Freilich tun sie dies vor allem aus Unwissenheit. Viele aber haben sich von diesem Unglauben bekehrt, und viele werden sich noch bekehren, denn der Herr hat seinen Samen unter denen, die er zu retten beschlossen hat[16]. Ich habe sie den katholischen Glauben gelehrt, sie aber haben sich selbst in den Irrtum begeben.

---

[13] 2Kor 12, 2.
[14] 2Kor 12, 4.
[15] Joh 3, 17.
[16] Ich lese „quos" statt „quod".

10. Ich dachte daran, den Apostel darüber zu befragen, wie dies zu verstehen sei, was er im Römerbrief sagt, nämlich daß im Evangelium geoffenbart wird: Gerechtigkeit aus Glauben zum Glauben[17], wenn er mich am Fest seiner Bekehrung vielleicht würdigen werde, mir seine Gegenwart zu gewähren. Und es geschah, als wir singend die Morgenvigilien für den Herrn feierten, da kam mir von ungefähr die Schrift in den Sinn, hinsichtlich derer ich zu fragen wünschte, und sogleich legte Gott diese Worte auf meine Lippen: Es glaubte Abraham, ehe das Gesetz durch Moses gegeben wurde, als er drei sah und einen anbetete[18]. Es glaubte Abraham Gott, und dies wurde ihm zur Rechtfertigung angerechnet. Die Propheten glaubten und wurden gerechtfertigt, als sie voraussagten, daß Christus in den Völkern aus einer Jungfrau geboren werde. Als er aber kam, was für Nutzen war es für die meisten von ihnen? Sie sahen ihn mit sterblichem Fleisch umgeben, sie sahen ihn und nagelten ihn ans Kreuz[19]. Sie sahen ihn nicht, wie er zuvor und wie er nachher war, als ihm der Vater alle Macht im Himmel und auf Erden gab. Selig, die sahen und glaubten! Auch wir glauben, ihn zu sehen, wie er ist, durch den Glauben gerechtfertigt, und sind uns gewiß, die ewige Seligkeit zu genießen und ohne Ende mit Christus zu herrschen und das gegenwärtige Antlitz Gottes zu erkennen. Es schreibt Paulus in seinem Brief, daß im Evangelium geoffenbart wird die Gerechtigkeit Gottes aus dem Glauben zum Glauben. Versteht dies daraus, was ich sage: Im Evangelium wurde verkündet: Wenn jemand nicht aus dem Wasser und dem Geist wiedergeboren ist, kann er nicht in das Reich Gottes eingehen[20]. Dies ist ein Beginn des Christenglaubens und seiner Rechtfertigung. Und wiederum: Wer an den Gottessohn glaubt, hat das ewige Leben. Wer aber nicht an den Sohn glaubt, wird das Leben nicht haben[21]. Und dazu wird am Schluß hinzugefügt: Dies aber wurde aufgeschrieben, damit ihr glaubt, daß Jesus Christus der Sohn Gottes ist, damit auch ihr als Gläubige das Leben habt! Das aber ist die Rechtfertigung aus dem Glauben, die im Evangelium geoffenbart wird. Durch sie lebt, wer aus dem Glauben gerecht ist, wie geschrieben steht: Der Gerechte aber lebt aus dem Glauben[22]. Und wer in Rechtfertigung lebt, die vom Glauben kommt, wird das vollkommene Leben leben, wenn er von Auge zu Auge schauen wird, was er jetzt wie durch einen Spiegel glaubt. Im Glauben sind wir jetzt, wenn wir aber den schauen werden, den wir wie durch einen Spiegel erkennen, dann werden wir aus dem Glauben im Glauben sein. Nach diesen Worten zeigte mir der Lehrer der Völker auch selbst sein Antlitz, und ich fragte ihn wegen seiner vorher genannten Schrift, weil ich meinem Verstand nicht genügend glaubte. Und er antworte mir und sagte: Was du von mir erfragst, verstehst du. In derselben Stunde stand auch mein Herr bei mir und sagte zu mir: Ich fürchte nicht, daß der Apostel dem widerspricht, was ich zu deinem Herzen gesagt habe.

---

[17] Röm 1, 17.
[18] Gen 18, 2.
[19] Ich lese „crucem" statt „quem".
[20] Joh 3, 5.
[21] Joh 3, 36.
[22] Röm 1, 17.

Danach setzte ich meine Fragen fort und sagte zu ihm: Soll denn, Herr, auch jene Gewißheit, die wir in der Zukunft haben werden, Glaube genannt werden? Und er antwortete, indem er sagte: Der Glaube, der jetzt in euch ist, hat Hoffnung beigemengt. In jener Ruhe aber, wo ihr mit Christus regieren werdet, werdet ihr Glauben mit Wissen besitzen.

11. Es war der Jahrestag des Herrn Egbert verehrungswürdigen Gedächtnisses, des Bischofs von Münster[23], für den damals der Gottesdienst für die verstorbenen Gläubigen gefeiert wurde, da erschien er mir wie mit der Inful[24] bischöflicher Würde bekleidet und im Glanz großer Helligkeit leuchtend. Und ich sprach ihn an und sagte: Weißt du etwa, mein Herr, welche Gnade mir der Herr gewährte und was er in mir zu wirken sich herabgelassen hat? Und er antwortete mir, indem er sagte: Ich weiß, Geliebteste, und bedenke dies tiefer, als du selbst. Und ich fragte ihn, indem ich sagte: Herr, befinden sich denn etwa jene Seelen, die schon in die Ruhe aufgenommen worden sind, etwas besser dadurch, daß für ihr Gedächtnis Gebete und Meßfeiern von den Gläubigen dargebracht werden? Und er sagte: Sie finden es sehr angenehm, daß ihnen diese Dienste geleistet werden, und empfangen davon eine gewisse Vermehrung ihrer Freude, weil sie wissen, das dies zur Hilfe und Befreiung jener Seelen dient, die noch in den Qualen zurückgehalten werden. Denn die Gottesdienste, die jeder schon die Ruhe besitzenden Seele von den Lebenden dargebracht werden, erfreuen die übrigen, die an der Stätte der Erquickung sind, mehr und wirken mehr für den gemeinsamen Fortschritt der Seelen, die im Fegefeuer sind, als die, die irgend jemandem von denen, die noch nicht gelöst sind, dargebracht werden. Und ich fügte noch hinzu, indem ich sagte: Beten denn auch die Seelen, die in der Ruhe sind, für ihre Lieben und Blutsverwandten, die sie noch in der Welt haben? Sie beten, antwortete er. Und ich sagte: Ich bitte dich also, geliebtester Herr, daß du in deinen Gebeten meiner eingedenk seiest und deiner anderen Verwandten, die du in dieser gefährlichen Welt hast. Und er antwortete: Dies tue ich ohne Unterbrechung.

12. Es zeigte mir der Engel zu einer gewissen Zeit einen großen Graben voll schrecklichen Feuers, und dort sah ich, wie einige Seelen auf das heftigste gequält wurden. Und ich fragte ihn, welche Seelen dies seien und aus welchem Grund sie so auf das heftigste gequält würden. Und er sagte: Das sind die Seelen jener, die unter Exkommunikation beim Kampfe getötet worden sind. Und ich fragte ihn, indem ich sagte: Herr, soll man denn für jene irgendwelche Gebete darbringen? Und er sagte: Keine besonderen Gebete sollen für sie geschehen, sondern wenn jemand ihnen irgendwie zu Hilfe zu kommen wünscht, möge er allen verstorbenen Gläubigen zusammen die Hilfsmittel der Frömmigkeit darbringen. Und da alle gläubigen Seelen ihretwegen erfreut werden, werden sie es daher ein wenig erträglicher haben.

---

[23] Reg. 1127-1132, Großonkel Elisabeths (Clark 1992, 11 f.).
[24] Speziell die Mitra, allgemein: die Insignien.

13. Ein gewisser Bruder legte mir eine Frage vor, die folgende Gestalt hatte:
Es steht im Buch des Theologen Dionysius Areopagita[25] geschrieben, sagte
er, daß jene himmlischen Wesen, die höher als alle sind und oberste Hierarchie genannt werden, nämlich die Seraphim, Cherubim und Throne, in der
Schrift zunächst für sich selbst eingeführt werden, dann aber bei Jesus selbst,
wobei sie fragen und für uns das Wissen um sein göttliches Handeln lernen
und sagen: Wer ist jener, der aus Edom kommt, mit den gefärbten Kleidern
von Bosra?[26] Und wieder nach der Antwort darauf: Warum also ist dein Gewand rot und deine Kleidung wie die der in der Weinpresse Stampfenden?[27]
Über diese Worte also dachte jener Bruder nach, der mir die Frage vorlegte
und sagte: Wenn jene höchsten Ordnungen dieses fragten, als ob sie Wissen
anstrebten und vom Heiland über die Erlösungstat für das Menschenge-
schlecht belehrt werden wollten, wie der Theologe[28] bekräftigt, ist es konse-
quent, daß sie zuvor nicht wußten, was zu lernen sie begehrten. Wie konnte
es aber geschehen, daß, da das Erlösungswerk schon vollbracht war, diese
noch kein Wissen davon hatten, die der göttlichen Majestät am nächsten stehen und von ihr die ganze Fülle des Wissens aufnehmen und alles zu den unteren Ordnungen weitergeben, was von ihnen gewußt wird, wo man doch aus
der Schrift ersieht, daß viele Geister der unteren Ordnungen den Gottessohn
im Fleisch erkannten und die Gnade der Erlösung lange vorher wußten? Wie
auch konnte der Heilige Geist ein solches Werk so lange vor ihnen verbergen, das er sogar die Propheten, die Menschen waren, lange Zeit vorher wissen ließ? Diese Frage also legte ich am Fest der Verkündigung Mariä meinem
Herrn vor, als er mir erschienen war. Und eine solche Antwort vernahm ich
von ihm: Jene obersten Ordnungen, sagte er, über die du fragst waren von
Anfang an Mitwisser der Geheimnisse des Herrn und erkannten, was er im
Fleische tun und für die Erlösung des Menschengeschlechtes leiden würde.
Aber eben dasselbe, das sie vorher wußten, weil sie die Gottheit belehrte, freuten sie sich auch von jener heiligen Menschheit des Erlösers, die im Himmel
aufgenommen wurde, zu erfragen und zu vernehmen und sie selbst als Lehr-
meisterin ihrer Erleuchtung zu haben; und was sie im Geheimen wußten, das,
wollten sie, solle auch in Worten ausgedrückt werden. Und er fügte etwas hinzu, indem er sagte: Diese sind es, durch die uns Gottesgeheimnisse offenbar
werden, die wir diese untere Welt besuchen. Und sie, die sie selbst aber ohne
Vermittler vom Herrn selbst jede Erleuchtung der Lehre empfangen, über-
mitteln uns das Wissen vom Herrn. Und wiederum fügte er diese Worte hinzu: Neulich, als du mich fragtest, von wo dir die Worte der Briefe kämen, die
du ohne Vorbereitung vortrugst – erinnerst du dich nicht, was ich dir antwor-

---

25 Im frühen 6. Jahrhundert verfaßte ein unbekannter Grieche, der sich als Schüler des Apostels
Paulus ausgab, eine Reihe von theologischen und mystischen Schriften, denen im Mittelalter
große Autorität zukam, da die Fälschung nicht erkannt wurde. Hier ist sein Werk über die
himmlische Hierarchie gemeint, das im 9. Jahrhundert zwei Mal ins Lateinische übertragen worden war.
26 Is 63, 1.
27 Is 63, 2.
28 Dionysius.

tete? Ich sagte, dies vom Herzen des lebendigen Gottes empfangen und zu
deinem Herzen gesprochen zu haben. Dies sollst du also so verstehen: Jene
Oberen haben dies vom Herzen Gottes empfangen und ich von jenen. Und
so habe ich durch Vermittler jenes vom Herzen Gottes empfangen.

14. Am Tag der Auferstehung des Herrn sprach ich meinen Herrn mit folgender Frage an: Sind etwa die, Herr, über die im Evangelium geschrieben
steht: Viele Leiber der Heiligen, die schliefen, sind auferstanden[29], sogleich in
der Stunde des Erdbebens auferstanden, das sich zur Zeit der Passion des
Herrn ereignete[30], oder am Tage, an dem der Heiland von den Toten auferstand? Und er sagte: Als der Herr auferstand, standen auch sie von den Toten auf. Wiederum sprach ich: Und fielen sie etwa wiederum dem Tod anheim? Er antwortete: Die der Herr so zu ehren sich herabgelassen hat, daß er
sie mit sich auferweckte, hat er auch so geehrt, daß er sie unsterblich bewahrte.

15. Ich fuhr fort, ihn auf diese Weise zu befragen: Herr, wie kann es geschehen, daß ihr, die ihr Geister unsichtbarer Natur seid, von den Menschen auch
mit den körperlichen Augen gesehen werdet, wie von den heiligen Frauen zu
lesen steht, die zum Grab des Herrn kamen und bezeugten, dort Engelser-
scheinungen gesehen zu haben[31]? Darauf antwortete er so: So wie sich einst
der Herr verwandeln konnte, daß ihn Abraham in drei Personen sah, als er
drei sah und einen anbetete[32], so kann er auch uns, die wir geistige Geschöpfe sind, solche Gestalten geben, daß wir von den Menschen gesehen werden
können, wenn es ihm genehm ist. Denn ebenso wie Gott in seiner göttlichen
Natur keinesfalls von einem Menschen geschaut werden kann, solange er im
Fleische ist, so können auch wir, wie wir in unserem geistigen Wesen sind,
weder von körperlichen noch geistigen Augen von der Menschennatur gesehen werden, es sei denn, wir werden mit einer solchen Gestalt bekleidet, die
für eure Schwäche erkennbar ist.

16. Als wir an seinem Festtag das Gedächtnis des heiligen Michael[33] feierten,
während wir standen, um den Gottesdienst zu hören, wurde ich, Elisabeth,
ein wenig schwach und setzt mich wegen des Schwindens meiner Kräfte nieder. Und siehe, der Engel des Herrn kam mir gemäß seines üblichen Wohlwollens sichtbar entgegen, und ich sagte zu ihm: Ich möchte etwas von dir,
mein Herr, erfragen, wenn es mit deiner Gunst geschehen könnte. Er sah mich
fortwährend mit heiterem Antlitz an und sagte: Ich weiß, was zu fragen du
daran bist; frage, und ich werde dir antworten. Und ich sagte, so wie ich von
einem Gelehrteren vorher ermahnt worden war: Ich möchte wissen, mein

[29] Mt 27, 52.
[30] Mt 27, 51 ff.
[31] Lk 24, 4.
[32] Gen 18, 2.
[33] 29. Sept.

Herr, von dem Engel der als erster abgefallen ist, ob er am Beginn seiner Er-
schaffung selbst sogleich fiel oder über einen gewissen Zeitraum hin in der
Glorie seiner Beschaffenheit verblieb und sie dann durch den Fall verlor. Er
antwortete und sagte: Wisse, daß unter allen Kreaturen, die Gott schuf, jener
Engel mit höchster Schönheit und Würde geschaffen wurde, so daß er einzig
nach Gott allem in seiner Glorie voranging. In dieser Würde aber verblieb er
so lange, bis er bei der Betrachtung seiner Auszeichnung erkannte, daß es
nichts ihm Ähnliches unter den Geschöpfen gäbe. Und von da an erhob er
sich zum Hochmut und meinte sogar, er könne sich Gott vergleichen. Als aber
der Hochmut in seinen Geist hinangestiegen war, wurde er sofort hinabgeschleudert, weil der Hochmut keinen Augenblick in den Himmeln verbleiben konnte und sich auch fernerhin ihnen nicht wird nähern können. Um wieviel er aber hervorragender als alle Geschöpfe war, um so viel wurde er unter
alle Geschöpfe hinabgeschleudert und verächtlicher als alle gemacht. Wieder
fragte ich ihn und sagte: Ist nun, mein Herr, ein Engelschor ganz mit ihm gefallen oder sind einige von den neuen einzelnen Chören, die verblieben, gestürzt, damit so ein zehnter Chor entstände. Und er antwortete und sprach:
Ein Engelschor, der ihm besonders anhing, rebellierte wegen der hervorragenden Glorie seines Führers gegen uns, und sie meinten, sie seien würdiger
als ihre übrigen Brüder. Und aus diesem Grund verdienten sie es, gemeinsam
mit ihrem Haupt hinabgestürzt zu werden. Wir aber, die wir festblieben, als
jene fielen, wurden von solchem Liebesbrand dem Schöpfer gegenüber entzündet, daß wir von seinem Willen weder jemals irgendwie abweichen wollen noch es können. Wiederum aber fügte ich etwas hinzu, indem ich sagte:
Und wer ist es, der bei euch die erste Stelle hat? Er antwortete: Der Erzengel
Michael. Weil ich über dieses Wort im Zweifel war, fragte ich wiederum am
nächsten Tag, als er da war, indem ich sagte: Herr, hat etwa der Erzengel Michael über alle neun Chöre der seligen Geister die Führung oder nur über einige? Und er sagte: Er steht zwei Ordnungen von Engeln und Erzengeln vor.
Als ich ihn abermals über die oberste Würde befragte, sagte er, daß von allen,
die Hervorragendsten und Gott Nächsten die Cherubim und Seraphim sei-
en. Wiederum fragte ich, ob der Erzengel Michael, wie die Kirche urteilt, der
gemeinsame Fürst und Verteidiger des Gottesvolkes sei, und er bekräftigte,
daß dies so sei.

17. Ich bat aber, daß er mir jene Worte erkläre, die Moses sprach, da er sagte:
Als der Allerhöchste die Völker teilte, als er die Söhne Adams trennte – setzte er da die Grenzen der Völker gemäß der Zahl der Söhne Israels fest[34] oder
gemäß der der Engel Gottes? Und er antwortete mir folgende Worte: Die Söhne Israels, über welche du fragst, schuf Gott, daß sie in der Zahl der Gottessöhne seien. Als sie aber aus Stolz fielen, setzte Gott die Grenzen fest, das
heißt die Zahl der Völker gemäß der Zahl der Söhne Israels, die gefallen waren. Und er fuhr fort und sagte: Dies wirst du deinem Bruder sagen; und sage mir, was wiederum er fragt! Ich fragte also ein zweites Mal wegen des oben-

---

[34] Deut 32, 8.

stehenden Verses, der lautet: Als der Höchste die Völker teilte, als er die Söhne Adams trennte – wie denn das Verständnis dessen mit dem Sinn dessen
übereinstimme, den er dargelegt hatte? Und sogleich sagte er: Auch dies
machte Gott. Als der erste Mensch wegen seines Ungehorsams aus dem Paradies verjagt wurde und als Kain seinen Bruder Abel tötete, trennte Gott die
Söhne Adams und teilte die Völker, indem er die Schafe von den Böcken
schied. Und als dies geschah, setzte er die Grenzen der Völker gemäß der Zahl
der Söhne Israels fest. Und sogleich fügte ich hinzu: Herr, es steht geschrieben, daß er am Jüngsten Tag die Schafe von den Böcken trennen wird[35]. Und
er sagte: Schon damals begann er, und am Jüngsten Tag wird er es vollenden.

18. Es wurde uns berichtet, daß ein gewisser Bruder, welcher der Rede unseres Engels widersprechen wollte, als dieser sagte, daß ein Engelschor insge-
samt fiel, es zu erweisen gewagt hat, das sei nicht so, sondern wie es die Meinung dartut, aus den einzelnen Ordnungen seien jeweils einige gefallen nach
den Worten des Apostels, die er im Kolosserbrief über unseren Heiland aus-
spricht, indem er sagt: Die Fürsten und Mächte beraubend, führte er sie offen hinweg, in sich selbst triumphierend[36]. Darin nämlich, daß er einige der
bösen Geister Fürsten und Mächte heißt, scheint es, jene seien aus den Chören der Fürsten und Mächte gefallen. Als ich also auch darüber meinen Herrn
um Rat fragte, sagte er, es gäbe sehr viele Unterschiede unter den bösen Geistern und die einen seien hervorragender und mächtiger, Schaden anzurich-
ten, als andere, und deswegen würden sie mit solchen Namen gerufen. Er fügte aber danach dieses hinzu und sprach: Niemand möge dich durch irgend
eine Begründung überzeugen zu glauben, daß aus den einzelnen Engelschören einige gefallen seien. Wenn es nämlich so wäre, wäre es nötig, daß den einzelnen Engelschören Menschen beigegeben würden, da aus den auserwählten Menschen der Fall der gestürzten Engel wieder ausgeglichen werden
müßte. Dies wird nicht so sein, weil der Stand der auserwählten Menschen
seinen eigenen Ort im Himmel haben wird. Aber auch über jene Meinung,
nach der wir glauben, ein jeder Mensch habe seinen eigenen Engel als Beschützer seines Lebens, forschte ich nach, ob es wahr sei oder nicht. Und er antwortete auf meine Frage und sagte: An dem Tag, an dem er die Gnade der heiligen Taufe empfängt, bekommt der Mensch zwei Engel, einen guten und
einen bösen[37]. Und von dem einen wird er freilich immer angegriffen, vom
anderen aber verteidigt und unterstützt. Wieder fragte ich und sagte: Wird
denn, Herr, der, der jetzt der Beschützer eines Menschen ist, zum Beschützer
auch eines anderen gemacht, der erst geboren werden soll, wenn der vom Leben scheidet? Und er sagte: Es geschieht bisweilen so, bisweilen aber nicht

---

[35] Mt 25, 32.
[36] Kol 2, 15; vgl. S. 71 Anm. 4.
[37] Die Vorstellung, jeder Mensch würde von einem gerechten und einem bösartigen Engel beglei-
    tet und beeinflußt, ist im Christentum wenigstens seit dem *Hirten* des Hermas (um 140) be-
    zeugt und wurde der monastischen Welt v.a. durch die so viel gelesenen Kirchenschriftsteller
    Origenes (+ um 254) und Cassian (+ 435) vermittelt (DThC 1, 1214, 1217; 4, 373; Stapert, A.,
    L'ange roman dans la pensée et dans l'art roman, Paris 1975, 261 f.).

so. Und als ich mit ihm etwas über die Seelen der Abgeschiedenen besprach, fügte er weiter hinzu und sagte: Zweimal im Jahr wird jede Seele, die einmal Verzeihung erlangen wird, auch wenn sie in den Qualen ist, vom eigenen Engel besucht und empfängt von ihm Tröstung, nämlich am Festtag des Heiligen Erzengels Michael und an dem Tag, wo die gemeinsame Erinnerung an alle verstorbenen Gläubigen gefeiert wird.

19. Der verehrungswürdigen Herrin Hildegard, der Meisterin der Gottesbräute, die sich in Bingen befinden[38], [entbietet] die demütige Nonne Elisabeth fromme Gebete mit aller Liebe. Die Gnade und Tröstung des Allerhöchsten möge euch mit Freude erfüllen, weil ihr wohlwollendes Mitleid ob meiner Bedrängnis gezeigt habt, wie ich aus den Worten meines Trösters erkannte, den ihr hinsichtlich meiner Tröstung sorgfältig instruiert habt. Wie euch nämlich, wie ihr sagt, über mich geoffenbart wurde, bekenne ich, daß ich wirklich eine Wolke der Bedrängnis neulich in meinem Denken empfangen habe wegen des leeren Geredes der Leute, die viel über mich schwätzen, was nicht wahr ist. Doch das Gerede des gemeinen Volkes würde ich leicht ertragen, wenn nicht auch die, die in der Ordenstracht einherwandeln, meinen Geist sehr bitter mit Trauer erfüllten. Denn auch die, ich weiß nicht von welchen Stacheln getrieben, verlachen die Gnade des Herrn in mir, und scheuen sich nicht, darüber, was sie nicht wissen, frech zu urteilen. Ich höre auch, daß manche Briefe, die sie aus ihrem eigenen Sinn geschrieben haben, unter meinem Namen zirkulieren lassen. Sie verleumden mich, ich hätte über den Gerichtstag prophezeit, was zu tun ich mir gewiß nie herausgenommen habe, weil dessen Anbrechen dem Wissen aller Sterblichen entgeht. Doch ich will euch die Gelegenheit dieses Gerüchtes eröffnen, damit ihr beurteilt, ob ich diesbezüglich irgend etwas anmaßend gemacht oder gesagt habe. Wie ihr durch andere gehört habt, vergrößerte der Herr sein Erbarmen mit mir mehr als ich verdiente oder je verdienen könnte so sehr, daß er sich herabließ, mir auch einige himmlische Geheimnisse des öfteren zu offenbaren. Er bedeutete mir sogar durch seinen Engel häufig, was über sein Volk in diesen Tagen kommen werde, wenn sie nicht ob ihrer Bosheiten Buße täten, und befahl, daß ich dies offen verkündige. Ich aber bemühte mich, dies alles, soweit ich konnte, zu verbergen, um Hochmut zu vermeiden und nicht als Urheberin von Neuigkeiten zu erscheinen. Als ich also in gewohnter Weise an einem Sonntag in der

---

[38] Der Ruf Hildegards von Bingen (1098-1179) hatte sich seit den späten vierziger Jahren in ganz Deutschland verbreitet; Papst Eugen III. soll ihr Buch *Scivias* offiziell gutgeheißen haben. Der Brief Elisabeths an Hildegard scheint bis Kapitel 30 einschließlich zu reichen. Wahrscheinlich handelte es sich ursprünglich eher um mehrere, hier kontaminierte Schreiben. Elisabeth antwortet darin entsprechenden antikatharischen Visionen Hildegards mit einer eigenen Schauung, die in den Spätsommer oder Herbst 1163 fallen dürfte (Manselli 256 f.). Zur selben Zeit arbeitete Egbert an seinen Predigten gegen die Katharer. Am 5. August 1163 wurden in Köln vier Männer und ein Mädchen wegen katharischer Ketzerei verbrannt (ebd. 231 f.). Zum wechselnden Verhältnis Elisabeths und Hildegards, deren wichtigste Gemeinsamkeit ihr Bewußtsein war, göttliche Botschaften vermitteln zu müssen, vgl. Wiethaus, U., In Search of Medieval Women's Friendships. Hildegard of Bingen's Letters to Her Female Contemporaries: Dies. (Hg.), Maps of Flesh and Light, Syracuse 1993, 93-111, 174-177, 102 ff.

Entraffung des Geistes war, stand der Engel des Herrn bei mir und sprach:
Warum verbirgst du Gold im Schmutz[39]? Dies ist das Wort Gottes, das durch
deinen Mund auf die Erde gesandt wurde, nicht, damit es verborgen werde,
sondern damit es zum Lob und Ruhm unseres Herrn offenbar gemacht werde und zur Erlösung seines Volkes. Und dies gesagt, erhob er über mich eine
Geisel, mit der er mich wie in großem Zorn fünfmal sehr schmerzlich schlug,
so daß ich drei Tage lang wegen dieser Schläge am ganzen Körper krank war.
Danach legte er den Finger auf meinen Mund indem er sagte: Du wirst bis
zur neunten Stunde schweigen, wann du das offenbaren wirst, was der Herr
mit dir gewirkt hat. Ich verblieb also bis zur neunten Stunde schweigend.
Dann bedeutete ich der Meisterin, daß sie mir ein Büchlein bringe, das ich in
meinem Lager verborgen hatte und das teilweise das enthielt, was der Herr
mit mir getan hatte. Als ich dieses in die Hände des Herrn Abtes legte, der zu
mir zu Besuch gekommen war, wurde meine Zunge zu diesen Worten gelöst:
Nicht uns Herr, nicht uns, sondern deinem Namen gib den Ruhm[40]! Danach,
als ich ihm auch etwas anderes geoffenbart hatte, das ich den Aufzeichnungen nicht anvertrauen wollte, nämlich über die große Rache Gottes, die, wie
ich vom Engel erfahren hatte, in kurzem über die ganze Welt kommen werde, bat ich ihn sehr eifrig, daß er dieses Wort weiterhin bei sich verborgen lasse. Er schrieb mir aber vor, daß ich eifrig dem Gebet obläge und vom Herrn
fordere, daß er mir zu verstehen gäbe, ob er das, was ich gesagt hatte, verschwiegen wissen wolle oder nicht. Nachdem ich mich über einige Zeit hin
deswegen in inständigem Gebet gemüht hatte, fiel ich zur Adventszeit am Fest
der heiligen Barbara[41] zur ersten Vigil der Nacht in die Ekstase, und der Engel des Herrn stand bei mir und sagte: Rufe laut und sprich Weh zu allen Völkern, weil die ganze Welt in Finsternis verfallen ist. Und du wirst sagen: Geht
hinaus, jener hat euch gerufen, der euch aus Erde gebildet hat und sprich: Tut
Buße, weil das Reich Gottes ist nah[42]! Durch diese Rede verführt, begann also der Herr Abt dieses Wort bei den Leitern der Kirche und Männern im Or-
densstand zu verbreiten. Manche von ihnen freilich empfingen das Wort mit
Ehrerbietung, manche aber nicht so, sondern sie sprachen übel von dem Engel, der mir vertraut ist, und sagten, es sei ein trügerischer Geist, der sich in
einen Engel des Lichtes verwandelt habe. Daher verpflichtete er mich also bei
meinem Gehorsam und befahl, daß, wenn er mir erschiene, ich ihn beim Namen des Herrn beschwöre, daß er mir angebe, ob er ein wahrer Engel Gottes sei oder nicht. Ich aber dachte, daß dies etwas Dreistes sei, und empfing
dieses Gebot mit großer Angst. An einem Tag also, als ich in meiner Entraffung war, näherte er sich mir in der gewohnten Weise und stand vor meinem
Antlitz. Und zitternd sagte ich zu ihm: Ich beschwöre dich bei Gott dem Vater und dem Sohn und dem Heiligen Geiste, daß du mir richtig sagst, ob du
ein wahrer Engel Gottes seiest und ob die Visionen wahr sind, die ich in mei-

---

[39] Mt 25, 25 f.
[40] Ps 113B, 1.
[41] 4. Dez. 1154.
[42] Mt 4, 17.

ner Entraffung sah, und das, was ich von deinem Munde hörte. Er antwortete und sprach: Wisse gewiß, daß ich ein wahrer Engel Gottes bin und die Visionen, die du geschaut hast, wahr sind. Und was du aus meinem Mund gehört hast, ist wahr und wird wirklich geschehen, wenn Gott nicht den
Menschen versöhnt wird. Und ich selbst bin es, der lange mit dir gewirkt hat.
Danach an der Vigil der Epiphanie[43], als ich betete, erschien mir wiederum
mein Herr, blieb aber weit weg von mir stehen und hatte sein Antlitz von mir
abgewandt. Ich verstand also seinen Unwillen und sagte mit Angst zu ihm:
Mein Herr, wenn ich dir darin beschwerlich war, daß ich dich beschwört habe, bitte verüble es mir nicht! Ich flehe dich an, wende dein Antlitz zu mir
und sei mir freundlich, denn ich tat dies gezwungen durch den Gehorsam und
wagte es nicht, den Befehl meines Gebieters zu übergehen. Nachdem ich mit
Worten dieser Art viele Tränen vergossen hatte, wandte er sich zu mir und
sagte: Du hast mir und meinen Brüdern Verachtung bezeugt, weil du Miß-
trauen in mich hattest. Daher wisse gewiß, daß du weiterhin mein Antlitz
nicht sehen wirst und meine Stimme nicht hören wirst, wenn der Herr und
wir nicht versöhnt werden. Und ich sagte: Mein Herr, wie könnt ihr versöhnt
werden? Und er sagte: Du wirst deinem Abt sagen, daß er zum Gedächtnis
an mich und meine Brüder den Gottesdienst andächtig feiern soll. Nachdem
also die feierlichen Messen zu Ehren der heiligen Engel nicht nur einmal, sondern mehrmals sowohl vom Herrn Abt als auch von den übrigen Brüdern gefeiert worden waren und die Schwestern sie zugleich durch die Lesung der
Psalmen geehrt hatten, erschien mir wiederum mein Herr mit freundlichem
Antlitz und sagte zu mir: Wisse, daß du Verzeihung erlangt hast, da nämlich
das, was du gemacht hast, in Liebe und Gehorsam geschehen ist. Und künftig werde ich dich häufiger besuchen als bislang.

Als danach der Herr Abt beschlossen hatte, auf Bitten der dort anwesen-
den Kleriker zu einem gewissen Ort zu reisen, um das Drohwort des Herrn
im Volk zu predigen, ob sie vielleicht Buße tun wollten und der Zorn Gottes
sich von ihnen abwenden würde, begann er zuerst den Herrn zusammen mit
uns allen zu bitten, daß er seine Magd der Offenbarung würdige, ob die Rede, die schon veröffentlicht zu werden begann, weiter verbreitet werden solle oder nicht. Als er also die göttlichen Mysterien feierte und wir sehr andächtig beteten, schwand mir plötzlich die Herrschaft über meine Glieder, und ich
fiel in die Starre und kam in die Entraffung des Geistes. Und siehe, der Engel des Herrn stand vor meinem Antlitz, und ich sagte zu ihm: Mein Herr, erinnere dich, daß du mir, deiner Magd gesagt hast, daß das Wort Gottes durch
meinen Mund auf die Erde gesandt wurde, nicht um verborgen zu werden,
sondern daß es zum Ruhm Gottes offenbart werde und zur Errettung seines
Volkes. Und nun gib mir an, was hinsichtlich jenes Drohwortes geschehen
soll, das du zu mir gesprochen hast. Ist es etwa schon genügend veröffentlicht worden oder soll es noch gepredigt werden? Doch jener blickte mich
mit strengem Antlitz an und sprach: Versuche Gott nicht! Wer ihn nämlich
versucht, wird zugrunde gehen! Und du wirst zum Abt sagen: Fürchte dich

---
[43] 5. Jan. 1155.

nicht, sondern vollende, was du begonnen hast! Wahrlich selig sind die, welche die Worte deiner Ermahnung hören und sie befolgen und keinen Anstoß
an dir nehmen werden. Dies aber wirst du ihm vorschlagen, daß er die Linie,
die er bisher bei der Predigt verfolgte, nicht verändern solle. Darin war nämlich ich sein Berater. Sag ihm, daß er keineswegs auf die Worte derer achten
soll, die aus Neid zweifelhaft über das sprechen, was in dir geschehen ist, sondern er soll beachten, was geschrieben steht, denn nichts ist unmöglich bei
Gott. Von dieser Rede also begeistert, ging er an den Ort, wohin zu reisen er
beschlossen hatte, und ermahnte das Volk, das seine Ankunft erwartet hatte,
zur Buße, indem er verkündete, der Zorn Gottes werde auf alle kommen,
wenn sie sich nicht bemühten, ihm durch die Früchte der Buße zuvorzukom-
men. Welche Plagen aber der Welt bevorstünden, hat er keineswegs in irgendeiner seiner Predigten erzählt, wie er verleumdet wurde. Es geschah also, daß
viele, bei denen diese Rede verbreitet wurde, sich die ganze Fastenzeit über
in großer Furcht mit Bußwerken abmühten und fleißig Almosenspenden und
Gebeten oblagen. Zu jener Zeit schickte jemand, ich weiß nicht von welchem
Eifer verführt, Briefe unter dem Namen des Herrn Abtes in die Stadt Köln,
was diesem, wie Gott weiß, nicht bekannt war, in denen gewisse schreckliche
Drohungen gelesen wurden, die das ganze Volk hörte. Wiewohl dies uns von
Toren als Spott angetan wurde, haben dennoch die Klugen, wie wir hören,
die Rede ehrerbietig beachtet und es nicht verschmäht, Gott mit den Früch-
ten der Buße zu ehren.

Es geschah aber an einem Mittwoch vor dem Ostertag, nachdem ich mit
großen Mühen des Körpers in die Ekstase gekommen war, daß mir der Engel des Herrn erschien. Und ich sagte zu ihm: Herr, was wird aus dem Wort,
das du zu mir gesprochen hast? Er antwortete: Sei nicht traurig oder verwirrt,
wenn das nicht an dem Tag, den ich dir als Termin angegeben habe, geschieht,
was ich vorher gesagt habe, weil der Herr durch die Wiedergutmachung von
vielen versöhnt wurde. Danach fiel ich am Freitag zur dritten Stunde mit großem Schmerz in die Entraffung des Geistes. Und wieder blieb er bei mir stehen und sagte: Es sah der Herr das Bemühen seines Volkes und wandte den
Zorn seines Unwillens von ihnen weg. Ich sagte ihm: Was also, mein Herr,
werde ich nicht allen zum Gespött dienen, unter denen dieses Wort verbreitet worden ist? Er sprach: Alles, was dir bei dieser Gelegenheit geschieht, sollst
du geduldig und gutwillig ertragen! Betrachte jenen genau, der die Verspot-
tungen der Menschen ertrug, wiewohl er der Schöpfer des gesamten Erdkrei-
ses war! Nun erst erprobt der Herr deine Geduld.

Siehe, meine Herrin, ich habe Euch den gesamten Verlauf der Sache dargelegt, damit auch ihr meine und unseres Abtes Unschuld erkennt und anderen
offenlegen könnt. Ich flehe aber, daß Ihr mich auch eurer Gebete teilhaftig
werden laßt und mir, so wie der Geist des Herrn es Euch eingibt, einige Trost-
worte zurückschreibt.

20. Freue Dich mit mir, Herrin, und verehrungswürdige Tochter des ewigen
Königs, da ja der Finger Gottes in Dir schreibt, daß Du das Wort des Lebens
verkündigst. Selig bist Du, und es wird Dir immer zum Wohl gereichen! Und

ein Instrument des Heiligen Geistes bist Du, weil Deine Worte mich entfachten, wie wenn eine Flamme mein Herz berührt hätte. Und ich brach in folgende Worte aus:

21. Meine Herrin Hildegard, treffend wirst Du Hildegard genannt, weil der Stachel Gottes wohl in Dir mit wunderbarer Kraft zur Erbauung seiner Kirche wirkt[44]. Sei stark im Heiligen Geiste, selig bist Du, da ja der Herr Dich erwählt hat und Dich wie eine von jenen eingesetzt hat, von denen er selbst spricht: Ich habe euch eingesetzt, daß ihr geht und Frucht einbringt, und eure Frucht wird Bestand haben[45]. So schreitest Du einher auf dem Weg der Betrachtung des Herrn wie die Taube in den Steinklüften und im Mauerspalt[46]. Der Dich auserwählt hat, wird Dich selbst mit der Krone der Freude krönen. Der Weg zum Herrn ist nämlich bei Dir gerade gemacht worden. Oh, Herrin Hildegard, vollende das Wort des Herrn, wie Du es bis jetzt getan hast, weil Dich der Herr als Arbeiterin in seinem Weinberg eingesetzt hat[47]. Es suchte nämlich der Herr Arbeiter für seinen Weinberg, fand sie aber alle träge, weil sie niemand zusammenführte. Der Weinberg des Herrn hat keinen Winzer, der Weinberg des Herrn geht zugrunde, das Haupt der Kirche ist erstarrt, und ihre Glieder sind tot. Weh, was wird deswegen geschehen, weil der Herr wenige in seiner Kirche findet, die darauf mit glühender Gesinnung Bedacht haben, sondern ein jeder begehrt, sich selbst zu leiten und seinen Eigenwillen durchzuführen. Der Herr prüfte sie und fand sie schlafend. Deswegen kam ein Dieb und durchbohrte und zerstörte den Grundstein und warf ihn in die Zisterne, die weder Wasser hatte noch bewässert wurde. Der Grundstein ist das Haupt der Kirche, das hinabgeschleudert worden ist, und die Kirche Gottes ist ausgetrocknet, hat keine Feuchtigkeit, sondern ist kalt, ohne Gottesliebe. Aber auch ich erinnere mich bei mir, daß es mir einmal erschien, es würden Giftschlangen in die Kirche Gottes kommen, die im Geheimen die Kirche Gottes zerfleischen wollten. Und dies, verstehe ich, bezieht sich auf jene Katharer[48], die die Kirche Gottes jetzt im Geheimen täuschen. Verjage sie, unser Schutzherr! Und selig, der in dieser Zeit keinen Anstoß findet! Es spricht der Patriarch David: Wird denn, wer schläft, nicht daliegen, um wieder aufzuerstehen[49]? Steht auf und wachet und seid auf der Hut, weil die Rache Gottes gegen euch ertönt. Weint, ihr Hirten, und schreit, besprengt euch mit Asche und tut Buße und gebt nicht Raum dem Teufel, denn er geht umher wie ein brüllender Löwe, der sucht, wen er verschlinge[50]. Selig der Mann,

---

[44] Der Name kommt von althochdeutsch „hilta" (Kampf) und „garta" (Gerte, Stachel).
[45] Joh 15, 16.
[46] Hld 2, 14.
[47] Vgl. Mt 20, 1.
[48] Sekte, die in Frankreich, Norditalien und dem Rheinland verbreitet war und durch Sittenstrenge sowie ihr dualistisches Weltbild (Gott und die Seele im Kampf gegen den Widergott und die Materie) viele Katholiken ihrer Kirche abspenstig machte. Zu Elisabeths Zeit wurde sie noch mit Mäßigung verfolgt, die blutige Ausrottung begann Anfang des 13. Jahrhunderts (Albigenserkreuzzüge).
[49] Ps 40, 9.
[50] Jer 25, 34; Eph 4, 27; 1Pet 5, 8.

der den Herrn sämtlicher Schöpfung fürchtet, daß er den obersten Priester anstößt, die Schande von seinem Volke zu entfernen; dann wird ganz Israel[51] gerettet werden.

22. Nun aber ist mein Volk mir abgekehrt und geht vor mir her mit hartem Nacken und merkt nicht, wie es mein Gericht trägt. Mit Geiselhieben zeige ich die Beleidigungen mir und meinen Heiligen gegenüber[52], die täglich ihre Stimmen vor meinem Thron hören lassen, indem sie sagen: Herr, König der ewigen Glorie, deinem Geheiß ist alles unterstellt, und es gibt nichts, was deinem Willen widerstehen könnte. Räche unser Blut[53], denn das Land tritt uns nieder mit seinen Befleckungen. Ich, der Herr, der Schöpfer aller Kreaturen, sandte mein Fleisch gewordenes Wort aus den Himmelshöhen in das düstere Tal, daß es denen leuchte, die in Finsternis waren und meinten, sie seien etwas – doch sie waren nichts! Und die Menschen liebten mehr die Finsternisse als das Licht. Er selbst war aber das wahre Licht, und wie der Morgenstern inmitten des Nebels und wie die Sonne in ihrer Mittagskraft leuchtet, so glänzte er voller Weisheit und Stärke mitten unter seinem Volke. Und jedes Land wurde von seinen Lehren erfüllt, doch ihr habt seiner vergessen! Ich schwöre bei meiner Rechten und bei meinem Thron, daß dies weiterhin nicht geschehen wird!

23. Oh Mensch, wer immer du bist, mit welchem Grund wirst du dich entschuldigen können? Du hast Augen und siehst nicht und Ohren um zu hören und verstehst nicht! Was soll ich dir noch weiter tun? Wenn du dich selbst verdirbst, wer, glaubst du, wird dich retten? Erinnert euch, daß der einzige Sohn meines Herzens einmal für eure Sünden gestorben ist und auferstand. Und er stieg auf in den Himmel und sitzt in seiner Glorie und ließ euch ein Beispiel, daß ihr seinen Spuren folgen sollt. Wie, mit welchem Herzen oder welchem Gewissen folgt ihr ihm? Weit weg sind nämlich seine Wege von euren Wegen! Wenn ihr nicht geht, so wie er ging, wie werdet ihr zu ihm kommen können? Weicht nicht ab nach rechts oder nach links, sondern folgt seinen Spuren, und so werdet ihr zu ihm kommen können. Nun aber schwankt ihr von einer Sünde zur nächsten, von einer Verdammnis zur nächsten! Wandelt, solange das Licht in euch sein wird, daß euch nicht die Finsternisse ergreifen, weil jener alte Leviathan glaubt, er könne die ganze Welt verschlingen. Bisher ist aber noch die Zeit der Gnade. Tut Buße, sucht den Herrn, euren Gott, solange er gefunden werden kann! Ruft ihn an, solange er nahe ist[54]! Wendet euch aus eurem ganzen Herzen zu mir, und ich, der Herr, werde mich zu euch wenden und mich mit euch versöhnen und euch in der Zeit der Anfechtung und Beängstigung nicht verlassen! Und jene alte Schlange möge gänzlich ins Verderben stürzen und alle ihre Eingeweide mögen gänzlich ausgegossen werden!

---

[51] D. h. die katholische Kirche.
[52] Andere Übersetzungsmöglichkeit: Wie es mein Urteil tragen soll mit Geißelung...
[53] Offb 6, 10.
[54] Is 55, 6.

24. Was ist dies, was ich über die Eingeweide der alten Schlange gesagt habe? Es gibt nämlich einige, die jetzt in ihren Eingeweiden verschlungen sind und später hinausgeworfen werden. Es sind dies die Mörder, Ehebrecher, Räuber, Verbrecher, die ihre Seelen in den Tod hinabstießen. Es sind auch die unseligen Katharer, die verworfener als jedes Geschöpf sind und mit Schwefelzungen Flammenworte vorbringen, und die Erde ist von ihrem widerwärtigen Glauben befleckt. Und wie mich einst die Heiden gekreuzigt haben, so werde ich täglich unter jenen gekreuzigt, die solches hochhalten. Oh, was für ein teuflischer Wahnsinn! Die von mir wissen, daß ich der Schöpfer des Himmels und der Erde und von allem, was darin ist, bin, und daß ich die Abgründe schaue, sie zerfleischen meine Wunden und vergießen den Leib und das Blut meiner Sakramente, dargebracht zum Heil aller Gläubigen[55]. Wenn sie mich aber zum Zorne reizen, werde ich, der Herr, in meiner Wut die Erde mit ihren Lebewesen bis zur Hölle vernichten. Hört auf, ihr Verdreher der Gerechtigkeit, hört auf mit diesem Wahnsinn! Wenn ihr es nicht tut, werde ich euch mehr, als man zu glauben vermag, in Schwefel und unauslöschlichem Feuer und durch Höllenwürmer ohne Ende foltern lassen! Und es gibt keinen Sinn, der die Höllenstrafe begreifen könnte, außer jener große Leviathan, der gefangen ist und die ganze Welt verführt.

25. Ich, der Herr, befehle euch bei meiner Rechten, auf daß ich euch nicht mit dem Schwert meines Mundes durchbohre, euch Königen und Fürsten, Bischöfen und Äbten, Priestern und allen, die ihr an hoher Stelle steht, alle Häresien, die in meiner Kirche, die ich in der Bitternis meiner Seele geschaffen habe, Schismen verursachen, mit aller Gewalt zu verjagen und durch den katholischen Glauben zu zerstören. Oh, ihr armseligsten und unglücklichsten Heuchler, die ihr vor den Menschen wie fromme Unschuldige erscheint, innerlich aber voller böser Gesinnung seid! Sagt mir, wie glaubt ihr an den allmächtigen Gott, wenn ihr nicht glaubt, daß dem allmächtigen Gott alles möglich sei! Möglich war es freilich bei Gott, vom Thron seiner großen Majestät den Heiligen Geist in den jungfräulichen Schoß zu senden und daß das Wort seiner Fleischwerdung [daraus] hervorgehe. Glaubt ihr denn nicht, daß Gottvater den Menschen nach seinem Bild und Aussehen schuf und ihn im Paradies der Freuden ansiedelte, damit er es pflege und schütze? Und jene alte Schlange täuschte ihn, so daß er in die Sünde fiel und wegen seines Ungehorsams hinausgeworfen wurde. Oh unglücklicher Heuchler, wie lange, glaubst du, wirst du in deinen Sünden bleiben, wenn du nicht an den Gottessohn glaubst, der aus dem Vater hervorging? Ihr glaubt also auch nicht, er sei Fleisch geworden und habe wirklich gelitten, noch, er sei begraben worden, wiederauferstanden, zu den Himmeln aufgefahren, noch, er werde kommen, die Lebenden und die Toten zu richten.

---

55 Was Elisabeth von den Katharern wußte, wußte sie offenbar von ihrem Bruder, der u.a. auf Grund persönlicher Kenntnis in seinen Predigten gegen diese Sekte über ihre Verachtung der katholischen Sakramente klagt (Manselli 227 ff.).

Ihr aber, die ihr gebildet seid[56], durchforscht die Bücher des Neuen Testamentes und bedenkt seine Worte! Welche Frucht werdet ihr finden! Erneuert euch im Heiligen Geiste und erwärmt eure Seelen zur Erbauung der Kirche, die in Jesus Christus geheiligt und durch die heiligen Evangelien
erleuchtet wurde und weißgewaschen von der alten Fäulnis, weil doch die Kirche heilig ist, die mit dem Himmelsgemahl, dem Sohn des ewigen Königs,
verbunden und verlobt ist, der im Jordan ihre Sünden abwusch, daß ein Glaube sei, eine Taufe, eine Kirche, und eine einzige Taube und eine Erwählte Jesu Christi. Ihr auserwählte Art, heiliges Volk, königliches Priestertum, Volk
des Erwerbs[57], seid dessen eingedenk, mit welcher Freiheit ich euch vom Joch
und der Gefangenschaft des Teufels befreit habe! Ihr wart nämlich einst Finsternis, nun aber [seid ihr] Licht! Wandelt, daß ihr besonders liebe Söhne, daß
ihr Söhne des Lichtes seid, spricht euer Gott. Und wiederum sagt dieselbe
Wahrheit: Mein auserwählter Weinstock, ich pflanzte dich und machte dir den
ganzen Weg der Wahrheit bekannt. Wie hast du dich nach rückwärts gewandt
und bist nicht den geraden Weg gewandelt? Aber nach deinen Sünden suchst
du nach deinem Willen Frieden und sprichst: Es wird Friede sein. Doch es
wird keinen Sohn des Friedens geben, und du täuschst dich selbst!

26. Ich aber bin ausgestoßen, und es gibt keinen Platz, wo mein Fuß ausruhen könnte; ich stehe an der Pforte und klopfe, und es gibt niemanden, der
mich einlassen würde; und mein Haupt ist voller Nässe, mein Lager, in dem
ich ausruhen wollte, von verschiedenen Lastern entweiht, und die mit ihren
Unreinheiten in mein Heiligtum eintreten, beflecken mein Lager mit ihren
schändlichen Taten. Meine Hirten sind wie von tiefem Schlaf überwältigt, und
wie kann ich sie erwachen lassen? Ich werde meine Rechte über sie erheben;
ich war geduldig und habe Tag für Tag auf sie gewartet, und sie überliefern
mich dem Vergessen! Das Gesetz wird nämlich zuvörderst durch die Priester
und Ältesten meines Volkes zugrunde gehen, denn sie suchen, die Opfer meiner Sakramente zu verkaufen. Die verkaufen, kaufen sich das Gericht, und
die erwerben, erwerben das zweiseitig geschärfte Schwert. Und wiederum ermahne ich meine Hirten mit väterlichen Ermahnungen, die um meine Geheimnisse wissen: Nachahmen sollt ihr mich und nicht den Teufel, weil es einige gibt, die nicht durch die Pforte in meinen Schafpferch eintreten, sondern
anderswo auf anderem Weg wie Diebe und Räuber hinaufsteigen, Diebe wegen ihrer Habgier, Räuber, weil sie die ihnen anvertrauten Seelen verderben.
Sie verbergen nämlich deren schändliche Taten, damit sie nicht von den Menschen gesehen werden. Deswegen widersprechen sie nicht kühn jeder Häre-
sie, weil sie [selbst] auf ihren Wegen zu tadeln sind. Und wiederum sage ich
euch: Wisset ohne Zweifel: Wie viele Seelen von meinen Schafen, die zu leiten und zu bewahren ihr übernommen habt, wegen eurer Achtlosigkeit zugrunde gehen – aus euren Händen werde ich sie zurückfordern. Beim furcht-

---

[56] Elisabeth spricht nun nicht mehr die Ketzer an, sondern die katholischen Geistlichen, die gegen jene kämpfen sollen.
[57] Vgl. 1 Pet 2, 9.

baren Gericht werdet ihr Rechenschaft ablegen müssen, und über euch werden alle Übel zusammenschlagen, die ich über jene verhängte.

27. Ermannt euch nun also und betrachtet eure Vorgänger, die Apostel, und die anderen heiligen Kirchenlehrer, die die Drohungen der Menschen und die Schläge der Henker nicht fürchteten, sondern mein Wort vor Könige und Führer trugen: Sie wurden geschlagen und erduldeten viele Qualen, doch alle ertrugen sie meines Namens wegen. Daher sind sie in Ruhm und Ehre, wie sie niemand zählen kann, vor meinem Thron. Dort sehen sie mich nicht in Geheimnissen, sondern von Auge zu Auge, von Angesicht zu Angesicht, in großer Klarheit und Majestät. Selig der Mensch, der die Worte dieses Textes liest und hört und sie bewahrt, weil sie wahr sind, und durch meinen Engel von meinem Thron zur Erbauung vieler gesandt wurden.

28. Als ich darüber nachdachte, was die Bedeutung des Wortes sei, das ich gesagt hatte: Mit Schwefelzungen bringen sie Flammenworte vor, legte der Herr folgende Worte in meinen Mund: Der Schwefel besitzt eine solche Natur, daß seine Flamme nicht in die Höhe steigt, sondern mit einer gewissen Verborgenheit in beißender Schärfe glüht, und er bezeichnet die Häresien, die so verborgen Giftworte vorbringen, von denen eine tiefschwarze Flamme ausgeht und die Herzen der Gläubigen entfacht und sie im katholischen Glauben straucheln läßt.

29. Gott hat seine Barmherzigkeit gegen mich auch von da an, mein Bruder, verherrlicht, als du von mir neulich geschieden bist, und tat folgendes mit mir[58]: Es geschah am ersten Sonntag des feierlichen Fastens zur ersten Vesper, daß mich plötzlich wie gewöhnlich die Erstarrung des Körpers überfiel, und ich kam in die Entraffung des Geistes. Und ich schaute ein weißes Rad, das sich mit wundersamer Schnelligkeit in der Luft drehte, und auf seiner Höhe ein weißes Vögelchen, das sich mit großer Schwierigkeit davor bewahrte, vom Schwung des Rades herumgedreht zu werden. Und bisweilen freilich glitt es ein wenig von der Höhe nach unten und bemühte sich wieder, auf der Höhe zu sein, und strengte sich auf diese Weise lange an, abwechselnd hinabgleitend und wieder aufsteigend. Darauf sah ich einen hohen und sehr lieblichen Berg, und das Rad wurde über ihn hingetragen und drehte sich dort wieder wie zuvor, und das zu ihm gehörige Vögelchen verblieb in seiner Anstrengung. Ich war aber sehr verwundert, was dies bedeute, und erbat mit großem Verlangen vom Herrn das Verständnis der Vision. Und da ich ein wenig Verständnis erlangt hatte, kehrte ich von der Ekstase zurück und griff bald unvorbereitet zu folgenden Worten: Schmal und eng ist der Weg, der zum Leben führt[59]. Herr, wer wird ihn gehen? Und ich fuhr fort: Der, der sein Leben vor fleischlichen Gelüsten bewahrt und keinen Trug in seiner Sprache hat. Und ich fügte hinzu: Herr, was soll ich tun? Und wiederum strömten diese

---

[58] Der Text wiederholt mit minimalen Abweichungen wörtlich die Vision in I, 40.
[59] Mt 7, 14.

Worte zur Antwort in meinen Mund: Wenn du gehen willst, wie ich gegangen bin, achte meine Spuren und weiche nicht nach rechts oder links ab, sondern folge mir. So wirst du zum Ziel kommen, weil ich gesagt habe: Ich bin der Weg, die Wahrheit und das Leben. Wenn jemand durch mich eintritt, wird er gerettet werden, und die Weiden finden[60].

Danach fiel ich am Montag wieder in die Ekstase und sah die vorgenannte Vision wie zuvor, insofern aber ausführlicher, als ich auch eine auf dem Rad stehende Leiter erblickte, die von solcher Höhe war, daß ihre Spitze die Himmel zu durchdringen schien. Ihre Seitenpfosten schienen aus Stein und dreieckig zu sein, die Sprossen aber unterschieden sich voneinander durch ganz verschiedene und sehr schöne Färbung. Dies aber behielt ich im Gedächtnis, daß ihre erste weiß wie Schnee war, die zweite aber rötlich wie glühendes Eisen. Danach am nächsten Tag sah ich wiederum alles, was eben genannt wurde, und bei dem Rad die Gestalt eines Mannes stehen, dessen Haupt golden erschien, und seine Haare waren weißer und reiner Wolle ähnlich. Seine Augen waren sehr leuchtend und sehr schön, seine Brust und die Arme, die er wie ein Kreuz ausgestreckt hielt, hatten einen ganz reinen Glanz so wie höchst glänzendes Silber. Er hatte aber in seiner Rechten einen grünen und erfreulich anzusehenden Baumzweig, in seiner Linken aber ein leuchtendes Rad, geschmückt mit der Buntheit des Regenbogens. Sein Bauch schien ehern, die Oberschenkel aus Erz, die Unterschenkel aus Eisen, die Füße aber aus Erde[61]. Dies alles erschien mir oftmals zur Fastenzeit.

30. Es geschah aber am Sonntag, der nach dem Fest des seligen Gregor am nächsten lag[62], daß, als ich in der Ekstase war und die Visionen schaute, die ich üblicherweise an den Sonntagen schaue, ich jenen hervorragenden Lehrer in den Höhen erblickte, voller Ruhm und liebenswerter Helligkeit ähnlich der Glorie der heiligsten Bischöfe Martin und Nikolaus. Er hatte aber am Haupt, so wie ich das auch bei jenen gesehen hatte, ein verehrungswürdiges Diadem, so wie man sagt, daß es von den Päpsten getragen wird. Zur selben Stunde schaute ich auch die vorgenannte Vision, und ich brannte von großer Sehnsucht, da ich verstehen wollte, was ich schaute, vor allem, was jene Menschengestalt bedeute, denn vom Übrigen verstand ich einiges. Ich erbat also von jenem seligen Mann Gottes sehr demütig, daß er für mich beim Herrn das Verständnis der Vision, welches ich ersehnte, erreiche. Und er wandte sich mir zu und antwortete mir folgende Worte: Du vermagst nicht zu verstehen, was dies bedeutet, sondern sage es den Gelehrten, die die Schriften lesen, diese wissen es. Nun also, geliebtester Bruder, mache dir bitte diese Mühe, die göttlichen Schriften zu durchforschen, und versuche, aus ihnen die passende Auslegung dieser Vision zu finden. Dir ist dies nämlich vielleicht vom Herrn vorbehalten[63].

---

[60] Joh 14, 6; 10, 9.
[61] Deut 2, 32 f.; 7, 9; Offb 1, 14 ff.
[62] 15. März 1153.
[63] Vgl. Vis. III, 30.

31. Was ist das, meine Herrin, was du sagtest[64]? Den Gelehrten der Kirche
solltest du das verkünden und von ihnen die Deutung begehren, und nun
kommst du zu mir? Ich bin kein Gelehrter, kein Verwalter der Gottesgeheimnisse, sondern ein schüchterner Mensch von sehr geringem Verständnis und
zu gering, um die Gottesgeheimnisse zu verstehen. Ich habe zu wenig Öl in
meinem Krug, und wenn doch etwas da ist, so fürchte ich, es wird wohl nicht
für mich und dich reichen. Geh also lieber zu denen, die verkaufen, und kaufe dort für dich[65], zu denen, sage ich, die von der Frucht geistlichen Getreides, Weins und Öls gewachsen sind und in der Kirche rufen: Die ihr kein Geld
habt, kommt, kauft und eßt! Aber um deine Liebe nicht zu verletzen, will ich
versuchen, wozu du mahnst, nicht freilich in Kühnheit aus Vorwitz, sondern
aus Liebe, welche die Furcht hinauswirft. Du aber bete inzwischen zu dem,
der die Zungen von Kindern gelehrt macht, daß er meinen Mund mit Segen
erfülle. Und zuerst freilich möchte ich das Rätsel des Rades und des Vögelchens und der Leiter eingehender erörtern, wobei ich das Interpretationsprinzip von dir habe. Und wenn etwas für dein Verständnis fehlt, werde ich mich
bemühen, es zu ergänzen. Dann will ich anfügen, was du fordertest, gemäß
dem, was der Herr eingeben wird.

Ich glaube, du denkst recht darüber, wenn du sagst, der Weg, der zum Leben führt, sei wohl mit dem drehenden Rad ausgedrückt. Was ist denn diese
Welt anderes als ein sich drehendes Rad[66]? Betrachte im einzelnen, was der
Welt angehört, und du wirst nichts finden, was nicht dem Wandel verfallen
wäre, der die unterworfenen Dinge mit einer Umdrehung von einem Zustand
in einen anderen hinabwirbelt, sie bald mit manchem Fortschritt zu Besserem erhebend, bald aber wegen verschiedener Mängel zu Schlimmerem herabdrückend? In diesem Zustand der Flüchtigkeit aber wandeln die Guten und
die Bösen wie auf einem Rad, doch in unterschiedlicher Weise. Die Guten
nämlich steigen hinan, wie dem Rad entgegengehend, wobei sie nicht zeitliche Güter mit Begehren verfolgen, sondern ihre Gesinnung der Begehrlichkeit nach solchen entgegenstellen und sich bemühen, über ihnen zu stehen,
indem sie sie mit Verachtung niedertreten. Daher können sie auch dem wei
ßen Vögelchen verglichen werden, das gegen das Rad hinansteigt. Dies vermögen nämlich nur die zu tun, die sowohl weiß sind aus Unschuld und befiedert mit den verschiedenen Tugenden. Doch auch sie werden bisweilen
ähnlich wie das vorgenannte Vögelchen vom Schwung des Rades ein wenig
hinabgetragen, steigen aber wiederum durch die Gnade Gottes in die Höhe,
wie geschrieben steht: Sieben Mal fällt der Gerechte und steht wieder auf[67].
Die Bösen aber gehen dagegen, weil sie mit ganzem Sinnen das umarmen, was
der Welt angehört, notwendigerweise im Kreise; sie sind wie Samson geartet,
der aus Liebe zu einer Hure geblendet und zum Mühlendienst geschickt wur-

---

[64] Dieses Kapitel enthält die Antwort Egberts an Elisabeth.
[65] Mt 25, 9.
[66] Egbert spielt hier auf das Rad der Göttin Fortuna an, wie man es nicht nur aus der Trostschrift
des Boethius kannte, sondern auch in der romanischen Buchmalerei und als Bauplastik an Kirchen sehen konnte, z.B. an den Kathedralen von Basel, Trient und Verona.
[67] Spr 24, 16.

de[68]. Diese fallen unter jenen Fluch. Mein Gott, stelle sie dem Rad gleich! Wird
denn nicht der dem Rad gleichgestellt, der, wenn er irgend einen Teil des Rades, d.h. dieser Welt, mit ungezügelter Begierde ergreift, bald von ihr aus dem
Stand der Gerechtigkeit gezogen, zum Stolz erhoben und zu vielen unnützen
und verkehrten Wünschen herumgetrieben wird? Doch am Ende wird er in
die Tiefe des Verderbens hinabgewälzt und mit dieser Welt verdammt. Daher
ist es nötig, wenn wir nicht mit diesem Rad herumgedreht und in den Untergang gedrückt werden wollen, daß wir, nach Art des Vögelchens gegen das
Rad hinansteigend, es nur sehr flüchtig berühren, indem wir die vergänglichen Dinge mit höchster Zurückhaltung gebrauchen. Und die Flügel der Tugenden sollen wir in dauernder Bewegung ausgespannt haben, wobei wir uns
beständig um ihre Übung bemühen sollen. Weil aber dieser Aufstieg der Gerechten äußerst schwierig ist und über ihn notwendigerweise jene eintreten
müssen, die zum Reich Gottes streben, hast du zurecht gesagt, als du ihn im
Geiste schautest: Schmal und eng ist der Weg, der zum Reich führt[69]. Wirklich schmal insofern, als er die ihn Betretenden mit vieler Mühe bedrängt.
Wirklich eng insofern, als er nur wenige zuläßt. Dagegen wird aber der Weg,
der hinabführt, aus dem entgegengesetzten Grund breit und geräumig genannt. Was bedeutete es aber, daß das Rad, das du gesehen, weiß erschien,
wenn nicht, daß diese Welt, der wir es vergleichen, schön und erstrebenswert
erscheint und umso schwerer von den Gerechten verschmäht und überwunden wird? Daher wird sie auch in der Apokalypse einer strahlenden Frau verglichen, die einen Goldbecher in ihrer Hand hält. Was aber das Geheimnis
der Leiter ist, die du über dem Rad geschaut hast, möchte ich nach dem erörtern, was du mich gelehrt hast, wobei ich nur wenig nach meinem Verständnis hinzufüge. Unter den zwei steinernen Seitenpfosten der Leiter können,
wie du sagst, nicht unpassend die zwei Personen des Vaters und des Sohnes
verstanden werden, deren Festigkeit von unlöslichem Stoff oft in den Schriften mit dem Ausdruck Stein bezeichnet wird, wie in den Worten des Herrn,
der spricht: Jeder, der diese meine Worte hört und dies tut, den werde ich einem weisen Mann vergleichen, der tief gräbt und die Fundamente auf Stein
setzte[70]. Und im Psalm: Der Stein ist die Zuflucht für die Igel[71]. Und an anderer Stelle: Den Stein, den die Bauleute verwarfen...[72] usw. Und bei Zacha-
rias: Sieben Augen über einem Stein[73]. Daß aber die Form an beiden Pfosten
dreieckig erschien, das bedeutet gewiß, daß, wiewohl durch die Differenzen
der persönlichen Proprietäten die Person des Vaters und die Person des Sohnes und jede der beiden von der Person des Heiligen Geistes voneinander unterschieden werden sollen, sie doch in solcher Vereinigung zusammenkom-
men, daß dasselbe, was zur Natur des einen gehört, überhaupt allen

---

[68] Vgl. Richter 16, 4 ff.
[69] Mt 7, 14.
[70] Lk 6, 47 f.
[71] Ps 103, 18.
[72] Mk 12, 10.
[73] Zach 4, 10.

gemeinsam ist[74]. Obschon es nämlich nur dem Vater eigen ist, Schöpfer zu sein und nur dem Sohn, Geschöpf zu sein, und nur dem Heiligen Geist, von beiden auszugehen, so hat der Vater doch das, daß er allmächtiger Gott ist, weise, gut, ewig, unendlich und was noch Ähnliches ohne Gleichbedeutung der Person gesagt werden kann. Dies hat er, sage ich, gemeinsam mit dem Sohn und dem Heiligen Geist, und so auch der Sohn mit dem Vater und dem Heiligen Geist. Denn sowohl ist der Vater mit dem Sohn und dem Heiligen Geist eine göttliche Substanz, als auch der Sohn mit dem Vater und dem Heiligen Geist. Den mittleren Anstieg hast du auch treffend mit dem Heiligen Geist verglichen, der die Liebe des Vaters und des Sohnes ist und wie eine Verbindung in der Mitte durch die sie sich untrennbar umarmen. Dieser, vom Vater und Sohn gesendet, steigt auch durch verschiedene Charismen von oben zu uns herab und ermöglicht uns den Aufstieg zum Himmlischen. Daher wird auch im Buch der Weisheit der Geist Gottes ein vielfältiger genannt: Diese Vielfalt seiner Gaben ist mit der Unterschiedlichkeit der Sprossen an der Leiter symbolisiert. Und die erste Sprosse erschien also weiß, da den Glauben bezeichnend, der das Fundament aller Tugenden ist; und das Weiß der Unschuld bewirkt die Abwaschung in der Taufe. Daher sagt auch Petrus: Der Glaube, der ihre Herzen reinigt[75]. Da ja aber ein Glaube ohne Werke tot ist, ist es aber nötig, daß die Werke des Glaubens aus der Liebe hervorgehen. Treffend erschien nach der Sprosse des Glaubens die feurige Sprosse, bezeichnend die Glut der Liebe, zu welcher der wahre Glaube die hinleitet, die bis zu ihm aufgestiegen sind. Richtig aber erschien jener vielfältige Aufstieg von diesen zwei Sprossen zu beginnen, da man ja ohne Glaube und Liebe zu keiner Tugend hinansteigt, sondern erst wenn diese überschritten und sozusagen als Fundament gelegt wurden, gibt es jenen seligen Fortschritt von einer Tugend zur nächsten, bis der Gott der Götter in Zion geschaut wird. Gut angeordnet schautest du auch das Rad über dieser Leiter, da ja über sie hinaufzusteigen niemandem gelingt, es sei denn, er habe die Unbeständigkeit dieser Welt in seiner Gesinnung überwunden.

Es bleibt nun noch, daß ich auch die Auslegung voranbringe, bezüglich derer du vor allem gebeten hast. Mir scheint nach dem, was ich aus den Schriften ableiten kann, jene Gestalt des Mannes, die du geschaut hast, die Figur Christi und der Kirche zu haben, deren Haupt er selbst genannt wird, sie aber sein Leib. Das goldene Haupt ist die Gottheit Christi gemäß jenem Ausspruch des Apostels: Das Haupt Christi ist Gott[76]. Darüber sagt auch die im Hohenlied[77] sprechende Braut: Sein Haupt ist bestes Gold. Die weißer Wolle ähnlichen und reinen Haare des Hauptes beziehen sich gewiß auf die Engel, die von Anbeginn ihrer Existenz an in ihrer reinsten Unschuld verbleibend[78], der höchsten Gottheit in unermüdlicher Betrachtung anhingen und ihr wie ih-

---

[74] Egbert formuliert hier Trinitätstheologie in der Fachsprache der Scholastik.
[75] Apg 15, 9.
[76] 1Kor 11, 3.
[77] 5, 11.
[78] Ich lese „permanentes".

rem Haupte die Wurzeln unaufhörlicher Liebe einsetzten. Wie weiße Haare sind die fleckenlosen Gedanken der göttlichen Weisheit, über die durch den Propheten gesagt wird: Nicht sind nämlich meine Gedanken eure Gedanken[79], spricht der Herr. Die Gedanken Gottes aber werden seine höchst richtigen Anordnungen genannt, mit denen er alles in höchster Ruhe anordnet. Was aber sind jene schönen und leuchtenden Augen anderes als Barmherzigkeit und Wahrheit, die vor seinem Angesicht schreiten und alle seine Werke durchlaufen gemäß jenem Wort: Alle Wege des Herrn sind Barmherzigkeit und Wahrheit[80]? Darauf bezieht sich auch jenes: Die Augen des Herrn betrachten Gute und Böse[81]. Aber von ihnen scheint er bald das eine, bald das andere, bald beide bei jenen zu schließen: Das Auge der Barmherzigkeit scheint er über den Verworfenen zu schließen, wenn er sie zu den ewigen Strafen verurteilt. Dabei erscheint nämlich mehr die Wahrheit, d.h. die Gerechtigkeit, als das Erbarmen. Man muß aber wissen, daß er sogar bei der Verdammung der Ruchlosen der Barmherzigkeit nicht vergißt, weil er sie nicht so schwer bestraft, wie sie es verdient haben – wie anders würde sein Erbarmen über allen seinen Werken sein? Ebenso scheint er das Auge der Wahrheit, d.h. der Gerechtigkeit, über dieselben zu schließen wenn er ihnen im Zeitlichen gestattet, über alles zu prosperieren, und sich so ihrer zeitweise erbarmt. Aber ein solches Erbarmen ist mehr Rücksicht des Zornes von oben herab, da sie ja verdient haben, daß Gott nach seinem gerechten Urteil erlaube, sie würden davon[82] geblendet. Daher spricht er durch Jesaja: Erbarmten wir uns des Ruchlosen, wird er auch nicht lernen, gerecht zu handeln. In den Landen der Heiligen trieb er Böses, und die Glorie Gottes wird er nicht sehen[83]. Ebenso scheint er sowohl das Auge der Gerechtigkeit als auch das Auge des Erbarmens über die Gerechten zu schließen, wenn er bisweilen wie erzürnt erlaubt, daß jene, die wenig oder nichts Übles verdient zu haben scheinen, von viel Unheil betroffen werden. Aber wenn wir das recht verstehen, erweist er ihnen sowohl gerade darin Erbarmen als er auch Gerechtigkeit übt. Barmherzigkeit erweist er der Seele, die er durch Widrigkeiten mit der Tugend der Geduld und Demut und den übrigen Tugenden reich macht, und die süßesten Tröstungen haucht er ihr ein. Gerechtigkeit aber übt er in der Kasteiung der Fleischlichkeit. Gerecht ist es nämlich, sie heimzusuchen, die die Feindin des Bildes Gottes ist, d. h. der vernünftigen Seele, die sie stets mit Sündenschmutz bekämpft, beschwert, bedrückt und von ihrem Schöpfer wegzuwenden sucht. Wenn also jener wohlwollende Vater seine Söhne bestraft, wobei er Milde mit der Barmherzigkeit mischt, mit der er die Seele über die Bitternis der Gerechtigkeit tröstet, mit der er die Unbotmäßigkeit der Fleischlichkeit verfolgt wie mit einem Honigessig [d. h. eine Mischung aus Honig und Essig], scheint er sie zu tränken, damit der Sündenschleim, wenn er in der Seele ist, vernichtet

---

[79] Is 55, 8.
[80] Ps 24, 10.
[81] Spr 15, 3.
[82] Von den zeitlichen Gewinnen.
[83] Is 26, 10.

werde, oder, wenn er es nicht ist, nicht entstehen kann. Auch auf andere Weisen könnte ich das Erbarmen und die Gerechtigkeit Gottes bei der Kasteiung
der Gerechten demonstrieren, wenn dies nicht eine allzu weite Abschweifung
von der vorgenommenen Aufgabe wäre. Weswegen ich aber diese Weise wählte, meine Schwester, weißt du, die du mir die Ursache für diese ganze Abschweifung warst.

Nun müssen wir zu unserem Vorsatz zurückkehren! Die Brust, Arme und
Hände des Menschen, den du schautest, hatten einen vollständig reinen Glanz,
worin meiner Meinung nach die vollkommene Reinheit unseres Erlösers zu
verstehen ist, kraft derer er unschuldig war, was die Hände betrifft und von
reinem Herzen – als einziger unter den Menschen frei von jedem Makel der
Unreinheit. Darin aber, daß sie eine Ähnlichkeit mit Silber hatten, erkennen
wir die überfließenden, vom heiligen Quell der Gottheit seiner Brust einge-
gossenen und von dort in alle seine Werke einströmenden Reichtümer an
Weisheit und Wissen gemäß dem Apostelwort: In ihm sind alle Schätze der
Weisheit und des Wissens verborgen[84]. Daß man ihn nun aber in seiner Rechten einen grünenden Baumzweig halten sah, in der Linken aber ein leuchtendes, mit der Buntheit des Regenbogens geschmücktes Rad, kann gewiß mit
dieser Schriftstelle verbunden werden, die über die Weisheit Gottes spricht
und sagt: Die Länge des Lebens ist in seiner Rechten, in der Linken aber
Reichtümer und Ruhm[85]. Die Rechte Gottes wird himmlische Seligkeit genannt, worin die Länge des Lebens, d.h. das ewige Leben für die Erwählten,
verwahrt wird. Was aber ist das ewige Leben, wenn nicht der, der über sich
selbst spricht, wenn er sagt: Ich bin der Weg, die Wahrheit und das Leben[86]?
Er ist wirklich das Leben der Lebenden und der Lebensbaum für die, die ihn
ergriffen. So wie nämlich der Lebensbaum, der im Paradies stand, geeignet
war, sowohl durch seine Frucht das Menschenleben auf ewig vor dem Tode
zu bewahren, als auch mit seinen Blättern vor der äußeren Hitze zu schüt-
zen, so erquickt auch Christus jene, die sich von seiner Wonne nähren, im
Himmel mit solcher Sättigung, daß sie auf ewig leben, und beschattet sie so,
daß sie weder an Leib noch Seele je von irgendeiner beschwerlichen Hitze ermüdet werden. Diese Erquickung und dieser Schutz wird in der Apokalypse[87] von der Stimme des Engels verkündet, der spricht: Der auf dem Thron
sitzt, wohnt über ihnen. Sie werden nicht weiter hungern noch dürsten, noch
fällt auf sie die Sonne noch irgend eine Hitze. Daher rühmt sich auch die zur
Freude ihres Herrn eingeführte Braut, wenn sie sagt: Ich saß unter dem Schatten dessen, den ich ersehnte, und seine Frucht war meiner Kehle süß[88]. Daß
man denselben aber bei dem sich auf dem Rad mühenden Vögelchen einen
Zweig ausstrecken sah, scheint so zu verstehen zu sein, als ob er der gegen die
Welt streitenden Seele sagte: Laß nicht nach im Kampfe! Betrachte den un-

---

[84] Kol 2, 3.
[85] Spr 3, 16.
[86] Joh 14, 6.
[87] 7, 15 f.
[88] Hld 2, 3.

vergänglichen Preis deiner Mühe: siehe, die Freuden in meiner Rechten bis
ans Ende! Wer siegen wird, dem werde ich vom Lebensbaum zu essen geben,
der im Paradies meines Gottes steht, und er wird unter dem Schutz Gottes
im Himmel weilen.

Nun ist darauf aufzumerken, was das Rad sei, das er in der Linken hielt.
Die Linke Gottes wird dieses zeitliche Leben genannt, das wir vom Herrn er-
hielten. Darin stellte er für uns ein leuchtendes Rad auf, nämlich die Lehre
der Heiligen Schrift, die er sowohl durch sich selbst als auch durch die Seinen veröffentlichte, um die in den Finsternissen des Irrtums und der Unwissenheit befangene Welt zu erleuchten. Darüber steht geschrieben: Die leuchtende Vorschrift des Herrn, die die Augen erhellt[89]. Was aber sind die bunten
Farben, die einem Regenbogen ähnlich an dem Rad erschienen, wenn nicht
die vom Heiland der Kirche gesammelten und den Schriften der Wahrheit ein-
gravierten Wohltaten vielfältiger Gnade? Dies freilich sind die Reichtümer
und der Ruhm, die, wie gesagt, in der Linken der Weisheit, d.h. des Gottessohnes, liegen. Wie der Apostel sagt, wurde er unseretwegen bedürftig, obwohl er reich war, damit wir durch seine Armut reich wären und, wie er anderswo sagt, daß er die für ihn glorreiche Kirche zeige, die keinen Fleck und
keine Runzel hat. Das nun vollbrachte er, indem er sie in der Taufe mit Wasser im Wort des Lebens reinigte und ihr wie seiner Braut an die Ohren das
Geschmeide des Gehorsams und der Keuschheit hängte, den Ring des Glaubens, die Armspangen der guten Tat, die Kniespangen der Disziplin und die
kostbaren Gewandungen verschiedener Tugenden. Dies und Ähnliches, was
der Welt durch den Ratschluß des fleischgewordenen Wortes dargebracht
wurde, was ist es, wenn nicht die Reichtümer der Kirche in der Linken der
Weisheit? Was aber ist ihr Ruhm in derselben Linken, wenn nicht das kostbare und unschuldige Blut ihres Heilands, das er für sie vergossen hat, um sie
mit Gott dem Vater zu versöhnen und sie im Himmel an seiner Seite sitzen
zu lassen? Mit diesem [Blut] bekleidete dieser starke Eiferer wie mit einem
Purpurkleid seine Geliebte und bedeckte alle ihre Sünden. Daher ruft sie nicht
ohne Grund mit einer Freudenstimme und spricht: Fern sei es mir aber, mich
zu rühmen, außer im Kreuze unseres Herrn Jesus Christus[90].

Dies braucht nicht als etwas Neues zu erscheinen, daß wir die Heilige
Schrift einem Rad verglichen haben, da jenes vierfältige Rad, das, wie bei Ezechiel berichtet[91], bei den vier Tieren erschienen ist, von den Vätern der Lehre des Evangeliums verglichen zu werden pflegt. Und zwar aus folgendem
Grunde: Wie nämlich das, was rund ist, kein Eck hat, durch das sein Lauf behindert würde, so hat die allenthalben rund geschnittene und mit sich über-
einstimmende heilige Lehre nirgendwo das Hindernis einer Lüge, durch das
sie verlangsamt würde, während sie zum Verständnis ihrer Zuhörer heranzu-
rollen ist. Und daher läuft das Gotteswort rasch, wie der Psalmist[92] sagt. Und

---

[89] Ps 18, 9.
[90] Gal 6, 14.
[91] 1, 15.
[92] 147, 15.

so, wie sich ein Rad um einen unbeweglichen Punkt dreht, so kreist die ganze heilige Lehre um Gott, dessen Natur unbeweglich und gänzlich unverän-
derlich ist. Und die Lehre berührt nun in der Weise eines Rades mit einem ihrer Teile irgendwie die Erde, während sie die Einfältigen durch die Geschichte
belehrt. In dem Teil aber, mit dem sie die Sitten lehrt, hebt sie sich nach und
nach von der Erde ab. Noch höher erhebt sie sich, wo sie die zeitlichen Sakramente Christi und der Kirche allegorisch bedeutet, wie hier: Es wird ein
Reis aus der Wurzel Jesse entsprießen, und eine Blüte aus seiner Wurzel aufsteigen[93]. Und da: Die Königin von Saba kam aus dem Reich Äthiopien, die
Weisheit Salomos zu hören[94]. Dem Höchsten aber nähert sie sich an, wo sie
uns an unsere ewige Seligkeit mahnt, wie hier: Selig die Reinen im Herzen,
denn sie werden Gott schauen[95]. Beim Höchsten ist sie, wo sie von der Glorie und Seligkeit der Engel spricht, wie hier: Ihre Engel schauen stets das Antlitz meines Vaters, der in den Himmeln ist[96]. Im Höchsten ist sie, wo es vom
göttlichen Wesen selbst erhaben tönt, wie hier: Am Anfang war das Wort, und
das Wort war bei Gott, und Gott war das Wort[97]. Sie neigt sich wiederum von
ihrer Höhe, wenn sie sich nach der Erhabenheit der Weisheit, von der sie unter den Vollkommenen spricht, dem Verständnis der Schwachen anpaßt.

Wir können auch unter demselben Rad der Linken diese Welt verstehen,
die schon einmal durch das Wassergericht zerstört wurde und noch durch das
Feuergericht verbrannt werden soll. Diese beiden Gerichte werden durch das
Bild des Regenbogens, der im Rad war, bedeutet. Es hat nämlich ein Regenbogen zwei vor allem bemerkenswerte Farben, das dem Wasser ähnliche Blau
und das dem Feuer ähnliche Rot. Daher setzte der Herr nach der Sintflut einen solchen Bogen in den Himmel, um anzuzeigen, daß nach dem Wasserur-
teil das Feuerurteil über die Welt kommen werde. Es kann auch durch den
grünen Zweig, den er in der Rechten hielt, der Sieg bezeichnet sein, mit dem
Christus die Welt besiegte. Denn auch die Alten pflegten, wenn sie vom Streit
zurückkehrten, zum Zeichen des Sieges und des Friedens einen blühenden
Ölzweig in der Rechten zu tragen. Es scheint also Christus zur Tröstung der
Seinen, die sich im Rad dieser Welt mühen, täglich in der Kirche den Ölzweig
und das Rad auszustrecken, wenn er durch das Evangelium zu ihnen ruft und
spricht: In der Welt werdet ihr Drangsal haben, aber vertraut, ich habe die
Welt besiegt[98]!

Nun wollen wir uns auch mit den übrigen Teilen der Vision beschäftigen.
Unter der goldenen Brust erschien, wie du sagst, ein eherner Bauch, worun-
ter wir die Sammlung der Christus anhangenden Völker verstehen können,
d.h. die Kirche. Über sie [sagt] der Herr durch den Propheten: Mein Bauch
schmerzt, mein Bauch schmerzt[99]. Es schmerz den Herrn aber der Bauch, so

---

[93] Is 11, 1.
[94] 3Kön 10, 1 ff.
[95] Mt 5, 7.
[96] Mt 18, 10.
[97] Joh 1, 1.
[98] Joh 16, 33.
[99] Jer 4, 19.

lange die, welche er, wie er durch Jesaja[100] sagt, in seinem Inneren trägt, d.h.
im Schoße der Kirche, sich streiten, einander beißen und von einander verschlungen werden. Nicht unpassend wird die Kirche mit dem Wort Bauch
benannt, denn es gibt nämlich im Bauch durcheinander manche unfeste und
flüssige Organe wie die Eingeweide und dergleichen, sowie andere vorneh-
me Hauptorgane, wie das Herz und die Leber. Das eine von denen, d.h. das
Herz, wird Behältnis des Lebensgeistes genannt, der sich von ihm zu sämtlichen Gliedern ausbreitet; das andere aber, d.h. die Leber, Quell und Ursprung
des Blutes, das ebenso von da aus allen Gliedern dient. So sind auch im Schoß
der Kirche mit denen, die ein nachlässiges Leben führen, d.h. den Fleischlichen, die Männer der Tugenden vermischt. Diese sind das vornehmliche Gefäß der vielfältigen Gottesgnade, die durch ihre Leitung, Lehren, Beispiele,
Verdienste und Predigten zu sämtlichen Gliedern der Kirche Gottes verteilt
werden, sie zu beleben und zu stärken. Und wenn es geschieht, daß solche
[Männer] bei irgendeiner Gelegenheit aus dem Stand ihrer Stärke krank werden, dann schwankt die Gesundheit der ganzen Kirche. Daher fügte der Herr,
als er durch Jeremias sprach: Mein Bauch schmerzt, sogleich zusätzlich sozusagen als Grund an: Die Empfindungen meines Herzens sind verwirrt. Und
Jeremias wiederum sagt anstelle der Kirche klagend: Umgedreht ist in mir
mein Herz[101], d.h. vom Himmlischen zum Irdischen gekehrt. Und wenig später: Umgedreht sind meine Eingeweide, auf die Erde ausgegossen ist meine
Leber[102]. Wahrlich nötig ist es nämlich, daß die Eingeweide der Kirche umgedreht werden, d. h. ihre kranken Glieder, wenn die Leber, d.h. diejenigen,
durch die sie das Blut Christi oder die ganzen anderen geistlichen Nahrungen
aufnehmen sollten, sich auf irdische Süchte ergießen. Zu Recht aber schien
der Bauch hier die Ähnlichkeit von Erz zu besitzen, da ja den Ton dieses Me-
talles die Kirche nachahmt, die den ganzen Tag und die ganze Nacht über nicht
schweigt, den Namen des Herrn zu loben und seinen Ruhm zu verkünden,
so daß ihr Klang in die ganze Welt hinausgeht. Auch wird dieses Metall, je
stärker man es reibt, desto glänzender und dem Gold ähnlicher gemacht. So
glänzt auch die Kirche, je mehr sie durch Verfolgungen bedrängt wird, desto
mehr durch Tugenden und schreitet so vorwärts zur Gottähnlichkeit. Gut
leuchtete auch der Glanz des Silbers über dem ehernen Bauch, da ja die Kirche Gottes nichts anderes lehren oder tun soll, als was sie in der Weisheit ihres Erlösers betrachtet, die über ihr ist. Eben dasselbe symbolisierten auch die
ehernen Säulen, die silberne Kapitelle hatten, im Vorhof des Tabernakels des
Herrn, das sich in der Wüste befand[103]. Unter den Schenkeln aber, die aus
Stahl und Eisen waren, kann das doppelte Fundament der Kirche verstanden
werden. Darüber sagt der Apostel, als er an die Epheser schrieb: Aufgebaut
auf dem Fundament der Apostel und Propheten[104]. Durch deren Lehren wird

---

[100] 46, 3.
[101] Klgl 1, 20.
[102] Klgl 2, 11.
[103] Vgl. Ex 27, 9 f.
[104] Eph 2, 20.

nämlich das Gesamtgebäude der Kirche gehalten. Und dem Stahl vergleichen
wir freilich die Propheten wegen der unbeugsamen Härte ihrer Beständigkeit, mit der sie den Hämmern des Teufels fest Widerstand leisteten, als sie
sowohl vom eigenen Volk als auch von fremden Tyrannen viele Widrigkeiten
höchst standhaft ertrugen. Daher wird dieselbe Beständigkeit [der Prophe-
ten] in den Schriften auch den härtesten Steinen verglichen, wie in den Worten des Herrn an Ezechiel: Wie Diamant und Flintstein habe ich dir ein Antlitz gegeben[105]. Und Jesaja über sich selbst: Ich hielt mein Antlitz wie den
härtesten Stein[106]. Ebenso macht der durch lange Arbeit polierte Stahl den
Glanz des Silbers nach und wird für den Hineinblickenden wie ein Spiegel.
Man findet auch, daß die Lehre der Propheten, die wie dunkles Wasser in Wolken der Luft ist, der Lehre Christi, die im Feuer erprobtes Silber ist, sehr äh-
nelt, wenn man mit eifriger Sorgfalt nachforscht. Und sie ist auch wie ein Spiegel des Lebens des Menschen, der aufmerksam in sie hineinblickt. Über sie
sagt Jakobus: Ihr habt das Prophetenwort; ihr tut gut daran, darauf zu achten, wie auf eine an dunklem Ort leuchtende Laterne[107]. Dem Eisen der
Schienbeine vergleichen wir die Apostel, die einerseits selbst nicht nur hart
und tapfer gegen ihre Verfolger blieben, sondern deren sich Christus auch wie
eiserner Hämmer bediente, um die harten Herzen der Ungläubigen über die
ganze Welt hin zu zähmen. Und so wie Eisen mehr als Stahl von den Schmie-
den gebraucht wird, so hat Christus sich bei der Erbauung der Kirche mehr
der Stärke der Apostel bedient als der Propheten, da diese allein in Judäa das
Wort Gottes verkündeten, jene aber in die ganze Welt hinausgingen und jedem Geschöpf predigten. Treffend erschien aber über dem Eisen der Stahl, da
ja, wie Eisen stumpf ist, wenn es etwas Hartes schneiden soll, es sei denn, es
wird mit Stahl überzogen, so die Predigt der Apostel erfolglos gewesen wäre, die harten Herzen der Ungläubigen zu zerschneiden, wenn sie nicht durch
die Zeugnisse der vorhergehenden Propheten verstärkt und irgendwie ge-
schärft worden wäre. Daher [sprach] der Herr zu den Jüngern: Darin ist das
Wort wahr, daß es ein anderer ist, der säht, und ein anderer, der erntet. Andere haben gearbeitet, und ihr seid in ihre Arbeit eingetreten[108]. Und wem
werden wir nun jene Füße aus Erde vergleichen? Wir können, wie unter dem
goldenen Haupt die Gottheit, so auch unter jenen Füßen die Menschennatur
des Heilands verstehen, die aus den beiden Substanzen Seele und Leib besteht. Sie nahm jener Riese an, um den Weg unseres Elends zu durchlaufen,
da er in der Höhe seiner Gottheit nicht die Erde zu berühren und mit den
Menschen umzugehen vermochte. Das soll auch nicht absurd erscheinen, daß,
obschon die Menschheit mit der Gottheit äußerst eng verbunden ist, wir sagen, diese werde also mit den Füßen, jene aber mit dem Haupt symbolisiert:
Zwischen diesen Teilen besteht ein äußerst großer Abstand, weil, wenn sie
auch nicht örtlich von einander entfernt sind, doch diese von jener durch die

---

[105] Ez 3, 9.
[106] Is 50, 7.
[107] 2Pet 1, 19.
[108] Joh 4, 37 f.

Schwäche der Natur entfernt ist wie der Sonnenuntergang vom Aufgang, und
unendlich weiter; auch ist sie geringer. Man findet auch, daß in den Schriften
mit dem Ausdruck Füße bisweilen die Menschheit Christi bezeichnet wird,
wie hier: Alles hast du seinen Füßen unterworfen[109], und beim Apostel: Jenem aber geziemt es zu herrschen, bis er alle Feinde unter seine Füße legt[110],
d.h. bis dahin muß er seine Herrschaft dartun, bis alle seine Feinde erkennen,
auch seiner Menschheit unterlegen zu sein, die sie an ihm verachteten und als
des Lebens unwert beurteilten. Das wird sein, wenn sie den mit großer Macht
und Majestät kommen sehen, den sie angenagelt haben. Derselben Menschheit Christi bedient sich auch die Kirche wie anstelle von Füßen. Wie nämlich das ganze Gefüge des menschlichen Körpers vom Dienst der Füße getragen und von einem Ort zum nächsten gebracht wird, so stützt sich auch der
gesamte Leib der Kirche auf die Menschheit des Heilands wie auf das doppelte Fundament seines Glaubens und Wirkens, weil wir alle aus der Vollkommenheit seiner Gnade empfangen haben, was wir glauben oder tun sollen. Durch diese wurden wir auch erlöst, und sie ist wie ein Gefährt für uns
gemacht worden, mit dem wir zur Heimat zurückgebracht werden. Daher
wird auch die Schulter Gottes Weisheit genannt, auf die er das verlorene und
gefundene Lamm mit Freude legte und es zu den neunundneunzig zurück-
trug, die er in den Bergen zurückgelassen hatte[111]. Und das Eisen erschien den
Füßen zunächst, weil auch die Apostel, die unter dem Eisen verstanden werden, ganz nahe an seinem Bild gepflanzt wurden, da sie das fleischgeworde-
ne Wort aus nächster Nähe betrachteten: Sie aßen und tranken mit ihm und
mit ihren Händen berührten sie ihn selbst. Aber was besagt es, daß die Schienbeine, die Schenkel und der Bauch, die wir alle auf die Kirche beziehen, als
festen und harten Metallen ähnlich zu sehen waren, nur die Füße dagegen,
die, wie gesagt, zur Menschheit Christi gehören, zerbrechlich erschienen? Damit wird sicherlich symbolisiert, daß jede Tugend und Stärke der Kirche ihren Ursprung wie von einer Wurzel von der Schwäche des Heilands nahm,
durch die er im Fleische geschwächt wurde. Was an Gott schwach ist, ist stärker als die Menschen[112]. Das wurde gut an den Ureltern gezeigt, als die Kraft
aus den Gebeinen Adams entzogen wurde, damit Eva entstehe: Und daher
sollte die Frau gestärkt werden, von wo der Mann geschwächt wurde.

---

[109] Ps 8, 8.
[110] 1Kor 15, 25.
[111] Vgl. Mt 18, 12 f.
[112] 1Kor 1, 25. Bei Roth 87 steht „fortior", statt „fortius" wie in der *Vulgata* (Überlieferungs-
bzw. Druckfehler oder absichtlich auf das Maskulinum bezogen?).

Buch der Wege zu Gott

Dies ist das Buch der Wege zu Gott, das vom Engel des allerhöchsten Gottes Elisabeth, der Magd Christi und des lebenden Gottes, verkündet wurde im fünften Jahr ihrer Heimsuchung, in dem sie der Geist des Herrn zum Heil aller besuchte, die die väterlichen Ermahnungen Gottes mit gnadenreichem Segen vernehmen. Und das geschah im Jahre der Fleischwerdung des Herrn 1156.

1. Es geschah am Beginn des fünften Jahres meiner Heimsuchung, als sich schon der Pfingstfesttag näherte: Ich, Elisabeth, schaute in der Vision meines Geistes einen hohen Berg, dessen Gipfel von einer Lichtflut erhellt war, und etwas wie drei Wege, die von seinem Fuß bis zu seiner Spitze führten. Davon hatte der eine, der mir in der Mitte genau gegenüberlag, das Aussehen eines wie Hyazinthstein heiteren Himmels, der mir aber zur Rechten lag, erschien grün, und der zur Linken purpurfarben. Es stand aber auf dem Gipfel des Berges, dem mittleren Weg zugewandt, ein ansehnlicher Mann, bekleidet mit einer hyazinthfarbenen Tunika und an den Hüften mit einem weißen Gürtel gegürtet. Sein Antlitz war leuchtend wie die Sonne, die Augen aber strahlten so wie Sterne und sein Haar wie weißeste Wolle. Er hatte aber im Munde ein beidseitig geschärftes Schwert und in der rechten Hand einen Schlüssel, in der linken aber etwas wie ein königliches Szepter[1].

2. Wiederum schaute ich in einer anderen Vision am Pfingstfest[2] am Fuß desselben Berges links von dem vorgenannten Mann bei den Wegen der vorigen Vision drei weitere Wege, die sich folgendermaßen unterschieden: Einer von ihnen, der dem grünen Weg am nächsten erschien, war wohl lieblich, aber allenthalben von ganz dichtem Gestrüpp so umgeben und verdeckt, daß die auf ihm Wandelnden notwendiger Weise davon gestochen werden mußten, wenn sie nicht eng zusammen und gebeugt einhergingen. Es erschien auch ein schöner, schmaler Pfad, der nichts von Gestrüpp hatte und nur wenig ausgetreten war, doch an beiden Seiten wurde er reichlich von hübschen Gräsern und verschiedenartigen Blumen umgeben. In der Mitte zwischen diesen beiden gab es einen Weg, der eine größere Breite aufwies als die übrigen, eben und wie mit einem Pflaster von roten Ziegelsteinen. Als ich ihn genauer betrachtete, sagte der Engel des Herrn, der bei mir stand: Du siehst diesen Weg an, und er scheint dir schön und bequem, um darauf zu gehen, aber er ist gefahrvoll, und leicht fallen jene, die ihn beschreiten.

3. Wiederum an der Pfingstoktav, zur Zeit der Mittagsruhe, wurden plötzlich die Augen meines Herzens ohne körperlichen Schmerz geöffnet so wie auch in den vorher erwähnten Visionen, und wiederum schaute ich all das, was oben besprochen wurde. Der Herr zeigte mir aber noch zusätzlich zu den Wegen, die ich gesehen hatte, bei den drei Wegen der ersten Vision vier weitere zur Rechten des Mannes, der am Berggipfel stand. Der eine von ihnen, welcher

---

1 Die Erklärung dieser nach Offb 1, 13 ff. gestalteten Vision erfolgt unten ab dem 4. Kapitel.
2 3. Juni 1156.

der purpurfarbenen Straße bis zur Mitte des Berges am nächsten war, schien
wegen der Dichte des Gestrüpps, von dem er an beiden Seiten bedrängt wurde, von großer Schwierigkeit zu sein. Sein restlicher Abschnitt war aber bis
zur Spitze durch Blumen lieblich und von Hindernissen frei, aber eng, und
er schien wenig begangen. Der diesem nächstgelegene Weg schien aber öde
und durch riesige Schollen rauh zu sein, wie ein gepflügtes Feld, und sehr an-
strengend für die auf ihm Wandernden. Ich dachte aber bei mir von diesen
zwei Wegen, daß sie schwierig zu begehen wären, und der Engel, der bei mir
stand, sagte zur Antwort: Wenn jemand über diese Wege wandelt, möge er
sich hüten, daß sein Fuß nicht strauchle. Wer aber strauchelt und fällt – wenn
er nicht wieder aufsteht, sondern bleibt, dann wird er das ewige Licht nicht
sehen. Die beiden anderen aber, die zugleich mit diesen erschienen, waren
eben und bequem und schön anzusehen, da sie eine helle Farbe hatten wie gut
zerriebener Boden auf einer öffentlichen Straße. Als ich bei ihrem Anblick
verweilte, hörte ich wieder den Engel sagen: Der Weg der Gerechten ist gerade gemacht worden, und der Pfad der Heiligen ist bereitet[3].

4. Die Deutung der ersten Vision, wie ich sie vom Engel erhielt, ist folgende:
Der emporragende Berg ist die Höhe der himmlischen Seligkeit; das Licht auf
der Bergspitze ist die Helligkeit des ewigen Lebens. Die verschiedenen Wege auf dem Berg sind die unterschiedlichen Aufstiege der Erwählten, auf denen sie zum Reich der Helligkeit aufsteigen. Der hyazinthfarbene Weg ist der
Eifer für die Betrachtung Gottes, auf ihm wandeln die, die in beständiger Meditation und Sehnsucht ihr geistiges Auge auf Gott und das Himmlische kon-
zentrieren. Der grüne Weg gehört jenen, die sich bemühen, im aktiven Leben
vollkommen und untadelig zu sein, wobei sie ohne Klage in allen Geboten
und Gesetzen Gottes einherschreiten. Insofern diese in allen ihren Werken
nicht nach vergänglichem Lohn streben, sondern nach dem unverwelkbaren
Siegespreis der Vergeltung von oben, setzen sie die Schritte ihres Geistes ins
Grüne. Der purpurfarbene Weg ist der Aufstieg der seligen Märtyrer, die in
den Qualen ihrer Passionen Gottes Gerechtigkeit durch Geduld wirken und
sich im Purpur ihres Blutes anstrengen, zum göttlichen Licht hinüberzuge-
hen. Der herrliche Mann über dem Berg ist Christus. Das Leuchten seines
Antlitzes ist das Zeichen der göttlichen Helligkeit, seine leuchtenden Augen
sein heiterer Blick auf die Erwählten, die weißer Wolle ähnlichen Haare verkünden, daß er der Alte der Tage[4] ist, wiewohl er erst vor kurzem[5] im Fleisch
geboren wurde. Das zweischneidige Schwert in seinem Munde ist der schreckliche Gerichtsspruch, der aus seinem Munde hervorgehen und die Verworfenen mit zweifachem Elend – des Körpers und der Seele – treffen wird. Ein
Schlüssel erschien in seiner Rechten, da es ja er selbst ist, der allein die Pfor-

---

[3] Is 16, 7; Lk 3, 4.
[4] Dan 7, 9.
[5] Nach mittelalterlicher Geschichtsauffassung bildete die Zeit von Christi Geburt bis zur Ge-
     genwart eine einzige Epoche, daher „vor kurzem" im Vergleich mit den vorhergegangenen Ären
     der Geschichte seit der Erschaffung der Welt.

te zum Leben öffnet, und niemand verschließt sie; verschließt er sie, so öffnet sie niemand[6]. Er selbst ist es auch, der die Tiefen der Gottesgeheimnisse aufschließt, wem er will, und niemanden gibt es, der sie verschließt; versiegelt er sie, gibt es niemanden, der sein Siegel öffnet. Das Szepter in seiner Linken ist die Königsgewalt, die er auch nach seiner Menschennatur angenommen zu haben bezeugte, indem er sprach: Mir ist alle Gewalt im Himmel und auf Erden übergeben[7]. Die hyazinthfarbige Tunika zeigt die Kraft der Himmelsbetrachtung an, die den ganzen Geist des Erlösers vollkommen innehatte. Er richtete sich nämlich nicht, wie die übrigen Menschen, auf das Maß oder die Zeit der Betrachtung Gottes, der er den Geist ohne Maß empfangen hatte[8] und in dem jede Vollkommenheit der Gottheit körperlich wohnte[9]. Der weiße Gürtel bezeichnet das Strahlen unverletzbarer Unschuld an ihm. Er erschien auf dem Weg, der die Betrachtung seiner Göttlichkeit symbolisiert, weil er will, daß dieser so in Ewigkeit bleibe, wogegen die übrigen nicht andauern werden. Er erschien nicht auf allen [Wegen], und war doch in allen, weil die einzelnen die Tugenden bezeichnen, durch die die gerechten Menschen zum Berg kommen, d.h. auf seine Spitze, wo sie für jede einzelne Tugend einen besonderen Lohn empfangen. Und in allen Wegen ist der Gott der Wahrheit zu betrachten.

5. Das Geheimnis der zweiten Vision ist folgendes: Die drei Wege, die links von dem auf dem Berge stehenden Mann bei dem grünen Weg erschienen, drücken die Eigentümlichkeiten von drei Ständen in der Kirche aus, nämlich der Verheirateten, der Enthaltsamen und der Leitenden. Der von Gestrüpp eingesäumte Weg ist der der Verheirateten. Dieser Weg erschien lieblich, weil dieses Leben von Anbeginn an von Gott eingesetzt wurde, und wenn es unter Beachtung des Gesetzes geführt wird, ist es schön und wohlgefällig im Anblick des Herrn, und die auf ihm wandeln, werden ohne Zweifel den Gottesberg ersteigen[10]. Aber unzählige Dornen weltlicher Sorgen bedrohen diesen allenthalben, von denen die Wanderer auf ihm notwendigerweise gestochen werden, wenn sie sich nicht nur auf jede Weise durch ein zurückhaltendes Leben einschränken, sondern auch stets wie gebeugt einherschreiten, indem sie sich vor Gott und den Menschen verdemütigen. Der von Gestrüpp freie und auf beiden Seiten von lieblichen Blumen eingerahmte Weg ist das Leben der Enthaltsamen. Ihnen ist es nämlich eigen, den Geist von den Sorgen und Beunruhigungen des gegenwärtigen Lebens abzuziehen und nur an das, was den Herrn betrifft, zu denken, auf daß sie heilig seien an Leib und Seele. Schwierig ist dieser Weg, weil, um ihn dem Gesetz und der Weisheit gemäß zu beachten, es notwendig ist, daß die Schritte der ihn Gehenden vom Schutz

---

[6] Is 22, 22.
[7] Mt 28, 18.
[8] Joh 3, 34.
[9] Col 2, 9.
[10] Diese im Vergleich zu vielen Kirchenvätern, besonders Hieronymus und Augustinus, betont positive Bewertung des Ehelebens erklärt sich durch die Abwehr der gegenteiligen Sicht der Katharer.

großer Disziplin eingeengt werden, damit sie nicht, wenn sie etwa nach ihrem eigenen Willen leben, entweder in Unkeuschheit verfallen oder zu den
törichten Jungfrauen oder den verwöhnten Witwen, die als Lebende tot sind[11],
gerechnet werden. Er ist wenig begangen, da es im Vergleich zu den anderen
nur wenige gibt, die auf ihm dahinschreiten, und noch wenigere, die auf ihm
verbleiben. Mit Blumen verschiedener Art ist er allenthalben lieblich um-
rahmt, weil alle Arten von Tugenden der Enthaltsamen sein Leben
schmücken. Der mittlere Weg zwischen den beiden vorgenannten, breiter als
jene, ist das Leben der Leitenden. Er wird nämlich, da er zur Leitung des Weges der Verheirateten oder der Enthaltsamen oder beider eingesetzt wurde,
weniger als jene beengt und hat eine freiere Entscheidung, den eigenen Willen auszuüben. Doch daher gleiten die Schritte der auf ihm Gehenden leichter aus, was auch sein ebener Verlauf passend symbolisiert. Deswegen wurde
er auch gefährlich genannt, weil so viele auf ihm ausgleiten, so daß nur ganz
wenige auf ihm als beständig befunden werden. Daß er aber etwas wie ein
Pflaster aus roten Ziegelsteinen zu haben schien, die auf der Erde im Feuer
gebacken werden, symbolisiert die Obsorge der Prälaten: Mit dieser müssen
ihre Gedanken hinsichtlich ihrer Untergeordneten notwendigerweise beständig ‚gebacken‘ werden, denen sie Aufmerksamkeit sowohl für die Seele als
auch den Leib schulden.

6. Als ich von meinem Lehrer, dem Engel, die Deutung der dritten Vision verlangte, sagte er zu mir: Siehe, du hast das Buch der Wege zu Gott begonnen,
wie es dir geheißen worden war. Dies sagte er deshalb, weil er mich ja eines
Tages im Vorjahr, als ich im Geiste war, auf etwas wie eine Wiese geführt hatte, auf der ein Zelt aufgeschlagen war. Und wir traten dort ein, und er zeigte
mir eine große Menge dort lagernder Bücher und sprach: Siehst du diese Bücher? Sie alle müssen noch vor dem Tag des Gerichts diktiert werden. Indem
er aber eines von ihnen aufhob, sagte er: Dies ist das Buch der Wege zu Gott,
das durch dich zu offenbaren ist, wenn du die Schwester Hildegard[12] besuchst
und sie gehört haben wirst. Und das begann sich freilich sogleich zu erfüllen,
nachdem ich von ihr zurückgekommen war.

7. Es ist aber die Bedeutung der vier Wege, die in der dritten Vision gezeigt
wurden, folgende: Der erste, der dem purpurfarbenen Weg näher war, im unteren Teil durch Gestrüpp unangenehm, im oberen aber bequem und blumen-
reich, bezeichnet das Leben derer, die, nach dem Gesetz in der Welt lebend,
ihre Tage in Sorgen um weltliche Dinge halbieren und dann zum blumenrei-
chen und bequemen Weg der Enthaltsamen hinübergehen und, indem sie sich
nach deren Regel beschränken, gemeinsam mit ihnen auf den Gottesberg hin-
ansteigen. Der öde und durch Schollen rauhe Weg ist jene sehr harte Lebens-
weise, in der die heiligen Eremiten einherwandeln und manche, die in der Gesellschaft Verkehr mit den Menschen haben, wenn sie ihr Fleisch über

---

[11] Offb 3, 1.
[12] Hildegard von Bingen.

Menschenmaß hinaus abhärmen und durch Fasten, Wachen, Kniebeugen, Geißelhiebe, Bußkleidung und alle möglichen besonders harten Kasteiungen austrocknen. Alles dieser Art entspricht nämlich sehr rauhen Schollen, und die auf diesem Weg Gehenden bedürfen vieler Anstrengung und Wachsamkeit, daß sie nicht vielleicht an seiner zu großen Rauheit anstoßen und schwerer als die anderen stürzen. Von den beiden Wegen, die zugleich mit diesen, die beschrieben wurden, erschienen, schaute der eine, wie gesagt, mehr begangen und bequemer aus. Über diesen sprach mein Lehrer, indem er sagte: Auf diesem Weg gehen die heiligen Seelen der Kinder, die im Taufsakrament geheiligt wurden und innerhalb von sieben Jahren aus dem Leben scheiden. Da sie ja die Bosheit der Welt nicht erfahren haben, gelangen sie leichten und ganz freien Schrittes zum Reich Gottes. Über den anderen Weg sagte er: Dies ist der Weg der Heranwachsenden, die ihn ein wenig später als jene beschreiten, und daher erscheint der Weg jener weniger begangen und bequem.

8. Wahr sind die Visionen und ihre Deutungen, und der meine Augen öffnete, damit ich die Visionen Gottes schaute, der zeigte ohne Zweifel selbst durch seinen Engel, wie es ihm schon zuvor gefiel, daß sie auf diese Weise zu verstehen seien.

9. Es geschah aber am Fest des seligen Apostels Jakob[13], als ich im Geiste war und die Vision der Wege zu Gott schaute: Ich wurde in die Höhe entrafft und betrachtete den Gottesberg wie aus der Nähe. Und jenes unermeßliche Licht, das die Bergspitze innehatte, schien in der Mitte zu zerreißen, und ich blickte durch es hinein und schaute eine Menge von Heiligen, deren Zahl nicht geschätzt werden konnte. Und mein Führer sagte zu mir: Betrachte und schaue und bemerke alle, die du siehst! Hier siehst du die heiligen Märtyrer, die Bischöfe und Konfessoren des Herrn, die jungfräulichen Zönobiten beiderlei Geschlechtes, die Witwen und verehelichten Laien und die Enthaltsamen, adelige wie unadelige, die alle mit Christus herrschen. Diese gingen die Wege des Herrn, die heiligen Wege, die du schautest, und kamen ans Ziel und empfingen vom Herrn Christus mit seinen Engeln unvergängliche Gnade. Ein jeder möge nun seinen Weg betrachten, damit er sich selbst mit Demut und Liebe und Gehorsam bessere, wenn er ihn ohne Gerechtigkeit ging, und er möge seinen Weg berichtigen. Wenn er ans Ziel gekommen sein wird, wird er den ewigen Lohn empfangen.

10. Erste Predigt über den Weg der Kontemplativen: Danach lag ich ruhig auf meinem Lager und war noch nicht in den Schlaf gefallen, als mich plötzlich der Geist Gottes heimsuchte und meinen Mund mit folgender Predigt erfüllte: Nun also merkt auf, ihr, die ihr den weltlichen Gelüsten widersagt habt und es gewählt habt, den Spuren dessen zu folgen, der euch in sein wunderbares Licht gerufen hat und der euch auch selbst seine für sich erwählten Söhne genannt hat und euch eingesetzt hat, am Ende der Zeiten über die Stäm-

---

[13] 25. Juli 1156.

me Israels zu richten[14]. Bedenkt bei euch, wie ihr mit aller Demut und Liebe und allem Gehorsam und ohne Gemurre und ohne Verleumdung und Neid und ohne Hochmut leben sollt, und enthaltet euch der anderen Laster! Liebt einander, daß nicht euer Vater im Himmel in euch verunehrt und erzürnt werde und ihr vom rechten Weg abkommt, d.h. vom Weg seiner Betrachtung.

Dann führte der Engel des Herrn seine Rede in folgender Weise weiter und fügte hinzu: Wenn es nämlich unter euch Streit gibt und Zwiespalt, Verleumdungen, Gemurre, Zorn, Haß und Neid, hochmütige Blicke, Ruhmstreben, eitles Gerede, Spötteleien, Völlerei des Bauches, Unaufmerksamkeit, fleischliche Unreinheit, Trägheit und Ähnliches, worin die Söhne dieser Welt wandeln, welchen Ort wird dann die Betrachtung Gottes in euch haben?

Wieder fuhr er fort und sprach: Rede des Herrn an euch, die ihr beschlossen habt, im Klerus oder im Mönchsstand für Gott zu streiten: Ihr habt das beste Teil gewählt, seid achtsam, daß es euch nicht genommen werde[15]! Enthaltet euch mit ganzer Sorgfalt der Wege jener, die außen das Gebaren eures Ordens tragen, seine Tugend jedoch durch ihre Taten verleugnen. Mit den Lippen ehren sie Gott, mit den Sitten aber lästern sie ihn. Das Gesetzeswissen erforschen einige von ihnen, aber seine Frucht erhalten sie nicht. Ihren Rücken drehen sie der Wahrheit zu und rühmen sich dennoch, auf dem Weg der Betrachtung zu wandeln. Gottes Gesetz und seine Gebote lassen sie ihrem Hochmut und Geiz und ihrer Lust dienen, und erstreben schamlos von dem, was Jesus Christus gehört, Reichtümer und Ehren und hegen ihre Schändlichkeiten. Das Heiligtum Gottes und die den Engeln verehrungswürdigen Stätten betreten sie mit Stolz und Beschmutzung und entehren die Reinheit der Sakramente Christi durch unehrerbietigen Dienst und ein schmutziges Herz. Den sie Tadelnden verlachen sie und bekümmern ihn mit Fluch und Verfolgung. Die unter ihnen die Höhergestellten sind, eben diese sind abscheulich vor dem Herrn. Sie gehen im Gewand der Demut einher, aber ihr Herz ist weit von ihr entfernt. Sie vervielfältigen die Gebete, aber weh, was nützen sie, wo sie doch in ihren Herzen Gott widersprechen, wo sie die brüderliche Liebe vernachlässigen, einander beneiden und schmähen und um die bevorzugte Stelle streiten? Weltverachtung bekennen sie, aber verehren das, was zur Welt gehört, buhlen schamlos um Gunst und lassen sich von jedem Hauch ihres Eigenwillens herumwirbeln. Die Einrichtungen der Väter verwerfen sie, in die Geschäfte der Welt mischen sie sich ein und erfüllen die Kirche mit Skandalen. Siehe, deswegen erleidet die Religion Verachtung und der Glaube Spaltung.

Und was soll ich denn noch für sie tun? spricht der Herr. Siehe, ich rufe ihnen nach, und sie hören nicht, die Stimme meiner Ermahnung stoßen sie wie mit der Ferse zurück. Ich suche jene heim mit unerhörter Gnade, und sie erkennen ihre Heimsuchung nicht an, sondern verlachen sie obendrein! Ich schlage sie, doch sie empfinden keinen Schmerz, ich stürze sie nieder, und sie erzittern nicht. Weh ihnen, weh! Etwas Schreckliches halte ich für sie bereit,

---

[14] Mt 19, 28.
[15] Lk 10, 42.

siehe, es kommt bald, und etwas wie eine plötzliche Sturzflut wird über sie kommen und die ins Verderben stürzen, welche sie ohne Furcht befinden wird.

Ihr aber, mein Volk, Volk von nicht vorgetäuschter Frömmigkeit, die ihr euch in euer Herz gesetzt habt, die Welt zu besiegen und geistig den Himmel zu schaffen, ihr, sage ich, wendet euch ab von diesen, welche so geartet sind, und habt keine Gemeinsamkeit mit ihnen! Bleibt auf dem Weg der Vision, den ihr erwählt habt, und reinigt die Augen des Herzens, damit ihr sie zur Betrachtung des Lichtes erheben könnt, das euer Leben und eure Erlösung bewohnt. Was aber die Augen des Herzens reinigt, daß sie zum wahren Licht erhoben werden können, ist folgendes: Die Verwerfung weltlicher Sorge, die Kasteiung des Fleisches, die Zerknirschung des Herzens, eine häufige und reine Sündenbeichte und die Waschung in Tränen. Und wenn jede Unreinheit hinausgeworfen sein wird, erhebt folgendes in die Höhe: Die Meditation des wunderbaren Seins Gottes und die Betrachtung der keuschen Wahrheit, das reine und intensive Gebet, der Jubel des Lobes und das brennende Verlangen nach Gott. Das sollt ihr umarmen, darin sein, und dem lebendig machenden Licht entgegeneilen, das sich euch wie Kindern darbietet und sich von selbst in eure Seelen eindrängt. Wendet eure Herzen von euch selbst ab und hängt sie an das, was ihr gehört habt, und sie werden mit vergöttlichendem Glanze erfüllt werden. Und ihr werdet Söhne des Lichtes sein und wie die Engel Gottes, die nicht aufhören, ihrem Schöpfer zuzustreben und kraft der Betrachtung in ihren Ursprung zurückzufließen. Söhne Adams, erscheint es euch denn wenig, Söhne Gottes zu werden? Und warum wendet ihr euren Blick von der Betrachtung seines Antlitzes, der eine solche Macht den Menschen und besonders euch gegeben hat, die ihr es gewählt habt, friedfertig in der Welt zu sein und auf Erden den Engeln gleich zu werden? Ihr seid brennende Leuchten, die der Herr auf seinem heiligen Berg aufgestellt hat, mit euren Worten und Beispielen die Finsternisse der Welt zu erhellen. Schaut, daß nicht das Licht, das in euch ist, vom Wind des Hochmuts und der Begierde ausgelöscht werde, der im Paradies das Licht eurer Eltern ausblies! Wendet euer Ohr, Kinder des Friedens, vom Lärm der Welt ab und gewährt Stille dem Geist, der in euch spricht! Feiert dem Herrn einen ewigen Sabbat in euren Herzen, und es ruhe über euch der Friede Gottes, der jeden Sinn übertrifft[16], und freut euch an der Fülle seiner Süße. Laßt euch nicht erschüttern und eure Seele bestürzen, wenn euch die Welt verschmäht und euch als Tote und Unfruchtbare einschätzt! Wenn euer Leben von Schmerzen und Trübsal und Armut geschwächt wird, werdet nicht traurig und wendet eure Augen nicht vom Anblick des Lichtes ab, das sich vor eurem Antlitz befindet. Siehe, es ist nämlich nahe, daß diese Welt vergehe und ihre Blüte verderbe – und ihr werdet ihre Liebhaber richten und auf die Nacken der Stolzen treten. Wenn sie euren Ruhm sehen, werden sie über ihn staunen, wenn eure Schätze offenbar werden, die ihr für euch im Himmel anhäuft[17]. Dann wird dahinschwinden,

---

[16] Phil 4, 7.
[17] Mt 6, 20.

was an eurer Betrachtung unvollkommen ist, und das Antlitz des ewigen Lichtes wird seine Adleraugen[18] empfangen, und wie ein überströmender Fluß
wird so sein Strahl in die Herzen aller zurückströmen, die in Wahrheit danach gesucht haben.

Noch nicht hatte der Engel, der mit mir von Mal zu Mal sprach, diese Worte geendigt, als mich ein gewisser Zweifel hinsichtlich der Unterscheidung der
Wege zu Gott überkam, die beschrieben wurden. Und ich frage ihn, indem
ich sagte: Sind wir Zönobiten denn, mein Herr, auf dem Weg der Betrachtung, wiewohl wir auf dem Weg der Enthaltsamkeit sind? Oder kann es sein,
daß wir uns auf beiden befinden? Und er sprach: Euch ist der Weg der Betrachtung mit den Klerikern gemeinsam, so wie jenen mit euch der Weg der
Enthaltsamkeit gemeinsam ist. Wisset dennoch, daß es viele auf dem Weg der
Enthaltsamkeit gibt, die sich nicht auf dem Weg der Betrachtung befinden.
Und es gibt viele Kleriker, die weder auf dem Weg der Betrachtung noch auf
dem Weg der Enthaltsamkeit wandeln, und diese sind unglücklich: Sie meinen wohl, auf dem Weg der Betrachtung zu sein, obschon sie es nicht sind!
Wieder fuhr ich fort und sagte: Und was werden wir von den Päpsten und
Vorgesetzten und ähnlichen großen Prälaten der Kirche sagen? Und er antwortete mir mit diesen Worten: Hochmut regiert in den Herzen der Prälaten
und Großen, und sie stoßen Gott von ihren Herzen weg, der nur über dem
Demütigen und Ruhigen und seine Worte Fürchtenden ruhen will. Es befahl
nämlich einst der Erlöser seinen Jüngern, indem er sagte: Geht weg von denen, die euch nicht empfangen, und schüttelt den Staub von euren Füßen zum
Zeugnis gegen sie[19]. Und was meinst du von Gott, dem Heiland und Schöpfer jeder Kreatur, was wird er, wenn er dann kommt, mit jenen tun, die ihn
nicht empfangen, sondern von sich stoßen? Ohne Zweifel wird er sie ins ewige Feuer schicken, wo es Tränenströme und Zähneknirschen geben wird[20].
Was wird ihnen dann der Hochmut und die Reichtümer nützen?

Und nachdem alle diese Reden an dem Tag vollendet waren, an dem wir
das Gedächtnis des seligen Michael feierten[21], kam er wiederum zu mir. Und
ich sprach ihn an und sagte: Werden wir denn mit Gewißheit, mein Herr, ver-
bürgen können, daß alle diese Predigten von dir ausgingen? Das sagte ich
deswegen, weil er diese Worte zum Teil so vorgetragen hatte, daß ich sein
Antlitz nicht sah, und sie aber zum Teil durch meinen Mund im Geiste verkündet worden waren. Er aber sah mich mit großer Strenge an und sprach:
Glaube das aus deinem ganzen Herzen: Diese Worte, die niedergeschrieben
wurden, gingen aus meinem Munde hervor! Selig, wer die Worte dieses Buches liest und hört, denn sie sind wahr und weichen niemals von der Wahrheit ab!

---

[18] Der Adler galt im Mittelalter als scharfsichtigster der Vögel, der auch in die Sonne hineinblicken
     und zu ihr hinauffliegen könne, weswegen die Betrachtung Gottes durch den Kontemplativen
     quasi Adleraugen erfordert (Dinzelbacher, Frauenmystik 198 f.).
[19] Mk 6, 11.
[20] Mt 22, 5; 13, 42.
[21] 29. Sept.

11. Zweite Predigt über den Weg der Aktiven: Auch eine andere Predigt begann er sogleich mit diesen Worten, indem er sagte: Ich ermahne euch, die ihr
von weltlichen Sorgen bedrückt werdet, einmal nachzudenken, was die Gebote für das Leben sind: Das heißt Gott zu lieben und den Nächsten wie sich
selbst, nicht zu töten, keinen Diebstahl zu begehen, Fremdes nicht zu begehren, dies und anderes, was im Gesetz Gottes beschrieben wird, mit aller Sorgfalt zu beobachten – dann können sie wissen, ob sie in das Reich Gottes eintreten können. Wenn sie sich nicht zur Höhe der Kontemplation erheben
können, sollen sie sich bemühen, die Aufgaben rechtmäßiger Handlungen zu
erfüllen. Immer sollen sie Gottesfurcht im Sinne haben, und er selbst möge
alle ihre Werke leiten. Das Haus des Gebetes sollen sie häufig mit Ehrerbietung besuchen und, wenn es angebracht ist, nach ihrem Vermögen ehren. Die
Sakramente des Herrn mögen sie in Glauben und in Demut verehren und ihr
Ohr gern dem Gotteswort zuwenden, die geheiligten Diener Gottes jeder Ehre für würdig schätzen und der Belehrung durch sie mit Ergebung zustimmen. Jedem sollen sie friedlich das darbringen, was sie dem Recht nach sollen, niemandem irgend eine Gelegenheit zum Streit bieten, und wenn sie
ungerecht behandelt wurden, es ertragen und die Rache dem Weltenrichter
überlassen. Die Rede der Wahrheit sollen sie zu ihrer Zeit beständig sprechen
und sich nicht weigern, Mühe der Gerechtigkeit willen auf sich zu nehmen.
Den Waisen und die Witwe und den, der keinen Helfer hat, sollen sie gegen
Bedrückung beschützen und ihren Bedrängnissen mit frommer Tröstung ent-
gegenwirken. Den Hungernden und Dürstenden sollen sie erquicken, den
Nackten bekleiden, den Fremden beherbergen, den Kranken und Eingeker-
kerten besuchen[22]. Geld sollen sie ohne Zinsen verleihen und alle Werke ausüben, die zur Barmherzigkeit und Gerechtigkeit zählen. Die Weiseren mögen die Ungelehrten unterrichten, die Irrenden und falsch Gehenden zur
Wahrheit und Gerechtigkeit zurückrufen und Zwietracht unter Brüdern versöhnen. Trunkenheit und Völlerei mögen sie fliehen, auch Unkeuschheit des
Fleisches, eitle Scherze und Sünden des Wortes, auch Trägheit und Kleiderluxus, ebenso die Dornen der Sorgen – wie es die göttliche Predigt befiehlt,
jede Besorgtheit Gott übertragend[23]; und die Kasteiung des Fleisches sollen
sie nicht vernachlässigen. Ich sage aber jenen, die ihren Dienst bei notwendi-
gen Werken leisten: Tut eure Werke aus gutem und einfachem Herzen ohne
Gemurre, ohne eitles Gerede, damit niemand durch euch beschwert werde
und damit ihr dem Notleidenden zu Hilfe kommen könnt. Hütet euch aber
vor jedem Geiz! Der bewirkt es nämlich, daß eure Werke hinterlistig sind und
ihr eure Nächsten betrügt und belügt und ihr im Namen des Herrn falsch
schwört und ihr ungerechtes Geld ansammelt, das seinen Besitzer in den Untergang stürzt. Ihr, die ihr hoch oben steht, verhaltet euch nicht arrogant gegen jene, die von dieser Art sind[24], und bedrückt sie nicht ungerechtfertigt,
sondern verteidigt sie eher und beschützt sie mit jedem Wohlwollen und fe-

---

[22] Mt 25, 35 f.
[23] 1Pet 5, 7.
[24] Daß sie auch auf diesem Weg wandeln.

stigt den Frieden unter ihnen, weil ihr dazu vom Herrn eingesetzt wurdet!
Dies ist der rechte und schöne Weg des Herrn, der Weg geheiligten Tuns. Wer
auf ihm bis zum Ende wandelt, wird das Leben finden und auf dem heiligen
Berg Gottes ausruhen, und sein Los wird mit den Kindern des Lichtes sein.

12. Dritte Predigt über den Weg der Märtyrer: Ein Festtag wurde gefeiert,
und wir waren beim Gottesdienst anwesend, als mir der Engel nach seiner
Gewohnheit vor Augen erschien. Nachdem ich bei ihm meinen Sünden
Schuld daran gegeben hatte, daß er länger als gewöhnlich nicht erschienen war,
sagte ich zu ihm: Es beliebe dir nun, mein Herr, dass du uns auch über die
Grundsätze jenes dritten Weges, der den heiligen Märtyrern zugehört, be-
lehrst! Lasse dich doch nicht durch irgendwelche Sünden von mir von deiner
Freundlichkeit abhalten! Da öffnete er seinen Mund und sprach, indem er sagte: Das Lamm Christus schreitet bei den heiligen Märtyrern voran, und sie
selbst folgen ihm mit Palmen und Kronen. Sie freuen sich mit ihm in hehrem
Triumph, und Christus selbst erscheint in ihnen wie ein Spiegel, Beispiel und
ruhmvoller Schmuck. Viele Formen des Leidens sind es, durch die die Gottessöhne gekrönt werden müssen, und niemand wird gekrönt, es sei denn, er
hat dem Gesetz nach gekämpft[25]. Hört dies und haltet es mit dem Herzen
fest, ihr, die ihr Verfolgung um der Gerechtigkeit willen leidet[26]! Gehet voll
Freude auf dem hehren Weg, dem Weg der Krieger des Herrn, rot gefärbt vom
Blute der Heiligen und des Lammes. Seufzt nicht auf, und kein Gemurre möge in eurem Herzen gegen den Herrn aufsteigen, als ob ihr von ihm verlassen
wäret und wie wenn euch etwas Neues zustieße! Leset die Schriften des Heiligen Geistes und bedenket die alten Tage! Alle, wie viele es auch vor euch auf
diesem Weg waren, auf dem ihr geht, gefielen Gott in ihren Peinen, und durch
viele Engpässe gingen sie hinüber zur Weite der Gnadenfreiheit der Gottessöhne. Abel, der erste Vorläufer des Lammes, ergoß unter der Hand des ruchlosen Bruders sein Blut vor dem Herrn zur Erde, ein Zeuge treuer Unschuld.
Abraham, der getreue Vater des Volkes, wurde vom ruchlosen Stamm des
Götzendienstes wegen in Sorge versetzt und wählte es, lieber im Feuer un-
terzugehen, als gegen seinen Gott zu sündigen, und er wurde durch die Hand
des Herrn aus Ur der Chaldäer hinausgeführt[27]. Da Joseph ein Liebhaber der
Unschuld war und das Verbrechen der Brüder beim Vater anzeigte, wurde er
an Fremde verkauft. Und dann erduldete er, weil er der Untat des Ehebruches nicht zustimmen wollte, für lange Zeit ruhigen Sinnes den Kerker[28]. Die
Propheten des Herrn stritten als Diener der Wahrheit gegen die Verfälscher
des Gesetzes bis zum Tode und wurden von vielen Formen des Leidens dahingerafft. Die Jünglinge in Babylon widersprachen voll Vertrauen dem Befehl des stolzen Herrn, den alle Welt fürchtete, und zogen es lieber vor, ins
schreckliche Feuer geworfen zu werden, als zur Schande des Schöpfers die

---

[25] 2Tim 2, 5.
[26] Mt 5, 10.
[27] Gen 12 ff.
[28] Gen 35 ff.

Knie vor dem Geschöpf zu beugen[29]. Daniel, für Gott liebenswert deshalb, weil er dem Gott seiner Väter die Ehre erwiesen hatte, wurde den Zähnen der Löwen übergeben[30]. Noch umfangreicher ist die Zahl der Heiligen, die vor der Ankunft des Heilands Beispiele löblichen Duldens boten und durch ihren Tod dem Tod des Herrn vorausgingen. Der letzte von allen war der unschuldige Täufer, im Vergleich zu dem unter den von Frauen Geborenen kein Größerer auftrat[31], der auch selbst zum Zeugnis der Wahrheit enthauptet und dem Mädchen als Lohn für seinen Tanz gegeben wurde[32]. So geziemte es sich zu geschehen und war vor dem Herrn genehm, daß nicht nur das Blut von Lämmern, Widdern oder anderen Tieren typologisch[33] dem Blute des Lammes vorausgeschickt wurde, welches zum allgemeinen Wohl geopfert werden sollte, sondern auch das Blut von Gottessöhnen, die erlöst werden sollten, zu seiner Begrüßung vergossen wurde. In den letzten Tagen aber wurde der von Beginn der Welt an Erwartete vom geheimnisvollen Grunde des Vaters ausgesandt, das unbefleckte Lamm, das die Cherubim und Seraphim anbeten und die ganze Engelsschar, um die Sünde der Welt zu sühnen. Und sogar selbst die, die zu erlösen er gekommen war, taten mit ihm, was immer sie wollten. Voll sind die Bücher von seinen Peinen und Bedrängnissen – und ihr lest seine Leiden und haltet sie nicht im Herzen fest? Wie lange noch, ihr Menschensöhne, seid ihr verstockt? Die Erde, die kein Empfinden hat, nahm die Blutstropfen aus den Wunden des Erlösers auf und vermochte seine Majestät nicht zu ertragen, sondern wurde bewegt und erzitterte, und die härtesten Steine zerbrachen. Und siehe, durch die Schriften tropft über eure Herzen, die doch Verstand haben, die vielfache Passion des für euch getöteten Gottessohnes, und ihr könnt euch von Klagen und Tränen zurückhalten? Ihr hört Eitelkeiten, die nichts mit euch zu tun haben, und enthaltet euch nicht des Gelächters?

Danach fuhr er wieder fort und sprach: Ihr, die ihr auf dem Leidensweg Jesu geht, schaut und seht, ob es einen Schmerz gibt wie den seinen! Er sündigte nicht, wurde allein auf Erden ohne Sünde geboren, und sie erfüllten seine Seele mit den Schmerzen der Schuldbeladenen. Und die Fesseln der Ruchlosen, die lügnerische Beschuldigung, der böse Spott, die Entblößung und Geißelung, Faustschlag und Ohrfeige, auch Anspeien, der den Scheitel durchbohrende Dorn, das Kreuz und die Nägel, die Lanze und das Vergießen des unschuldigen Blutes erbitterten nicht die Milde des Lammes. Sondern in alledem siegte seine Geduld, und sterbend zertrat er den Stachel des Todes. Betrachtet, Söhne, den Kreuzweg des Lammes und wandelt vertrauensvoll den Spuren seines Blutes nach! Der Führer eures Weges ist er selbst, und er ruft euch zu und spricht: Habt Vertrauen, ich habe die Welt besiegt! Und warum

---

[29] Dan 3.
[30] Dan 6.
[31] Mt 11, 11.
[32] Mk 6, 21 ff.
[33] Eine Grundkonzeption des mittelalterlichen Bibelverständnisses ist die Typologie: Alle Personen und Ereignisse des *Alten Testaments* sind Typen, Vorläufer und Vorbilder von Personen und Ereignissen des *Neuen Testaments*.

erzittert ihr vor dem Antlitz menschlichen Terrors, wo ihr doch einen unbesiegten Führer besitzt und so viele Tausende seiner Nachahmer euch mit wun-
derbarem Sieg vorausgehen? Seht, denn nur kurz vor euch geschahen unzählige Kämpfe von Gottesdienern, Aposteln, Märtyrern und unbesiegten
Jungfrauen, und sie boten allen himmlischen Heeren frohe Schauspiele mit
ihren Siegen[34]. Sie liebten Gott mehr als ihre Seelen[35], und seines Namens wegen boten sie sie allen Todesarten dar und ertrugen es, wie Schmutz von allen niedergetreten zu werden. In den Theatern und Versammlungen verlach-
ten die Liebhaber der Welt die Nacktheit der Heiligen und sättigten sich an
der Illusion ihrer Beschämung. Und sie freuten sich an der Zerreißung ihres
Fleisches, wie sich ein wildes Tier freut, wenn es seine Beute verschlingt, und
sie vergossen ihr unschuldiges Blut durch Kreuze und Schwerter, durch Feuer und Wasserfluten, eiserne Haken und Tierrachen, und was immer an Foltern die Grausamkeit der Ruchlosen nur ausdenken konnte, das versuchte
man zu ihrer Vernichtung. Und wie beim Mahl jauchzten die Athleten Gottes in ihrer Zerschmetterung auf und erfreuten sich am Becher der Bitternis,
so wie solche, die sich an vielen Köstlichkeiten laben. Damals wurde die Geduld der Heiligen in ihrer Prüfung für treu befunden und stärker als die Stärke der Könige und Fürsten der Welt. Seht, daher wurden sie in Erquickung
und Tröstung geführt und ruhen in der Umarmung der Rechten Gottes. Und
sie wurden berühmt im Ruhm des Lammes vor dem Angesicht Gottes und
seiner heiligen Engel, weil sie seine Schande vor den Bewohnern der Erde auf
sich nahmen. Dies betrachte und überlege wachsamen Sinnes, oh Mensch, der
du im Herzen kleinmütig bist, die Leiden Christi zu ertragen! Betrachte den
Ruhm und die Freude, welche die Märtyrer des Herrn umgab, und du wirst
nicht zaudern, an ihren Schmerzen und Bedrängnissen Anteil zu haben. Das
erste aber ist, daß du das Wesen dieser Welt und ihre Glorie, die heute besteht,
morgen aber nicht mehr erscheint, unter deinen Füßen hast. Wenn du nämlich dies liebst, wird in der Zeit der Bedrückung und Verachtung die Stärke
von dir weichen. Auch sage ich, dein Leben sei in deinen Augen nicht kostbar, sondern halte es stets für gering und verächtlich! Denn die sich selbst lieben und hochschätzen, vermögen in der Verfolgung keine Mißhandlung zu
ertragen und sind für den Kampf der Heiligen nicht geeignet. Ein beglücken-
der Tausch wird dir vorgeschlagen: Verleugne dein Leben – es dauert nur ganz
geringe Zeit, und seine Art ist armselig – und du wirst dafür das Leben empfangen, das keinen Mangel, keine Beschwernis kennt, voller Ruhm und Freude [ist], wie sie die Zunge nicht aussprechen kann. Oh Mensch von verdun-
keltem Verständnis, erhebe deine Augen und blicke in die Zukunft und
betrachte die selige Neuschöpfung deines Leibes, die dir von deinem Erlöser
kommen wird, wenn er von deinem Fleisch den Dorn Adams herausziehen
und ihn dem Glanz seines Leibes angleichen wird. So wird es geschehen, daß
du dich mit aller Schnelligkeit beeilst, deine Seele in jeder Gefahr zu Gunsten
seiner Liebe auszugießen, und so wirst du den Verlust deines Lebens [nur]

---

[34] Während ihrer Martyrien im Zirkus usw., wie im weiteren ausgeführt.
[35] Gemeint: ihr Leben.

wie aus einem Eimer auf die Erde vergossene Tropfen einschätzen. Was, oh
Mann Gottes, ängstigst du dich noch vor dem Gesicht des Verfolgers? Ermanne dich, tröste dich – Christus ist in der Verfolgung mit dir! Mit dir sind
seine Engel im Streite, die alle deine Peine abzählen und deiner Ermüdung zu
Hilfe kommen, denn sie besiegen auch für dich deine Feinde. Erinnere dich
der Rede, die er zu seinen Dienern sprach: Wer euch berührt, berührt die Pu-
pille meines Auges[36]. Knecht Gottes, was wirst du deinem Heiland dafür geben, daß er sich so mit dir vereinigte, daß du nicht ohne Unrecht gegen ihn
verletzt werden kannst? Einmal hat er für dich gelitten, und leidet noch täglich in dir und deinen Mitknechten und wird zur Schau gestellt[37]. Wenn du
traurig bist, leide nicht am Unrecht an dir, sondern an seinem! Für dich aber
freue dich und sei heiter, weil du durch die Anfechtung zum ewigen Ruhm
und Glück vorbereitet wirst! Du bist das Gold des Herrn, durch das Feuer
prüft er dich, auf daß er dich als Erprobten in seine Schatzkammer aufnehme.

Es geschah aber, daß, ehe der Engel, der mit mir sprach, diese Worte beendet hatte, das Fest der seligen Jungfrauen Ursula und ihrer elftausend Gefährtinnen anbrach[38]. Da wurde in der Morgenvigil jenes göttliche Wort gesungen, in dem es heißt: Gott wird den Lohn für die Mühen seiner Heiligen
begleichen und sie auf einen wunderbaren Weg führen[39]. Daher nahm ich die
Gelegenheit wahr und fragte meinen Lehrer, als er mir nach seiner Art während des stillen Teils der Messe erschienen war, indem ich sagte: Herr, zeige
mir, was das für ein wunderbarer Weg ist, den die Schrift erwähnt, wenn sie
sagt: Und er wird sie auf einen wunderbaren Weg führen. Er antwortete mir
sofort und sprach: Dies ist der Weg der heiligen Märtyrer. Wieder fragte ich
ihn und sagte: Und warum wird er wunderbar genannt? Gut kann er wunderbar genannt werden, sagte er. Ist es denn nicht wunderbar in den Augen
der Menschen, daß Gott den Geist eines schwachen Menschen so entflammt,
daß er wegen der Größe der Liebe, von der er innerlich für ihn brennt, sowohl des eigenen Lebens so sehr vergißt, daß er sogar den größten Torturen
gegenüber wie unempfindlich wird und alles gern für seinen Namen erträgt,
ohne sich um sich zu sorgen? Dies kannst du bei jenen heiligen Jungfrauen
beobachten, deren Martyrium ihr heute feiert. Zerbrechlich waren sie dem
Geschlecht und Alter nach und hatten keinen Verteidiger, und dennoch fürchteten sie die Tyrannen und ihre Schwerter nicht, sondern gaben in aller Beständigkeit ihre zarten Glieder dem Tod für den Herrn anheim, weil sie vom
Feuer göttlicher Liebe innerlich gestärkt wurden, so daß sie den Tod äußer-
lich nicht fühlten. Und dies war freilich sehr wunderbar in den Augen der
Menschen, nicht aber in den Augen des Herrn, dem alles möglich ist[40]. Und
hast du nicht diesen wunderbaren Weg im Geiste geschaut, der schöner und

---

[36] Zach 2, 8.
[37] Heb 6, 6.
[38] 21. Okt. 1156. Vgl. unten S. 145 ff.
[39] Vgl. Weish 10, 17.
[40] Mt 19, 26.

hehrer war als alle anderen? So wisse, daß der, der den Märtyrern vergilt, hervorragender ist als jeder Lohn, und ihrer Glorie ist nichts zu vergleichen.

Danach, als das Fest des heiligen Martin gekommen war[41], erwachte ich plötzlich um Mitternacht vor der Morgenvigil, und der Schlaf floh von meinen Augen. Und siehe, der Engel des Herrn stand bei mir, und ich sprach ihn an, indem ich sagte: Ich bitte, mein Herr, daß du deine Mahnrede über die heiligen Märtyrer noch ergänzt und mit einem passenden Ende beschließt. Nachdem er mich etwas Erhabenes in den Himmeln hatte betrachten lassen, das zu sehen ich unwürdig war, erfüllte er mein Ersuchen und sprach: Wiederum sage ich und ermahne euch, oh ihr Gottessöhne, daß ihr eure Vorgänger sehr genau betrachtet, die euch vorher in dieser Rede genannt wurden, wie sie in Liebe zu Christus entbrannten. Eilt und ermannt euch, und wollt euch nicht bedenken! Seht, über euch wacht nämlich der Sohn des Friedens, damit er euch aufnehme und über menschliche Vorstellung belohne. Er möge geruhen, euch mit jenem Geist des Feuers und der Liebe Christi zu rüsten, der als wahrer Gott in der vollkommenen Dreifaltigkeit lebt und regiert von Ewigkeit zu Ewigkeit. Amen.

13. Vierte Predigt über den Weg der Verheirateten: Ich war im Gebet, da erschien mir in gewohnter Weise mein Herr, und ich erbat von ihm die Grundsätze jenes Weges, der, wie gesagt, zum Stand der Verheirateten gehört. Sogleich stimmte er meiner Bitte zu und begann folgendermaßen: Siehe, ich spreche, und ich ermahne die Verheirateten in der Welt. Enthaltet euch eurer verkehrten Werke, von denen ihr beschmutzt seid! Auch die Erde ist angesteckt von euren so üblen Schändlichkeiten, als da sind Geiz, Unzucht, Hurerei, Ehebruch, Mord, Hochmut, Zorn, Haß, Neid, Gotteslästerungen und Zweifel. Merkt also auf und betrachtet euren Weg, wie ihr auf ihm wandelt, da es ja unmöglich für euch ist, ihn mit solchen Lastern zu betreten. Dies gesagt, schied er.

Und nachdem er wieder erschienen war, bat ich, daß er die begonnene Mahnrede fortsetze. Er sprach: Nur weil der Herr wohlwollend und barmherzig ist, kann er nicht darob zum Ekel gebracht werden, daß er die Bewohner der Welt auf so viele Arten ermahnt, sie aber seine Mahnungen für nichts achten und überhaupt in keiner Weise zur Kenntnis nehmen. Die Zuneigung, von der sie gegenüber seinen väterlichen Ermahnungen entzündet werden müßten, wandeln sie in Widerwillen und verachten sie, und sie verschmähen es, seinen Botschaften Beachtung zu schenken. Wenn es möglich wäre, daß es in ihm Aufregung gäbe, könnte er durchaus davon aufgeregt werden, daß sich diese Welt auf so viele Arten gegen ihn erhebt, für die er geboren wurde und gelitten hat und viele Wunder gewirkt hat und noch wirkt, wiewohl sie nicht darauf achten. Und siehe, seine Ermahnungen sendet er sogar denen, die sich ihm in der Welt auf jede Weise entgegenstellen – aus seinem gnädigen Wohlwollen und aus Liebe zu denen, die, obschon sie sich in der Welt aufhalten, ihn dennoch lieben und ihm dienen. Deren Anzahl ist leider gering. Dies wür-

---

[41] 11. Nov. 1156.

de er aber reichlicher tun, wenn sie mit mehr Frömmigkeit auf seine Mahnungen hören wollten.

Danach öffnete er seinen Mund und sprach, indem er sagte: Oh du unsinniges und deinem Herrn Gott beschwerliches Geschlecht, wie könnt ihr mit solchem Eifer das lieben, was euer himmlischer Vater haßt? Fürchtet ihr denn nicht, den Herrn der Himmel zu erzürnen, vor dessen Anblick die ganze Engelschar erzittert? Sagt mir, welche Frucht haben all jene in ihren Schändlichkeiten erlangt, die ich euch aufgezählt habe, jene, die seit Beginn der Welt darin wandelnd befunden wurden und die nicht daran gingen, das Antlitz unseres Gottes durch die Hilfe der Buße zu versöhnen? Was verkündeten euch sämtliche Zeugen der Wahrheit über diese? Wenn ihr es vergessen habt, seht, ich verkünde es euch wiederum vor dem lebendigen Gott, daß ihnen der Himmel mit einem ewigen und unlöslichen Schloß versperrt ist und von ihnen das begehrenswerte Antlitz unseres Gottes abgewandt sein wird und sie der ewigen Gemeinschaft der Freude mit den Heiligen entfremdet worden sind, welche die unrechten Wege jener verabscheuten. Und siehe, sie sind zu Genossen des ganz verhärteten[42] Teufels und seiner unseligen Engel geworden, die sie ohne Erbarmen und ohne Unterlaß mißhandeln und ihren Nacken niedertreten, den sie gegen ihren Schöpfer erhoben, und an deren bittersten Qualen sie sich weiden. Und da sie ihre Augen schlossen, um nicht das Licht der Gotteserkenntnis und seiner heiligen Gesetze zu sehen, und die Werke der Finsternis liebten, sind sie auf ewig dem Schlund schrecklicher Finsternis überantwortet worden, der keinen Ausweg hat, noch jemals von irgendeinem Licht wird erhellt werden können. Heilige Gottesfurcht zu haben verachteten sie und erzürnten ihn in der Freude ihrer Wollust, und entzündeten in sich selbst verbotene Gluten des Begehrens und des Zornes und unersättlicher Habgier. Daher bleibt über ihnen Angst voller Schrecken und Traurigkeit ohne Tröstung und beißende Verachtung, und sie sind zu Kohlen eines ewigen Brandes geworden, die auf ewig weder ausgelöscht noch durch das Verbrennen verzehrt werden können. Hört dies, die ihr Gott erzürnt, und weichet weg von den Wegen der Verdammten, solange ihr Zeit zur Besserung habt, und geht wieder auf den unbefleckten Weg, den euch Gott von Anbeginn an bereitet hat, und seht, wie ihr auf ihm mit Gottesfurcht wandelt. Eure Ehe ist nämlich nicht aufgrund menschlicher Erfindung ehrbar, sondern vom Schöpfer des Universums selbst im Paradies der Unschuld eingerichtet worden, als er eure Eltern als Mann und Frau erschuf. Und er sprach in der Sprache des Erstgeschaffenen und sagte: Deswegen wird der Mann Vater und Mutter verlassen und seiner Gattin anhangen, und beide werden ein Fleisch sein[43]. Gebt also, oh Mann und Frau, eurem Stande die Ehre, den Gott zu ehren geruht hat, und bringt in eure Verbindung keinen Riß und keinen Fleck! Das Gesetz des Herrn verbinde und heilige euch, und ihr sollt ein Haus haben, einen Tisch, gemeinsames Vermögen, ein Bett und eine Seele, und gebt

---

[42] Nach theologischer Communis Opinio sind die gefallenen und zu Teufeln gewordenen Engel im Gegensatz zum Menschen unfähig zur Reue.

[43] Gen 2, 24.

in eurer Mitte Raum der Furcht vor dem Herrn! Der Schmuck des Ehebettes ist nämlich die Furcht vor dem Herrn, und wer von ihr frei befunden werden wird, wird vom Herrn als verflucht und unrein betrachtet werden. Dort herrscht Begierde, die kein Maß kennt, und es wird eine Handlung vollzogen, die sogar der Beschreibung unwürdig ist, die die Natur nicht gewollt hat und die nicht zur Fortpflanzung gehört. Die das tun, mögen hören und verstehen, was böse vor dem Herrn ist, und mögen den Flecken von ihren Lagern entfernen. Daher soll eure Herzen die Furcht vor dem Herrn verbinden, auf daß ihr euch selbst in dem euch gestatteten Tun Zügel auferlegt und ihr nicht nach Art der Tiere jedem Trieb eurer Begierde folgt! Ehrt die Festtage und die Tage vorgeschriebener Abstinenz und die Zeiten der Reinigung durch Enthaltsamkeit[44], und wenn ihr darüber hinaus etwas mehr tut, so wird der Herr euch und eurer Nachkommenschaft seine Gnade vermehren. Die nämlich nicht zwischen Tag und Tag, zwischen Zeit und Zeit durch Enthaltsamkeit einen Unterschied machen, werden die Rache des Herrn an sich selbst und an ihrem Samen in einer Stunde spüren, wann sie sie nicht vermutet haben. Ermahnt euch gegenseitig zur Enthaltsamkeit und betet füreinander, daß ihr enthaltsam sein könnt und daß der Geist der Unreinheit von euch fliehe! Wenn aber die Schwäche Überhand gewinnt, muß sie durch das gestattete Gegenmittel aufgefangen werden, daß sie nicht zu Unerlaubtem abgleite. So wie der Lehrer der Völker schreibt: Der Mann hat keine Gewalt über seinen eigenen Leib, sondern die Frau, und die Frau hat keine Gewalt über ihren eigenen Leib, sondern der Mann, und daher könnt ihr einander das Geschuldete nicht verweigern[45]. Dies aber wißt, daß der Hauptgrund eurer gegenseitigen Erkenntnis[46] die Zeugung von Nachkommenschaft sein muß! Gibt es einen anderen, zählt das zur Schwäche und kann nachgesehen werden, wenn er die Mäßigung der Furcht vor dem Herrn besitzt und das Hilfsmittel der Almosenspenden. Der Mann möge die Schwächen der Frau und die Frau die des Mannes mit Geduld und Mitleid ertragen, und verachtet einander nicht, sondern wetteifert eher darum, einander Ehre zu bezeugen! Zu einem zänkischen oder bitteren Wort möge es nie zwischen euch kommen, sondern im Geiste der Milde und guter Strenge tadelt eure Exzesse wechselseitig! Die Frau sei dem Manne gehorsam, und wie einem Vorgesetzten gebe sie ihm in allem nach und diene ihm, so wie es von Anfang an der Schöpfer beider angeordnet hat. Auch verkehrte Gewohnheiten des Mannes toleriere sie, und sie versöhne, wenn er Unrecht tut, das Antlitz des Herrn mit Almosen und Gebet! Ihre innere Schamhaftigkeit soll sie nach außen zeigen durch Bescheidenheit der Kleidung, der Reden, der Bewegungen und des Aussehens. Ihr Auge soll nicht an einem fremden Angesicht haften und mit allem Bedacht möge sie jede Gelegenheit für Verdacht oder Nachrede unterbinden. Ein Mann, der ei-

---

[44] Nach den mittelalterlichen Kirchengeboten war Geschlechtsverkehr mittwochs, freitags, samstags, sonntags, in den Fastenzeiten und an mehreren Festtagen verboten, desgleichen während der Menstruation und Schwangerschaft der Frau, so daß für fromme Ehepaare nur wenige Tage im Jahr erlaubt blieben (Flandrin, J., Un temps pour embrasser, Paris 1983).

[45] 1Kor 7, 3 f.

[46] Im Sinne von Geschlechtsverkehr wie in der *Vulgata*.

ne verständige und ehrfurchtsvolle Gattin gewählt hat, soll sie nicht mit schändlicher und bitterer Rede verunehren, sondern wie ein Gefäß der Gottesgnade ehren und sich ihr als Gefährte erweisen und Gott im Himmel Dank sagen, der ihn mit einer solchen Gemahlin gesegnet hat! Höre mich und klage über die Übel der Menschensöhne, von denen ich zu dir spreche! Die Männer dieser Tage haben in großer Zahl ihre Herzen zur Dummheit der Frauen hinuntergebeugt und sind unsinnig geworden, indem sie deren Torheit zustimmten. Der Kleiderluxus, den du an den Töchtern der Welt gesehen und verabscheut hast, die zu dir gekommen sind, ist auf Erden unmäßig angewachsen, und sie sind damit wie unsinnig und bringen den Zorn Gottes auf die Welt. Sie rühmen sich in der Masse ihrer Stoffe mit gehemmtem Schritt zu gehen und bemühen sich ohne Zweck das zu verbrauchen, was zum Nutzen der Bedürftigen notwendig wäre. Oh Unglück! Oh armseligste Blindheit! Eine Sache, die mit viel Schweiß errungen wurde, setzen sie dem Schmutz aus, um die Blicke der Ehebrecher auf sich zu ziehen, und womit sie das Reich Gottes hätten erkaufen können, damit verdienen sie den Höllenbrand. Entfernt, ihr Männer, dieses Übel aus den Augen des Herrn und rühmt euch nicht ob der Eitelkeiten eurer Frauen, sondern verschmäht sie eher, da sie sich ähnlich wie Huren angezogen haben! Dieser Überfluß an Stoffen und der enge Schnitt der Kleidung dient zu nichts, außer dazu, die Leibesfrucht zu ersticken! Auch der Luxus der Haartracht und vieles Ähnliche sind Erfindungen eitler Frauen und gehören sich nicht für gesetzestreue Matronen.

Meine Klage kommt vom Herrn zu euch, die ihr die männliche Erhabenheit abgelegt habt und die Weichheit[47] der Frauen angelegt. Oh ihr höchst eitlen Toren, was habt ihr die seriösen Sitten der gerechten Greise verlassen, die euch vorangingen, und seid auf die Eitelkeiten und Dummheiten teuflischer Erfindung heruntergekommen, die euch nichts nützen außer zur Vermehrung eures [Höllen]brandes! Weh, die ihr stolz seid auf den Pomp glänzender und überflüssiger und elegant angeordneter Kleidung und die ihr euch rühmt zu nichts zu machen, was mit Knauserei erworben wurde! Wehe, die ihr euch an weibischer Haartracht begeilt und nicht errötet, die Gestalt des Mannes in euch zu beschmutzen! Weh über euch, die ihr mit eitlen Spielen, weh, die ihr in Völlerei und Trunkenheit die Zeit fruchtlos vergeudet! Weh, die ihr zungenfertig seid zu Spott und Verleumdung und dazu, nichtsnutzige Geschichten zu erzählen, und zum Aushecken von Listen und zum Verdrehen der Sache des Unschuldigen! Wehe euch, deren Rede in der Gerichtsversammlung käuflich ist, und die ihr euch freut, euren Bauch durch die Einschüchterung der Unterdrückten zu füllen! Weh, die ihr streitsüchtig und aufgeblasen seid unter den Bürgern! Weh euch Räubern, im Herzen unersättlich dabei, die Güter der Welt zu vermehren, die mit euch verschwinden werden. Wird denn der, der das Ohr eingepflanzt hat, nicht hören, oder, der das Auge gebildet, nicht beobachten?[48] Laßt ab, Menschensöhne, den Herrn zu erzürnen, denn seht, es steht nahe bevor, daß er erwacht und im Feuer seines Eifers die ver-

---

[47] „mollities" bedeutet auch Homosexualität, worauf die folgenden Sätze mit abzielen.
[48] Ps 93, 9.

schlingt, die ihn erzürnten. Wiederum sage ich euch, die ihr unter dem Ehe-
joch steht: Fürchtet Gott, bewahrt einander Treue und Zuneigung unverletzt,
zieht eure Söhne und Töchter und euer Gesinde in Furcht vor dem Herrn
und in Keuschheit auf! Den Zehnt des Herrn und den Lohn des Dieners sollt
ihr nicht einbehalten[49]! Vergeßt nicht auf die Spenden für die Armen und bemüht euch, das Übrige zu beobachten, was ich in der Predigt über die heilsamen Taten vom Herrn verkündete. Dies ist die erfreuliche Lieblichkeit eures
Weges, der geheimnisvoll gezeigt wurde – selig, die ihn lieben. Es ist aber
trotzdem nötig, daß die auf ihm Schreitenden die Anfechtung des Fleisches
und die Sorgen der Welt haben, wie auch im Gleichnis der Dornen ausgedrückt, welche jene nicht erfahren, die enthaltsam leben. Gottes Wille ist es,
daß ihr, soweit wie möglich, von ihnen Abstand haltet, in jeder Hinsicht ein
vernünftiges Maß beobachtet und euren Eigenwillen aus Furcht vor dem
Herrn zügelt.

Es bat mich mein Bruder, daß ich vom Engel erforschen sollte, weshalb er
am Beginn dieser Predigt unter die übrigen Namen für Verfehlungen den Namen der Hurerei hinzugefügt habe, obgleich dies nicht für die Verheirateten,
zu denen er sprach, zu gelten schien. Denn auch deren mangelnde Zurückhaltung war ebendort durch den Namen des Ehebruches ausgedrückt worden. Als ich bezüglich dieses Zweifels meinen Herrn zu befragen begonnen
hatte und den Zweifel noch nicht ganz erklärt hatte, sprach er zu mir und sagte: Die Erde ist voll von Unreinheit. Der Mann, der eine [ihm] in gesetzmä-
ßiger Ehe verbundene Frau hat, befleckt insgeheim die Gattin des Nächsten,
und umgekehrt fügt die Frau dem eigenen Gatten den einer anderen hinzu.
Dies ist eine äußerst schwere Ungerechtigkeit, und groß ist die Zahl derer, die
damit sündigen. Von der unreinen Hurerei ist aber die Welt erfüllt! Wie Ver-
durstende laufen ihr alle hinterher, und man findet fast niemanden, der sich
nicht in ihre Falle stürzt. Wenn sie in Begierde entbrannt sind, halten sie die
Erwartung kaum aus, bis sie sich an dieses Werk machen können. Und wenn
sie ihr so böses Verlangen erfüllt haben, geben sie keine Ruhe, sondern machen sich wieder und wieder ebendaran und glauben, sich niemals ersättigen
zu können. Aber auch ehe sie alt genug sind, um diese Schandbarkeit zu voll-
ziehen, beflecken sie auf mehrere Weisen ihre Unschuld. Deswegen habe ich
aber zum Schmach der Verheirateten den Namen der Hurerei angefügt, weil
auch sie, ehe sie eine gesetzliche Verbindung eingehen, sich mit ihr maßlos
beschmutzen und den Zorn Gottes auf sich ziehen. Daher kommt es, daß sie,
wenn sie eine gesetzliche Heirat schließen, vom Herrn der Frucht der Nachkommenschaft beraubt werden. Und sie wundern sich, wie ihnen das geschieht, ohne den Grund ihrer Unfruchtbarkeit zu kennen. Denen aber Nachkommenschaft geschenkt wird, die werden entweder in den Nachfahren selbst
oder in anderen Notwendigkeiten auf verschiedene Arten vom göttlichen Urteil getroffen, und alles Unglück kommt ihnen daher. Als ich abermals wegen
des Namens der Blasphemie gefragt hatte, sagte er: Das sagte ich derer wegen, die ihre Nächsten mit häßlichem Schimpfen entehren. Aber auch dieses

---

[49] Tob 4, 15.

erforschte ich, was denn die Zweifel seien, die er in derselben Predigt zu tadeln schien. Darauf antworte er so: Viele gibt es in der Kirche, die den An-
schein von Christen haben und dennoch am Christenglauben zweifeln. Sie
bewegen sich demonstrativ unter den Katholiken, gehen ins Haus des Gebetes, empfangen mit den Übrigen die zum Glauben gehörigen Sakramente und
schenken ihnen trotzdem keinen Glauben, meinen auch nicht, sie seien für
das Heil nützlich. Dies beweisen sie aber deutlich durch die so üblen Werke,
die sie tun. Wenn es nämlich den wahren Glauben in ihnen gäbe, würden sie
sich von vielen Schändlichkeiten enthalten, die sie begehen. Und er fuhr fort,
indem er sagte: Viele Häresien gibt es in unseren Tagen, doch verborgen, und
viele Häretiker, die im Verborgenen gegen den katholischen Glauben kämpfen und ihm viele abspenstig machen. Da fragte ich ihn und sagte: Mein Herr,
was sprichst du von jenen, die man Katharer nennt, die angeblich das Leben
der Verheirateten gänzlich ablehnen? Und er antwortete, indem er sagte: Das
Leben derer, über die du fragst, ist ein Gräuel vor dem Herrn. Sie können das
Leben jener nicht beschuldigen, die eine gesetzliche Ehe eingehen und gemäß
dem Gesetz des Herrn zusammenleben, die heiligen Feiertage und Fasten in
Gottesfurcht beachten und den Bedürfnissen der Armen Barmherzigkeit erweisen. Ich sprach ihn aber nochmals an und sagte: Herr, wie ich gehört habe, behaupten einige unter ihnen, daß eine Ehe nicht legitim sein kann, außer
unter denen, die beide bis zur Zeit der gesetzmäßigen Vereinigung ihre Jungfräulichkeit bewahrten. Was sagst du dazu? Und er antwortete, indem er
sprach: Wo eine solche Heirat möglich ist, ist sie dem Herrn lieb, doch ist das
sehr selten, daß es sich so ergibt. Aber auch von denen, die nicht enthaltsam
waren, werden viele vom Herrn angenommen, wenn sie eine rechtsgültige Ehe
haben und gemäß der Weisungen des Herrn wandeln, anders würde die Anzahl des Gottesvolkes zu sehr schrumpfen. Jene, über die du sprichst, haben
in der Kirche Gottes nichts zu tadeln, weil sie selbst gänzlich des Tadels würdig sind. Wisse mit Sicherheit, daß sie Diener Satans sind, dessen verkehrte
Werke sie ausführen! Er selbst ist ihr Führer und geht ihnen mit Beispielen
jeder Ruchlosigkeit voran, und sie folgen ihm überall mit ihren so schlimmen
Werken. Und ich sagte: Herr, was oder wie ist ihr Glaube und ihr Leben? Er
antwortete: Verkehrt ist ihr Glaube, und ihre Werke noch schlimmer. Wieder
sagte ich: Vor den Augen der Menschen scheinen sie dennoch gerecht und
werden gelobt, als ob sie gute Werke täten. So ist es, antwortete er. Sie ver-
stellen ihr Antlitz, als ob sie ein gerechtes und unschuldiges Leben führten,
und dadurch ziehen sie viele an sich und verführen sie. Innerlich sind sie aber
voll von höchst üblem Eiter.

14. Fünfte Predigt über den Weg der Enthaltsamen[50]: Als wir das Fest des seligen Evangelisten Johannes feierten[51], war ich nach den Morgenvigilien dem

---

[50] Wiewohl meist die weiblichen Gläubige angesprochen werden, geht aus mehreren Stellen hervor, daß auch die keuschen Männer gemeint sind, für die beide im Mittellatein „virgo" verwendet wird.

[51] 27. Dez. 1156.

Gebet hingegeben und erbat vom Herrn mit starker Herzensanstrengung, daß
er mich gemäß seiner gewohnten Güte würdige, mir den Grundsatz des Weges der Enthaltsamen zu eröffnen, den ich im Geiste geschaut hatte. Aber ich
rief auch den göttlichen Evangelisten und den Engel, meinen Lehrer, an, sie
mögen mir Helfer sein. Und als ich mich im Gebet ermüdet hatte, schloß ich
ein wenig die Augen zum Schlaf, aber wachte nach kurzer Zeit plötzlich wieder auf. Und siehe, der Engel war bei mir und begann die Rede, die ich ersehnte, mit diesen Worten: Ich sage euch, oh Gottessöhne, oh Söhne des Lichtes, schaut euren Weg an, wie er blüht und wie angenehm es ist, auf ihm zu
laufen! Laufet also und kommt eurem Bräutigam eilig entgegen, der euch erwartet. Liebt die Keuschheit und bewahrt für ihn eure unversehrte Jungfräulichkeit – eine mit Keuschheit, Liebe, Klugheit und Demut geschmückte
Jungfrau läuft gut. Nachdem er dies gesprochen hatte, fügte er nichts weiter
hinzu.

Am folgenden Tag aber, als die Messe der seligen Unschuldigen gefeiert
wurde[52], bat ich meinen Herrn, der wiederum bei mir war, wobei ich die Gelegenheit der Lesung der Apokalypse wahrnahm (sie wurde vorgelesen), um
zu sagen: Herr, wenn ich vor dir Gnade gefunden habe, sage mir, bitte, was
ist das für ein Gesang, den diese seligen Märtyrer vor dem Sitz Gottes und
des Lammes singen, wie durch die jetzige Lesung bezeugt wird, oder wie folgen sie dem Lamm, wohin auch immer es geht[53]? Und er gab zur Antwort:
Was fragst du mich? Niemals modulierte auf Erden eine Zunge diesen Gesang; davon werde ich dir nichts erzählen. Weil du aber fragst, was das heißt,
daß sie dem Lamm folgen, wohin auch immer es geht, das heißt, daß sie das
Lamm in allen Tugenden, die an ihm beobachtet werden können, nachahmen.
In der Jungfräulichkeit folgen sie ihm nach, die in ihnen ohne Makel ist, wie
auch jenes heilige Lamm ohne jeden Makel ist. Demütig, einfach und ohne
Trug waren sie wie auch das Lamm. Geduld hatten sie in ihrem Martyrium
nach Vorbild des Lammes, das in seiner Passion, durch die es die Sünde der
Welt auslöschte, nie irgendeine Ungeduld zeigte. Es gibt keine Jungfrauen
oder auch Märtyrer, die so genau den Spuren des Lammes folgen wie diese –
mit Ausnahme unserer Königin, die als erste ihre Jungfräulichkeit rein und
unbefleckt dem Herrn aufbewahrte. Diese hervorragende Jungfrau und diese seligen Märtyrer sind ein Spiegel für alle heiligen Jungfrauen, und viele sind
ihnen gefolgt, die ihr Blut für ihre Jungfräulichkeit vergossen und daher vor
dem Angesicht des Herrn gekrönt und glorifiziert wurden. Diese sollen alle
Jungfrauen anblicken und bedenken, mit welcher Heiligkeit sie ihnen vorher-
gingen, und nach ihrem Beispiel sollen sie ihr Leben einrichten!

Wiederum sagte ich zu meinem Herrn an der Beschneidung des Herrn[54],
als er sich mir gezeigt hatte: Mein Herr, bitte lehre mich über die unversehrte Jungfräulichkeit, was ich dich fragen will. Kann sie denn durch unreine Begierde verloren werden, wie sie üblicherweise bei einer Versuchung auftritt,

---

[52] 28. Dez. 1156.
[53] Offb 14, 1 ff.
[54] 1. Jan. 1157.

wenn die Begierde nicht bis zu einer Handlung führte? Er sagte: Sie geht nicht
verloren, doch freilich wird sie auf viele Weise durch die Unreinlichkeiten der
Begierde beschmutzt, wenn sie auch nicht bis zu einem Ergebnis führt. Die
Unversehrtheit bleibt bestehen, wie sehr auch immer beschmutzt, wie ich dir
durch ein Gleichnis zeigen werde. Und er sagte zu mir: Strecke deine Hand
vor! Als ich sie ausgestreckt hatte, sagt er: Schließe sie! Und so tat ich. Und
bald schaute ich vor meine Füße und sah etwas wie unreinen Kot vor mir.
Und er sagte zu mir: Stecke deine Hand dort hinein! Als ich das getan hatte,
sagte er: Ziehe sie heraus! Nachdem ich sie herausgezogen hatte, war sie beschmutzt. Und er sagte: Tauche sie wiederum hinein! Je öfter du dies tust, desto schmutziger wird sie und desto schwieriger wird es für dich sein, sie zu
reinigen. Ich aber spürte eine Wärme in der Hand. Und dazu sagte er: Sie ist
warm, und je mehr sie warm wird, desto größere Mühe muß man aufwenden,
sie abzuwaschen. Je mehr sich ein Mensch so mit den Unreinheiten der Begierde beschmutzt, desto mühevoller reinigt er sich von ihnen. Er kann dennoch gesäubert werden im Schmerz der heilsamen Buße, in Tränen und guten Werken, so daß er für Gott annehmbarer wird, als er es gewesen wäre. Ist
deine Hand innerlich nicht doch rein und schön? So ist die Jungfräulichkeit,
so lange die Unreinheit der schändlichen Handlung noch nicht bis nach innen gedrungen ist, und sie kann von der Befleckung gereinigt werden, so daß
ihre Unversehrtheit keinen Schaden erleidet, so wie deine nur außen be-
schmutze Hand leicht zu reinigen ist. Wenn aber in Folge einer Handlung die
Unreinheit nach innen gedrungen ist, wird es unmöglich sein, sie so zu reinigen, daß sie wieder ganz zur vorherigen Schönheit gelangt. Es gibt doch viele, die, obschon sie nicht ihre Begierde bis zum Vollzug des Geschlechtsver-
kehrs ausdehnen, die Unversehrtheit ihrer Jungfräulichkeit auf viele Weisen
beschmutzen und nicht darauf achten noch ihr Herz daran setzen, sich durch
die Mittel der Buße ganz zu reinigen und Gott Genüge zu leisten, und so bis
an ihr Ende verbleiben. Deren Jungfräulichkeit wird von Gott nicht angenommen und des geschuldeten Lohns beraubt. Als er dies gesagt hatte, fürchtete ich, daß etwa die Reihenfolge seiner Worte meinem Gedächtnis entfallen
könne, und deshalb ersuchte ich ihn, dasselbe nochmals zu sagen, und diesbezüglich erhörte er mich wohlwollend.

Zur Oktav des seligen Johannes[55] zeigte er sich mir wieder, kam aber meinen Worten zuvor, indem er mich heiter so ansprach: Du willst mich fragen,
frage, und ich werde dir antworten! Und ich sagte, wie ich von einem Gelehrten ermahnt worden war: Herr, weil geschrieben steht, daß der Wille für die
Tat gezählt wird[56], kann man das nicht vielleicht deiner Ausführung entgegenhalten, die du vor kurzem gegeben hast? Und er antwortete: Keineswegs.
Dann fuhr er fort: Wahr ist gewiß, was du als geschrieben bezeugst. Wenn ein
Mensch den Willen hat, eine Tat zu vollenden, so daß er keineswegs darin verbleibt, ohne ins Werk zu setzen, was er begehrt, und so bis zu seinem Ende
verbleibt, dies wird wie eine Untat vor Gott gezählt. Und wenn es etwas Bö-

---

55 3. Jan. 1157.
56 Nicht als Bibelzitat nachweisbar.

ses ist, was er durchzuführen begehrt, kann es in der Tugend wahrer Buße ausgelöscht werden. Was immer nämlich ein Mensch durch Denken und Wollen getan hat, kann so vor dem Herrn getilgt werden, als ob es nie gewesen wäre. Erinnere dich, daß ich dir beim zweiten Mal sagte, daß du deine Hand in den Kot stecken sollst, und darauf bekräftigte, sie werde dann schwieriger zu reinigen sein. So befleckt sich ein Mensch zuerst nur durch sein Denken, danach aber durch sein Wollen, und reinigt sich dann mit größerer Schwierigkeit, doch bleibt dennoch seine Unversehrtheit. Dann legte er die Schrift vor, deretwegen zu fragen ich überlegt hatte, und sagte: Es ist auch geschrieben: Wer eine Frau angeschaut hat, um sie zu begehren, hat mit ihr in seinem Herzen schon Unkeuschheit begangen[57]. Dies ist so: Wenn ein Mensch im Willen verbleibt, seinem Trieb nachzugeben, und nicht Abstand nimmt von seinem Wunsch, sondern, soweit es an ihm liegt, die Sache in die Tat umsetzt und den schändlichen Willen nicht durch die Frucht der Buße abwäscht, dann ist seine Unversehrtheit unnütz, mag sie auch bestehen bleiben, und er erlangt keine Frucht daraus. Wieder fuhr ich fort und sagte: Herr, es gibt solche, die nicht freiwillig die Stacheln des Fleisches in der Versuchung erfahren und an der Glut, die sich der Reinheit ihres Leibes entgegenstellt, schwer tragen, sie aber doch durch keinen Widerstand zu vermeiden vermögen – wird ihnen dies etwa als Sünde angerechnet? Er sprach: Wenn sie schwer an Versuchungen dieser Art tragen und ihnen im Denken nicht zustimmen, werden sie durch leichtere Buße ihrer Schuld, die sie sich so zuziehen, Nachlaß erringen und einen großen Lohn erlangen.

Er teilte mir aber mit, es gäbe einen mir in Christus vertrauten Menschen – wer er oder sie ist, weiß Gott –, der den Angriff des Feindes gegen seine Keuschheit ertrage und darob seine Seele mit allzu großen Beschwernissen peinige. Und er sagte: Verkünde ihm Tröstung und sage ihm, daß er von der Peinigung lasse! Er soll sich ins Gedächtnis zurückrufen, was von den Erwählten des Herrn geschrieben steht: Wie Gold im Ofen erprobte er sie[58]. Freude soll er haben, wenn auch nicht ohne Traurigkeit! Freude deswegen, weil der Herr geruht hat, ihm so etwas aufzuerlegen, durch das er auf einen großen Lohn vorbereitet wird. Er sei aber dennoch nicht ohne Traurigkeit, weil bei einer solchen Versuchung Schuld nicht ganz vermieden wird. Und ich sagte: Herr, wie soll er seinem Gegner widerstehen und mit welchen Waffen wird er ihn überwinden? Er sprach: Mit Gebet und Beichte und Auspeitschung des Fleisches möge er kämpfen, und er wird überwinden. Er soll aber nicht darauf bestehen, den Herrn zu bitten, von diesem Stachel befreit zu werden, sondern das soll er erflehen, daß sich der Herr seiner erbarme! Wenn er sich zur Zeit der Versuchung an einem verborgenen Ort befindet, möge er drei Mal vor dem Herrn die Knie beugen. Wenn er an einem Ort aber dazu keine Gelegenheit hat, möge er drei Mal sein Herz mit dem Kreuzeszeichen bezeichnen und sprechen: Erlöser der Welt, erlöse uns, der du uns durch Kreuz und Blut erkauft hast, hilf uns, wir bitten dich, unser Gott!

---

[57] Mt 5, 28.
[58] Weis 3, 6.

Eines Tages danach ließ er meine Zunge in folgende Worte ausbrechen: Oh Jungfrauen, seht, zu euch spricht die göttliche Stimme, die Stimme eures Bräutigams klopft an eure Ohren. Öffnet ihm und führt ihn ein in den Palast eures Herzens und umarmt ihn, denn er ist schöner und liebenswerter als jedes Geschöpf! Wieder fuhr sie fort: Der Herr der Majestät, der Eingeborene des Höchsten, der König der göttlichen Heerscharen, der Himmel und Erde mit seinem großartigen Ruhm erfüllt, groß und erschreckend in allmächtiger Stärke, mild und liebenswert in unvergleichlicher Güte und auf das höchste zu ersehnen in der Helligkeit seiner vollkommenen Schönheit, auf dessen wunderbares Antlitz zu blicken sich Cherubim und Seraphim und unsere gesamte Gemeinschaft mit unaufhörlicher Sehnsucht erfreuen, er selbst, oh Jungfrauen, er selbst ist es, der eure Zierde begehrt. Er selbst lädt euch zu seinen keuschen Umarmungen ein, er selbst fordert von euch die ruhmreichen Lilien eurer Jungfräulichkeit, um sein ganz geheimes Brautgemach damit zu schmücken. Dieses Brautgemach kennt keinen Makel der Schamhaftigkeit, und alles Verdorbene geht nicht darin ein. Dort welken oder vergehen die kostbaren Blüten der Jungfräulichkeit nicht, sondern verbleiben in unvergänglicher Schönheit, und das unbefleckte Lamm ruht gern in ihnen, und sie duften ihm den Duft der Süße. So wie auserwählte und mit Verlangen zu betrachtende Perlen, so funkeln im Schlafgemach des Bräutigams die heiligen Jungfrauen, und er selbst, der sie im Blute seiner Seite wusch und ihr Antlitz zeichnete, der jungfräuliche Bräutigam, freut sich an ihrem Anblick und offenbart die Geheimnisse seiner Schönheit großmütig seinen Liebsten. Die harmonischen Musikinstrumente der Erwählung ertönen dort im Geiste des Friedens, und ein Lied, wert der Sehnsucht, es zu hören, wird dort gesungen, ein Lied einzigartiger Freude, das singbar nur den Jungfrauen ist und den obersten, dem Schlafgemach vertrauten Geistern. Der Bräutigam führt den Chor mit sehr heller und überragender Stimme an, und unter tausenden Singenden läßt sich nicht einer mit ihm vergleichen. Seine Stimme, die süße Stimme in der Vollkommenheit der Gnade, die alle Himmel mit Jubel erfüllt, selig, die sie hören, allzu selig, die in sie einstimmen. Unter ihnen steht an der allerersten Stelle unsere Jungfrau, die Gottesgebärerin, der allein es gewährt ist, die Stimme über alle Engelsscharen zu erheben. Beachtet, ihr Töchter, die Worte meines Amtes, und versiegelt sie in der Verborgenheit eures Geistes. Wenn euer Herz bei eurem adeligen und schönen Bräutigam ist, der doch würdig ist geliebt zu werden, warum seid ihr nachlässig? Was zaudert ihr, euch mit aller Kraft nach diesem Bräutigam auszustrecken, im Vergleich zu dem es nichts Strahlenderes, nichts Liebenswerteres im Himmel oder auf Erden gibt? Und wenn ihr den Ruhm liebt, was ist ruhmreicher, als einen solchen Bräutigam zu haben und alles in ihm selbst zu besitzen? Wenn ihr Lüste und Freuden zu haben begehrt, eilt zum Brautgemach der Freude, das euch bereitet worden ist! Mit dessen Freude und Süße kann alles, was das Auge schaute oder das Ohr hörte oder was ins Herz der Menschen aufstieg, nicht verglichen werden[59].

---

[59] 1Kor 2, 9.

Als er dies gesagt hatte, hatte ich in mein Herz die Worte gelegt, die er vom
jungfräulichen Gesang gesprochen hatte, und diesbezüglich erhob ich eine
Frage, indem ich sagte: Ist es denn so, mein Herr, auch die Engel singen diesen Gesang? Und doch nicht alle Jungfrauen? Er sprach: Wahrlich, die Engel
singen diesen Gesang und alle, die aus diesem Leben ohne Makel zum Himmelreich hinübergehen. Wieder fuhr ich fort: Wie ist also die Schrift zu verstehen, die sagt: Und niemand vermochte den Gesang von sich zu geben außer jenen hundertvierundvierzigtausend[60]? Sind denn etwa in jener Zahl alle
Jungfrauen inbegriffen? So ist es, sprach er. Dies ist die vollkommene Zahl,
und sie bedeutet die Vollkommenheit derer, die sich unbefleckt bewahrt haben, so wie die heilige Kindheit der Unschuldigen ohne Makel ist. Was er aber
weiter über diese Zahl sagte, vermochte die Schwäche meines Verstandes nicht
zu ertragen.

Wieder begann er mit seiner Mahnrede, sprach und sagte: Seht, es kommt
euer Bräutigam an, bereitet euch, oh Jungfrauen! Geht und kauft euch Hochzeitskleider und geht mit ihm hinein zur Hochzeit, damit euch nicht gesagt
wird: Wie seid ihr hier eingetreten, ohne Hochzeitskleider zu haben?[61] Und
damit ihr nicht etwa zu den Verworfenen gerechnet werdet, bedenkt nun mit
aller geistigen Sorgfalt, wie ihr eurem Bräutigam gefallen könnt, wenn er
kommt! Daher wachet, damit er euch nicht etwa mit den törichten Jungfrau-
en schlafend finde! Und wieder fuhr er fort und sprach: Hört dies, oh Jungfrauen, und öffnet die Ohren eures Herzens[62] und versteht, wie euch euer
Bräutigam einlädt. Wenn ihr erkannt haben würdet, wie schön und wie liebenswert er selbst ist, den die ganze himmlische Schar immer mit allem Verlangen anblickt, würdet ihr ohne Zweifel die Welt mit aller ihrer Zier verachten und würdet allen profanen Ruhm von euch wegwerfen und allen Eifer
daran setzen, euren heiligen Bräutigam, den Herrn Christus, vollkommen zu
lieben, und würdet stets besorgt sein, für ihn euer Herz und euren Leib rein
und unbefleckt zu erhalten. Danach fragte ich ihn und sagte: Herr, was sind
jene Hochzeitskleider, von denen du gesprochen hast? Und er antwortete: Die
Jungfrauen müssen ins Innere ihres Herzens gehen und dreierlei Arten von
Schmuck kaufen: Zum einen müssen sie ein weißes und unbeflecktes Kleid
haben, das ist die Unschuld des Fleisches. Notwendig ist ihnen auch ein Man-
tel, von dem sie eingehüllt sein müssen, das ist die Liebe, mit der der Bräutigam von ihnen zu lieben ist. Ihr dritter Schmuck ist ein goldener Ring, das ist
die Schamhaftigkeit, mit der sich eine Jungfrau selbst umschließen muß, damit sie zurückhaltend sei beim Sprechen und Hören, beim Sehen und Tun
hinsichtlich allem, was schamlos ist. Das ist das Zeichen, von dem gesagt wurde: Er setzte das Zeichen in mein Antlitz. Wie ich meine, setzte er dies deswegen hinzu, weil ich ihn am Fest der seligen Agnes[63] über dieses Wort be-

---

[60] Offb 14, 3.
[61] Mt 22, 12.
[62] Diese und ähnliche Metaphern waren seit den Kirchenvätern üblich, vgl. z.B. Poque, S., Le
langage symbolique dans la prédication d'Augustin d'Hippone, Paris 1984, 364 ff.
[63] 21. Jan. 1157.

fragt hatte, und er mir damals keine Antwort darauf gegeben hatte. Wiederum sagte ich: Herr, um welchen Preis müssen die Jungfrauen diesen Schmuck kaufen? Er sprach: Durch die Kasteiung des eigenen Leibes und um einen Denar, das ist die Betrachtung der Schamhaftigkeit des Bräutigams, die sie mitten in ihr Herz legen müssen. Diesem Denar ist ein Königsbild aufgeprägt, da er selbst ja der König aller Könige ist, gesegnet in Ewigkeit. Wieder fügte ich eine Frage hinzu und sagte: Erinnere dich, Herr, jenes Wortes, das du gesprochen: Eine mit Keuschheit, Liebe, Klugheit, Demut geschmückte Jungfrau läuft gut. Dort hast du also vier Zierden unterschieden, und nun, in dieser späteren Unterscheidung, hast du wohl die ersten zwei empfohlen, die letzten zwei aber scheinst du ausgelassen zu haben. Und er sagte: Ein Mann des Verlangens kann genannt werden, wer dem so sorgfältig nachfragt[64]. Dann antworte er auf meine Frage, indem er sprach: Die zwei, die dir ausgelassen zu sein scheinen, sind in dem Namen des Ringes miteinbegriffen. Daß nämlich eine Jungfrau ihr Herz gegen alles umgürte, was schamlos ist, vermag nicht ohne große Klugheit zu geschehen. Es kann aber nicht sein, daß ihr die Demut fehlt, wenn wahre Klugheit vorhanden ist.

Und nach einigen Tagen führte ich wiederum die Befragung über die vorgenannte Predigt weiter: Herr, wenn feststeht, daß jene Jungfrauen zur Hochzeit mit dem Bräutigam nicht hineingehen werden, die ohne Hochzeitskleider befunden worden sind, aus welchem Grund kann ihnen gesagt werden: Wie seid ihr hier eingetreten, ohne Hochzeitskleider zu haben?[65] Darauf antwortete jener und sprach: Diese Rede bezieht sich auf das Jüngste Gericht. Dort werden vor das Antlitz Christi alle seine auserwählten Bräute versammelt werden, geschmückt mit Hochzeitskleidern gemäß der guten Werke, die sie in dieser Welt vollbrachten. Dort wird es aber auch Verworfene geben, die überhaupt keinen zur Hochzeit gehörigen Schmuck besitzen, weil sie es vernachlässigt haben, in ihrem Leben Gutes zu tun. Daher wird ihnen vom Bräutigam gesagt werden: Geht, ihr Verfluchten, ins ewige Feuer! Mit diesem Wort werden sie jene Schelte erhalten: Wie seid ihr hier eingetreten, ohne Hochzeitskleider zu haben? Wiederum aber mahnte er und sprach: Höre und neige mir dein Herz zu, einfältige Jungfrau, Geliebte des Herrn! Eifere nicht den Töchtern der Welt nach, die üppig in ihren Lüsten einherwandeln und in den Augen der Menschen zu gefallen suchen, nicht in denen Gottes! Wohlgeziert und ganz geschmückt zu sein bemühen sie sich, um vom Mund der Betrachter Lob zu empfangen, und sie werden für viele zum Fangstrick und Untergang. Doch wie die Worte der Lobenden, so dauert auch ihre Schönheit nur einen Augenblick. So wie sich Wassergischt leicht auflöst und wie ein aus dem Feuer aufsteigender Funke schnell ausgelöscht ist, so ist auch die Schönheit des Fleisches und all ihr Ruhm wie eine Baumblüte, die in einer Stunde aufgeht und sogleich von einem Windstoß weggerissen wird. Du aber, Tochter, setze dein Herz daran, wohlgeziert und schön vor den Blicken deines keuschen Liebhabers, unseres Königs, zu wandeln, der dich vom Himmel aus be-

[64] Dt 9, 23.
[65] Mt 22, 12.

trachtet und alle deine Wege abzählt. Jenen Schmuck ergreife, der weder durch
eine Krankheit dahinschwindet noch im Alter vergeht, und den die Hilflo-
sigkeit der dem Untergang geweihten Materie nicht dunkel werden läßt! Je
schöner du durch dein Antlitz bist, desto mehr sei auf der Hut, daß du dem
Geist nach schön seiest, denn trügerisch ist die Lieblichkeit eines Gesichtes.
Dein Ruhm komme von innen, damit du deinem Bräutigam gefällst, der auf
das Herz blickt. Betrachte den Weg der Keuschheit und bemerke, daß er auf
beiden Seiten grünes Gras hat und Blumenschmuck, und gib der Keuschheit
Raum, nicht nur dem Fleische nach, sondern auch dem Geiste, denn eitel ist
die Keuschheit des Fleisches, wo Zügellosigkeit des Geistes herrscht und was
sonst noch eine Seele befleckt. Merke auf, was ich sage: So wie eine Lampe
nicht ohne Ölnahrung leuchten kann, so kann die Enthaltsamkeit des Fleisches nicht ohne die Keuschheit des Geistes vor dem himmlischen Bräutigam
erglänzen. Und ich fügte diesen Worten folgende Frage an: Herr, unser Weg
erschien in der Vision eng, und was ist es, was die Schrift sagt: Und ich wandelte im Weiten, weil ich deine Befehle erforschte[66]. Was ist diese Weite und
wie kann ich sie auf diesem Weg betrachten? Darauf antwortete er so: Die
Weite ist das kräftige Streben des Herzens und die innerlich brennende Liebe, mit der keusche Seelen für ihren Bräutigam entbrennen, den Herrn Christus, der die Weite und Erfüllung aller Wege zu Gott ist. Bedenke die Freizü-
gigkeit dieses Weges, da er ohne Dornen und Hindernisse ist. Das ist die Folge
der Liebe, die er vor allem in Jungfrauen bewirkt, indem er die Dornen der
Sorgen und jeder Bosheit hinauswirft, damit sie Muße haben und das bedenken, was Gott betrifft: Wie sie ihm gefallen sollen, den sie über alles lieben.
Und als ich wiederum wegen der Enge des Weges gefragt hatte, sprach er: Das
heißt, daß sich die Jungfrauen zurückhalten müssen, damit sie in nichts von
sich selbst abgehen. Ich sagt ihm: Wie können sie denn, Herr, von sich selbst
abgehen? Das können sie, sagte er. Und ich sagte: Was ist das, wodurch sie
von sich selbst abgehen? Er sprach: Das sind Faulheit und Klatschsucht und
alles, was ihr Denken vom himmlischen Bräutigam abzieht. Und er fuhr fort:
Die Enge des Weges und die Enge des Ringes, die ich euch vorgeführt habe,
legen in gemeinsamer Bedeutung dar, daß Bräute Christi stets im Engen wandeln müssen in dem, was sich auf diese Welt bezieht.

Und als diese Predigten vollendet waren, geschah es am zweiten Sonntag
des heiligen Fastens am Festtag des seligen Apostels Matthias[67] zur Zeit des
Meßopfers, daß mir der gesegnete und heilige Engel des Herrn erschien. Ich
sagte zu ihm: Ich flehe dich an, mein Herr – wenn es nun an der Zeit ist und
es dir so gut scheint –, daß du deiner Predigt, die du bislang hinsichtlich der
Jungfrauen des Herrn gehalten hast, noch ein passendes Ende hinzufügst.
Kaum hatte ich meine Rede beendet, so öffnete er sofort seinen Mund zu diesen Worten: Seht, ich will noch eine weitere Ermahnung für euch, geliebteste
Söhne im Herrn, hinzu fügen: Enthaltet euch von den Verlockungen der Laster, die gegen den Geist streiten. Werft das Denken eures Herzens auf den

---

[66] Ps 118, 45.
[67] 24. Feb. 1157.

Herrn, und er selbst wird euch ernähren, wie es vor ihm Gefallen findet, und er wird euch zu den Gastmählern des ewigen Lebens einführen, die Jesus Christus, der Sohn des lebendigen Gottes, für euch zu bereiten sich herablassen möge, der mit dem Vater und dem Heiligen Geist lebt und herrscht als Gott von Ewigkeit zu Ewigkeit, Amen.

15. Sechste Predigt über den Weg der Prälaten: Nachdem die vorhergehende Predigt zu Ende gebracht war, schob der Engel des Herrn es länger als gewöhnlich auf, mich heimzusuchen. Da ich dies meinen Sünden zuschrieb, ängstigte ich mich innerlich und gab mir mit Tränen und Gebeten sehr eifrig Mühe, und unser Konvent half mir durch gemeinsames Gebet. Und nachdem siebzehn Tage vorbeigegangen waren, seitdem er die schon angeführten Worte vollendet hatte, stand ich allein um die dritte Stunde im Gebet, schüttete mein Herz vor dem Herrn aus und sagte: Nicht meine Verdienste, Herr, hast du bei allem betrachtet, was du bisher an mir gewirkt hast, sondern du hast das alles in deinem Erbarmen getan. Daher flehe ich, daß du dich nicht durch meine oder irgend jemandes anderen Sünden zurückhalten läßt, das, was du jetzt bei mir anzufangen dich herabgelassen hast, wegen deiner Güte zu einem guten Abschluß zu bringen. Würdige uns, uns den passenden Grundsatz für den Weg der Lenker der Kirche zu eröffnen, den du mir als Geheimnis gezeigt hast, damit daraus eine Frucht der Besserung erwachse, was, wie du weißt, für dein Volk notwendig ist. Als ich noch dieses und diesem Ähnliches im Gebet sprach, siehe, da erschien plötzlich der Engel meines Verlangens bei mir und begann mit diesen Worten die Predigt, die ich ersehnt hatte, indem er sprach: Seht, ich sende meinen Engel[68], daß er euch [etwas] verkünde, die ihr mich in hoher Machtstellung erzürnt. Ich sage euch aber, daß das Unrecht auf Erden, das ihr des Goldes und Silbers wegen verbergt, zu mir wie Rauch aus einem Feuer hochgestiegen ist. Sind denn die Seelen nicht mehr als Gold und Silber, die ihr im ewigen Feuer erstickt wegen eures Geizes? Darob beschuldigt euch eure Religion bei mir. Seht, ihr habt nämlich eure Heiligung im Angesicht meines Volkes stinkend gemacht, und sie ist mir zum Abscheu geworden. Ihr habt das Fürstentum meiner Heiligen besetzt, und ich wußte es nicht, ihr habt mein Lager befleckt, und ich schwieg. Was soll es mir und euch, gegen meine Nachsicht zu trotzen? Was seid ihr aufgestanden, meine Herde zu verwirren und mein Herz wegen meiner Kinder zu beschweren, die ich in der Bitternis meiner Seele zeugte am Tage meiner Mühe und meiner Ängste? Und er fuhr wieder fort, zu mir zu sprechen und sagte: Sind meine Hirten nicht wie in schwerem Schlaf verhärtet? Und wie soll ich sie aufwecken über meinen Scharen, die sich wie Schafe zerstreuen, wenn sie in grünenden Wiesen weiden? Unsicher sind meine Völker geworden, ein jeder folgt seinem Herzen, und sie laufen im Drang ihres Geistes einzeln nach ihren Begierden auseinander, und meine Hirten haben keine Stimme noch den Sinn dazu, die Zerstreuten zu schelten und zu sammeln. Mir gegenüber sind sie verstummt, sagt der Herr, mir gegenüber sind sie unweise geworden, für

---

[68] Mal 3, 1.

sich aber sind sie weise und gelehrt. Ihr Mund steht offen, ihre Zunge ist flink und spitz, um in meinem Weinberg zu lesen, wo sie nicht gearbeitet haben. Eilig ist ihr Schritt, und sie laufen durcheinander, um das Fleisch meines Volkes auszureißen und zu verschlingen, dem sie keinen geistlichen Dienst erbringen, die sie zu faul sind, einen Finger zu rühren, um meine Seelen aus ihrem Unrecht herauszureißen, für die ich den Tod geschmeckt habe. Wie ein Stamm, der meinen Namen nicht kennt, so scheuen sie nicht davor zurück, mich zu verfolgen, die unter meinem Namen auftreten und durch ungerechte Besteuerung das Herz meines Volkes betrüben. Auch gehen sie nicht daran, aus meinen Augen das Unrecht des Ehebrechers zu nehmen, des Hurers, des Mörders und Gewalttäters gegen seinen Nächsten, des Diebes, des Zauberers, des Meineidigen, des Wucherers, dessen, der mit Maß und Gewicht betrügt, dessen, der meine Sabbate mit schändlichem Spiel beschmutzt, dessen, der das Nonnengelübde bricht, des Unbeschnittenen, der meinen Altar entehrt und nicht begreift, daß er das Reinste vom Reinen ist, dessen, der meine Heiligkeit kauft und verkauft, dessen, der im Erbgut meines Heiligtums hochmütig auftritt. Durch dieses und anderes, was ich durch meine Gesetze verboten habe, verheeren sie wie eine vernichtende Flamme mein Haus und lassen mich vor den Söhnen der Menschen ekeln. Doch meine Hirten sind hinsichtlich der Pflichten jenen gegenüber stumm und ruhen in den Begierden ihrer Seele. Bei dem, was sie für sich anpflanzen[69], schreiten sie gut voran, aber diese ihre Schritte werden eine gerechte Vergeltung finden, spricht der Herr.

Als der Engel so fortfuhr, der mit mir in gewissen Zeitabständen sprach, sagte ich zu ihm: Herr, was ist dieses Erwachen, das der Herr seinen Hirten angedroht hat? Doch jener griff wieder wie im Zorn zu einem Drohwort und sprach: Ihr, die ihr bei meinem Schelten schlaft – und euer Herz ist in seinem Schlaf verblendet – ich werde euch aufwachen lassen, wenn über euch der alte Tod kommt und jene gealterte Schlange, und sie wird euch in einem heftigen Ansturm verschlingen, da ihr euch ja Schätze in den Höllenqualen angehäuft habt. Ihr Unglücklichen und Unverständigen, öffnet eure Augen und lest die Schriften und erinnert euch, mit welcher Frömmigkeit eure Vorgänger euch vorangeschritten sind!

Nachdem er wieder eine Pause von kurzer Dauer gemacht hatte, fuhr er fort und sagte: Blickt auf den großen und über alles vortrefflichen Priester, den Herrn Jesus, wie er in den Tagen seines Gehorsams mitten unter seinen Jüngern wandelte, nicht im Hochmut eines Herrschenden, sondern in der Demut eines Dienenden wie ein guter Hüter seiner Schar bis zur Vollendung im Tod für diese. Schaut auf seinen Samen, der gesegnet ist, die Diener eurer Berufung, die seligen Apostel und ihre Nachfolger, auf deren Sitzen ihr euch rühmt und den Willen eures Herzens an ihren Mühen weidet. Waren deren Wege denn etwa wie eure Wege? Glaubt das nicht, denn die Wege jener waren schön und gerade, eure aber sind befleckt, und es gibt keine Ordnung auf ihnen. Sie wandelten nicht im Hochmut ihres Geistes noch im Tumult eines

---

[69] Vgl. Mt 15, 13.

stolzen Gefolges, nicht in der Begierde nach Erwerb, nicht in der Großartig-
keit der Kleidung, noch in Herzensverwirrung, nicht in Völlerei und Trunk-
sucht und beflecktem Fleisches, nicht in der Eitelkeit der Spieler, auch nicht
nach Hund und Jagdvogel ging ihr Schritt. In allem Ernst hefteten sie sich an
die Spuren des großen Hirten und hielten getreulich Wache über der Schar
des Herrn bei Tag und Nacht. In Mühen und Drangsal, in Mangel des Not-
wendigen, gleichsam in der Angst einer Gebärenden, erfüllten sie ihren
Dienst, ertrugen von den Menschen Zurückweisung und Schmähung und
Verfolgungen, wie sie niemand aufzählen kann, und gaben ihre Leben dem
Tode anheim, um die Erde mit dem Evangelium Gottes zu erfüllen und die
Seelen der Erwählten zu gewinnen.

Als wir den Tag des Osterfestes[70] feierten, erschien mir der Engel des Herrn
zur Zeit des Meßopfers nach der Lesung des Evangeliums und stand bei mir.
Und als ich von ihm erbeten hatte, er möge sich herablassen, dafür zu sorgen,
daß bei jener heiligen Kommunion, die wir erwarteten, keinerlei Nachlässigkeit geschähe, fügte ich die Bitte hinzu, sich herabzulassen, seine Predigt über
die Lenker der Kirche gemäß dem weiterzuführen, was er begonnen hatte.
Darauf gab er mir eine kurze Antwort, indem er sagte: Wenn sie würdig wären, würde der Herr viel Großes über sie offenbaren. Dies gesagt, wandte er
sich sogleich mit Eile dem Altar zu und blieb dort mit großer Aufmerksamkeit stehen – zusammen mit zwei Engeln, die zu Beginn der Messe hergekom-
men waren –, bis wir alle kommuniziert hatten.

Am nächsten Tag aber kam er um dieselbe Zeit her, hub folgenderweise an
und sprach: Das Haupt der Kirche ist ermattet und seine Glieder sind abge-
storben, da ja der apostolische Sitz von Hochmut besessen ist und der Geiz
gehegt wird. Und er ist erfüllt von Ungerechtigkeit und Ruchlosigkeit, und
sie verführen meine Schafe und lassen sie in die Irre gehen, die sie behüten
und leiten sollten. Das Wort gehört dem Herrn mit seiner Macht: Wird denn
meine Rechte dieses vergessen? Keineswegs! Zweifelsohne, wenn sie sich
nicht bekehren und ihre so üblen Wege bessern, werde ich, der Herr, sie aus-
löschen. Am nächsten Tag fuhr er wieder fort und sagte: Das sagt der Herr
den großen Prälaten der Kirche: Seid dessen eingedenk, welche Rechenschaft
über meine Schafe ihr an meinem erschrecklichen Gerichtstag werdet ablegen müssen, die zu leiten und zu behüten ihr übernommen habt, da ihr die
geistlichen Gaben um den Preis des Unglücks meines Volkes verkauft habt.
Nun aber sende ich euch väterliche Ermahnungen: Seht, daß ihr nicht etwa
gerichtet werdet, sondern kehrt euch von euren so üblen Wegen ab und reinigt eure Gewissen, und ich werde mich mit euch versöhnen! Sonst werde
ich, der Herr, die Erinnerung an euch aus dem Land der Lebenden austilgen.
Danach sagte er, wie im Geist der Milde ein Wort des Herrn verkündend: Ich,
der Herr, rufe und ermahne meine Hirten, warum aber hören sie die Stimme
meiner Mahnung nicht? Ich stehe und klopfe an die Pforte ihres Herzens, und
sie öffnen mir nicht. Hört und begreift die Worte meiner Ermahnung und
freut euch an meiner Freude, da ich doch meine Hirten und meine Schafe mit

---

[70] 31. März 1157.

väterlicher Ermahnung ermahne. Es gibt nämlich unter meinen Hirten solche, die mir gut und friedfertig erscheinen – weh, wie wenige sind es! Es gibt auch viele andere, böse und pervers, die mich zum Zorne reizen. Daher müssen die Guten ermahnt werden, zum Besseren fortzuschreiten, die Bösen und Perversen aber, sich zu bekehren, damit sie nicht vom rechten Weg ins Verderben abkommen. Und als er mich wiederum heimsuchte, fügte er hinzu: Siehe, der Herr fügte noch etwas für seine Hirten hinzu, indem er sagte: Achtet mit aller Sorgfalt eures Geistes auf euren Weg, den rechten Weg, und geht auf ihm nicht fehl! Seid auf der Hut und haltet die Nachtwachen über meine Schar wie gute Nachfolger ein, damit nicht etwa eine Ziegenherde dazukomme – das sind böse Geister –, von denen die Scharen meiner Schafe zersprengt werden. Freut euch mit Jubel, die ihr meine Friedfertigen seid, spricht der Herr, und gedenkt meiner Worte, die ihr in der gegenwärtigen Predigt findet, hütet euch vor den verbotenen Dingen dieser Welt und liebt meine Ermahnung – man muß mich nämlich für eine solche Ermahnung lieben! Wenn ihr mich also liebt und meinem Namen Ehre zuteil werden laßt, da ihr sie ja meinetwegen empfangen habt, werde ich euch bei meinen heiligen Engeln ehren.

Während der Engel noch jene Reden über die Hirten der Kirche zu mir sprach, erschien es einigen passend, ich solle ihn darüber befragen, wodurch einige Schwankende die Gelegenheit zu ihrem Irrtum bekommen. Ich fragte also, nicht als ob ich im Glauben zauderte, sondern sozusagen aus dem Wunsch, unseren Glauben durch die Autorität des Engels zu bekräftigen, und sagte: Haben denn, Herr, bei den kirchlichen Sakramenten die Dienste jener Priester, die übel und nicht gottgemäß zu ihrem Priesteramt gekommen sind, und die derer, deren Einstellung gut ist, eine gleiche Kraft[71]? Er antwortete und sprach: Viele begehen, indem sie diesem genau nachforschen, eher Fehler als sich zu bessern, und der Herr würde solches offenbaren, wenn nicht jene umso freizügiger sündigen würden, auf die das zutrifft. Dies gesagt, wurde er sogleich meinen Augen entzogen.

Aber als er am nächsten Tag wieder zu mir zurückgekehrt war, fragte ich ihn, wobei ich dieselben Worte wie eben gesagt wiederholte. Und jener sagte: Sie haben die gleiche Kraft, doch mehr Wohlgefallen hat Gott an den Diensten derer, die gut ins Amt gekommen sind. Wieder fuhr ich fort, indem ich sagte: Es ist doch so, mein Herr, wie wir glauben, daß die Priester, die von jenen ordiniert wurden, deren Amtseintritt übel ist, dieselbe Macht haben, des Herrn Leib und Blut auf dem Altare zu konsekrieren, wie sie die haben, die von jenen ordiniert wurden, die rechtmäßig zu ihrem Amt gekommen sind? Und er sagte: Niemals sollte über diese Sache ein Zweifel in deinem Herzen

---

[71] Es geht hier um einen Hauptpunkt der hochmittelalterlichen Kirchenreform und des Investiturstreits, nämlich ob die Wirksamkeit der Sakramentenspende davon abhänge, ob der Priester sein Amt auf kanonischem Weg oder durch Simonie und Laieninvestitur erhalten habe. Während viele Häresien die Gültigkeit der priesterlichen Tätigkeit von dessen Moral abhängig machen wollten, sollte sich in der katholischen Dogmatik und Kanonistik die auch hier vorgetragene Auffassung durchsetzen, daß allein der formal korrekte Vollzug der Weihen relevant sei. Danach kann selbst ein exkommunizierter Priester immer noch Brot und Wein wirksam in Christi Fleisch und Blut wandeln.

aufsteigen, sondern halte für sicher, daß die, die mit kirchlicher Weihe die Priesterschaft empfingen, dieselbe Macht bei der Konsekration des Sakramentes
des Herrn besitzen, ob jene, die sie weihten, nun gut oder schlecht zu ihrem
Amt gekommen sind. Jene göttlichen Worte, die im heiligen Meßkanon gesagt werden, sind von solcher Kraft bei dem Herrn, daß durch ihr Aussprechen Leib und Blut des Herrn wahrlich entsteht, von welchem Priester auch
immer sie ausgesprochen werden. Denn nicht etwa durch die Verdienste der
Guten wird jene Konsekration bewirkt, oder durch die Sünden der Bösen verhindert. Obschon aber sowohl die Priester wie auch ihre Weiher hinsichtlich
der göttlichen Sakramente nicht unfähig sind, sind sie nichtsdestotrotz ver-
dammenswert, und werden in der Zukunft von einer umso größeren Verdammnis betroffen werden.

Weil sich diese ganze Predigt offensichtlich auf unsere Väter bezog, die die
geistliche Gerichtsbarkeit in der Kirche besitzen, fragte ich den Engel des
Herrn, indem ich sagte: Bitte, Herr, lasse dich herab, so, wie du bisher Worte der Ermahnung den geistlichen Führern dargeboten hast, so auch jenen,
die die weltliche Gerichtsbarkeit innehaben, einige Ermahnungen vom Herrn
zu verkündigen, mit denen sie sich selbst bessern können. Dieser gab sogleich
meiner Bitte statt, begann seine auf jene bezügliche Predigt mit folgenden
Worten und sprach: Seht, es hat der Herr über sein Volk Fürsten und Richter gesetzt, um ein Urteil zu fällen und Gerechtigkeit, Wahrheit und Frieden
zwischen dem einen und dem anderen Menschen zu bestärken, damit alles
Volk vor dem lebendigen Gott wohlgefällig sei. Jetzt aber sind meine Fürsten
und Richter, spricht der Herr, wie ein Pferd und ein Maultier, die keinen Verstand besitzen, und sie wandeln vor mir mit hochgerecktem Hals und von
Stolz aufgeblasen, ohne Gott den Ruhm zu zollen, von dem jede Gewalt im
Himmel und auf Erden kommt. Sie aber rühmen sich ob ihrer Gewalt. Ich
habe sie über die Erde erhöht und geehrt, und siehe, sie verschmähen es, mich
zu kennen und mir Ruhm zu zollen. Wenn sie nämlich meinen Namen kennen würden, der groß und furchtbar ist, und meine starke Rechte, die ich über
sie ausgestreckt habe, würden sie sich vielleicht unter meiner Hand verdemütigen und ihren Nacken auf sich selbst zurückziehen, den sie zu meiner
Schmach erhoben haben, und ihr Haupt auf die Erde hinabbeugen, von der
ich sie und ihre Väter genommen habe. Euch, den Königen der Erde, sage ich,
die ihr euch in die Höhe hinaufreckt, wobei das Geschrei von eurer Ungerechtigkeit zu mir in den Himmel aufsteigt: Hört meine scheltende Stimme,
und ich werde mit euch vor den Ohren meines Volkes streiten. Oder wißt ihr
nicht, daß alle Reiche der Welt mir gehören und all ihr Ruhm, und daß ich die
Macht habe, sie zu geben, wem ich will, und sie wieder zu nehmen, zu welcher Stunde ich will? Wißt ihr nicht, daß alle Lebenden gemäß dem Befehl
meines Mundes bereitstehen, und daß mein Wort die Macht hat, euren Geist
in einem Augenblick vom Fleische zu scheiden? Und warum ist euer Herz
wegen dessen hochmütig, was ihr durch meine Anordnung erhalten habt, und
befleißigt ihr euch nicht eher, mir gemäß dem Grad eurer Erhöhung zu dienen und mir für die Vielzahl meiner Wohltaten Dank abzustatten? Haltet
Nachschau in eurem Herzen und seht, was ich für euch getan, und was ihr

mir zurückgegeben habt! Ich, der Herr, euer Herrscher, habe euch ohne die
Verdienste meiner Gnaden vor mir erfunden[72], und trotzdem habe ich euch,
wie ich wollte, aus der ganzen Anzahl meiner vielen Völker ausgesucht und
euch über die Höhe der Fürsten und Richter auf Erden gesetzt und über euch
die Salbung meiner Heiligung ausgegossen und das Diadem der Glorie auf
euer Haupt gesetzt und das Königsszepter in eure Rechte gesteckt und euch
mit dem Schwert meiner Rache gegürtet. Vor allem meinem Volk habe ich
euch an Reichtümern und Machtfülle ruhmvoll gemacht und euch große Stärke gegeben, um die Kraft der gegen euch Rebellierenden zu zerschlagen, und
den Ruhm eures Namens über die Weite der Erde verbreitet. Ich, der Herr
habe all dies für euch getan, auf daß ihr das Lob meines Namens über die Erde hin größer werden lasset und ihr meine Gerechtigkeit über die ausübt, die
ich euch, groß und klein, unterworfen habe, und ihr all mein Volk in den Ban-
den des Friedens und der Gerechtigkeit vereinigt und euch selbst jedem Unterdrückten und Unrecht Erleidenden als getreue Zuflucht anbietet und meine Rächer gegen Friedens- und Rechtsbrecher seid und die Erde von denen
ausruhen laßt, die sie mit Schwert und Feuer und räuberischer Gewalt be-
dräuen und verwüsten und die fremde[n] Arbeit[sfrüchte] verschlingen und
die Bebauer der Erde zu heimatlosen Bettlern machen und meinen heiligen
Namen verunehren, mit dem ich sie gezeichnet und in mein Erbgut versammelt habe. Dies war das Joch meiner Knechtschaft, das ich euch an dem Tage auferlegte, an dem ich euch über die Obersten meines Volkes erhöhte, doch
ihr habt es von euren Nacken weggestoßen und mir für all den Ruhm, den
ich euch gewährte, nicht Furcht und Ehre, sondern Verachtung und Trotz zurückgegeben. Ihr habt die Augen eures Geistes verschlossen, um nicht euren
Richter zu erblicken, der in den Himmeln ist, und ihr verdreht, was gerecht
ist, ob des Geizes und Hochmuts eures Herzens und bekräftigt das Unrecht
auf Erden und hebt es hoch empor. Wenn ihr die Erde durchschreitet, höre
ich das Weinen und Stöhnen meines Volkes hinter euch, und vielfältige Klage beschuldigt euren Stolz, denn unerträglich ist euer Aufgebot[73] und die Zahl
der Ungerechtigkeiten derer, die zu eurem Kreis gehören, ist unbeschränkt.
Eine Last seid ihr für mein Volk, und das gilt euch gering, wenn ihr nicht auch
eurem Herrn Gott beschwerlich und abscheulich seid durch die Befleckung
eurer Schamlosigkeit, wodurch mich zu Widerwillen zu provozieren ihr euch
nicht fürchtetet. Ihr habt auch mein heiliges Öl entehrt, mit dem ich euch salbte; und meinen ehrbaren Namen, den ich euch auferlegte, habt ihr beschmutzt
und in der Volksmenge lästern lassen wegen der unersättlichen Sünde, die in
euch herrscht. Deshalb habe ich bei der Kraft meiner Rechten geschworen,
spricht der Herr, daß ich, seht, sehr bald meine härteste Rache auf eure Häupter laden werde, und wie ihr heftig gesündigt habt, werde ich euch heftig quälen und von den unreinen Geistern, denen ihr gedient habt, niedertreten lassen. Und die Geißel wird in dieser Zeit nicht von euch weichen, wenn ihr nicht

---

[72] D.h., ihr habt meine Gnade nicht erworben.
[73] „equitatus", das berittene Gefolge der Mächtigen, für dessen Verköstigung und Beherbergung
die Klöster bzw. die Bevölkerung aufzukommen hatte.

Buße tut und von euren unrechten Wegen abgeht, durch die ihr meinen Zorn auf eure Reiche herabzieht. Bereut also und zögert nicht und bemüht euch, mit aller Sorgfalt euer Amt zu erfüllen, zu dem ihr von mir berufen worden seid, dann werde ich mich meiner alten Barmherzigkeit gegen euch erinnern und Nachsehen mit euren vielen Ungerechtigkeiten haben und werde euch gemäß der Größe der mir dienenden Könige erhöhen, die vor euch lebten. Und ich will euch die Ruhmeskrone in meinem Reich hinzugeben, die in Ewigkeit nicht von eurem Haupte fallen sollen. Ihr meine Fürsten und Richter allesamt, beachtet diese meine Worte, die ihr das Unrecht eurer Reiche tragt, und berichtigt eure verkehrten Wege nach meinen Scheltworten, mit denen ich jene zurechtgewiesen habe! Laßt ab von Geiz und List, die ihr meine Gerechtigkeit für Geschenke und für die Gunst der Leute erstickt und die Herzen meiner Völker zum Unrecht erhebt, daß sie einander Schaden zufügen, wobei sie auf eure Ungerechtigkeit vertrauen! Ich, der Herr, habe meine Scharen eurer Herrschaft unterworfen, auf daß ihr ihnen ein Schutz vor dem Antlitz des beuteheischenden Gewalttäters wäret – doch seht, euer Herz erhob sich zu Stolz, und wie Schmutz unter den Sohlen zertretet ihr die, derentwegen ihr eure Glorie habt, und wie reißende Wölfe wütet ihr wahnsinnig in der eigenen Herde. Ich habe euch meinen Fürsten verglichen, die der himmlischen Heerschar vorstehen[74], und ihr wolltet eure Ehre nicht begreifen, sondern bekleidet euch mit der Ähnlichkeit zu den Höllenfürsten ob der Vielfalt der Bosheit, mit der ihr mein Volk anfallt, und in der Arroganz eures Geistes und den Flecken eurer Unbeherrschtheit, womit ihr mein Antlitz entehrt, das vom Himmel auf euch herabschaut. Daher lebe ich, spricht der Herr, und lebt die Stärke meiner Rechten: Wenn ihr nicht auf die Stimme meiner Ermahnung hört und euch zu mir bekehrt, werde ich euch von eurer Höhe, die ihr übel benutzt habt, in die Tiefe der Hölle hinabstürzen, und ihr werdet im ewigwährenden Brand Genossen jener sein, denen ihr selbst euch angeglichen habt.

Als ich mich am heiligen Pfingsttag[75] zur ersten Stunde vor der Feier des Gottesdienstes im Gebet befand, erschien der Engel des Herrn vor mir und beschloß die bisher vorgetragene Predigt mit der Ergänzung folgender Worte: Dies spricht der Herr, der König der Könige und der Herr der Herrschenden der gesamten Erde: Hört und begreift die Worte meines Mundes und reinigt eure Wege vor meinen Blicken! Wenn ihr euch bemüht, mich zu versöhnen: Je höher ihr in dieser Welt seid, desto eher werde ich euch den genannten Rang in meinem Reich geben, daß ihr mit mir lebt und herrscht ohne Ende. Amen.

16. Siebte Predigt über den Weg der Verwitweten: Am Fest des heiligen Maximinus[76] sprach ich während des stillen Teiles der Messe den Engel an, in-

---

[74] Gemäß der Lehre des Pseudo-Dionysius Areopagita sollten die irdischen Stände den Himmelschören der Engel entsprechen, also hier die irdischen Fürsten dem Chor der Engelsfürsten.
[75] 19. Mai 1157.
[76] 29. Mai 1157.

dem ich sagte: Möge es dir nun gefallen, Herr, uns den passenden Grundsatz für jenen Weg darzulegen, dessen einer Teil von Gestrüpp besetzt erschien, der andere aber durch Blumen lieblich und schmal, der nichts an Gestrüpp oder Hindernissen besaß. Kaum hatte ich die Worte meiner Bitte beendet, so sprach er sogleich: Siebte Predigt über den Weg der Verwitweten[77]: Seht, ich sage euch, die ihr in der Welt verwitwet seid und dem Fleische gemäß in vielen Mühen und Ängsten lebt: Verzichtet auf die Laster dieser Welt und wandelt auf dem lieblich geschmückten Weg der Enthaltsamen, indem ihr dem Geist gemäß lebt. Tretet heraus mitten aus den Dornen, die euch umgeben, denn seht, euer Strick ist gelöst, mit dem ihr an diese Welt gebunden wart und wie Gefangene zum Dienst an einem fremden Willen geführt wurdet, ohne euch selbst zu gehören! Als ihr dem Willen des Fleisches nach all eurem Herzensverlangen folgtet, nahmt ihr die Entschuldigung dafür von der ehelichen Verpflichtung. Und wenn ihr abermals dem Fleische gehorchen wollt, welche Entschuldigung werdet ihr haben? Was begehrt ihr noch weiter, menschlichen Blicken durch stolze Gewandung und eure Gesichtsschminke zu gefallen? Was nährt ihr weiterhin euer zum Teil schon abgestorbenes Fleisch mit begehrlichen Vergnügungen, die sich gegen den Heiligen Geist richten, und häuft euch überflüssige Sorgen an? Hört eher den Rat Gottes und laßt ab von den Lüsten dieses Lebens, denn sie sind trügerisch, daß ihr nicht etwa von ihnen übermannt werdet und euer Verhalten zuallerletzt schlimmer wird als das vorhergehende. Ergreift die Ruhe des Geistes und die geistlichen Freuden, die euch Gott anbietet, und verbringt den Rest eurer Jahre mit flehentlichen Gebeten und Wachen und der Kasteiung des Fleisches und den Werken der Frömmigkeit!

Und zur Vigil der Apostel[78] fuhr er fort und sprach: Und was soll ich euch noch weiterhin ermahnen? Seht, ich habe euch den Weg gezeigt, euch in der Lehre unterrichtet, tastet hier- und dorthin, wägt die Worte, behaltet die Beispiele, liebt die Keuschheit, eilt zur Helligkeit Gottes und unseres Herrn Jesus Christus. Diese euch zu verleihen möge sich der herablassen, der lebt und herrscht von Ewigkeit zu Ewigkeit. Amen.

17. Achte Predigt über den Weg der Eremiten und Einsiedler[79]: Ich wollte den Beginn der achten Predigt am Tag der Translation unseres heiligen Vaters Benedikt[80] vernehmen, aber meine Gebete wurden an diesem Tag durch die Gegenwart von Gästen behindert, und mein Verlangen schob sich bis zum nächsten Tag auf. Als ich dann nämlich nach der Stunde des Kapitels im Gebet stand, zeigte sich mir der Engel des Herrn. Und ich bat, er möge mit der Predigt für die beginnen, deren Weg in der Vision wie von Schollen bestreut erschienen war. Und sogleich öffnete er seinen Mund und sprach folgende Wor-

---

[77] Dieser Satz ist wohl eine irrtümliche Verdopplung der Überschrift.
[78] 28. Juni 1157.
[79] „heremita" und „solitarius" sind zwar Synonyme, doch meint das erste Wort eher den bei einem Kloster hausenden und diesem zugehörigen Einsiedler (vgl. *Benediktusregel* 1, 3), letzteres eher den ganz alleine lebenden Einsiedler.
[80] 11. Juli 1157.

te: Achtet darauf, ihr, die ihr es gewählt habt, ein Leben in der Einöde zu führen, welches Maßhalten[81] ihr habt! Die Mäßigung ist nämlich die Mutter aller Tugenden. Durch Schollen rauh ist euer Weg wegen der Härte des Lebens,
seht, daß euer Fuß nicht etwa strauchle! Wenn er aber strauchelt, hütet euch,
daß nicht das Licht, das in euch ist, ausgelöscht werde! Deswegen aber ist euch
die Mäßigung notwendig, damit ihr nicht rasch jedem Anstoß eures Eifers
folgt, der euch zur Höhe der Vollkommenheit antreibt, und ihr nicht das Maß
eurer Tugend durch ungezügelte Mühen überschreitet. Viele, die in der Anmaßung ihres Geistes wandelten, haben ihr Leben durch zu heftige Kasteiung ausgelöscht und gingen in ihren Erfindungen zugrunde. Indem sie ihr
Maß überschritten, haben viele den Menschenverstand in sich selbst verdor-
ben und wurden unnütz und ähnlich wie vernunftlose Zugtiere. Vielen wurde unbeherrschte Askese Grund zum Überdruß, ihre Tugend erschlaffte, sie
machten Rückschritte und kehrten zu den Lüsten des Fleisches zurück und
wurden zum Gespött der bösen Geister. Gut ist die Peinigung des Fleisches,
weil sie sich gegen unreine Begierden richtet, wenn sie aber das Maß über-
steigt, ist sie unnütz, weil sie die Hingabe an die Betrachtung erstickt und ihr
Licht auslöscht. Daher sei eingedenk, Mensch, deiner Hinfälligkeit, auf daß
du vorsichtig auf dem harten Weg schreitest, den du betreten hast, und bei
deiner Eile mit Geduld vorgehst, um nicht Untergang zu erleiden. Richte alle deine Anstrengungen nach dem Rat der Weisen, nicht nach der eigenen Meinung, und du wirst bei deinem Ende nicht zu Schanden werden! Du sollst
den Herrscher des Himmels nicht versuchen, so wie die, die unvorsichtig auf
die Sorge für sich selbst verzichten, und habe Vertrauen, daß die Macht des
Herrn wie in den alten Tagen an ihnen verherrlicht wird! Nimm dir dazu die
Lehre von der Disziplin der Betrachtung, die ich vom Herrn verkündete, und
tröste mit ihr deine Schmach!

Als wir im Kapitel saßen, um am Fest der heiligen Maria Magdalena[82] der
Verlesung der Regel zu lauschen, stand mein Herr bei mir und vollendete die
gegenwärtige Predigt mit einem passenden Ende, indem er sprach: Nun beachte, oh Mensch, der du es gewählt hast, in der Einsamkeit das Leben zu führen, und der du dich von den Lüsten der Welt zurückgezogen hast, welche
Frucht du davontragen kannst! Es gibt nämlich einige Menschen, die die Einsamkeit mehr wegen der Freiheit des eigenen Willens lieben, als wegen der
Frucht des guten Werkes. Wenn du dich im Guten bewahrst, wird dir der Herr
dazuschenken, was kein Auge geschaut, kein Ohr gehört, noch ins Herz des
Menschen hinansteigt[83]. Was euch zu gewähren der sich herablassen möge,
der lebt und herrscht als Gott ohne Ende von Ewigkeit zu Ewigkeit. Amen.

Über den Titel dieses Buches: Als das Fest des heiligen Apostels Jakobus[84]
herangekommen war, erschien vor mir der Engel des Herrn am Beginn der

---

[81] „discretio", das wohlabgewogene Maß, galt als besondere benediktinische Tugend, vgl. die *Benediktusregel* 64, 17 ff.; 70, 6.
[82] 22. Juli 1157.
[83] 1Kor 2, 9.
[84] 25. Juli 1157.

Vesper. Ich tat so, wie es mir der Aufzeichner[85] dieser Predigten geraten hatte, und erbat von ihm, er möge sich herablassen, den Titel zu verkünden, der an den Anfang dieses Buches geschrieben werden sollte. Er stimmte meiner beständigen Bitte zu und sprach: Dies ist das Buch der Wege zu Gott, das Elisabeth, der Magd Christi und des lebenden Gottes, vom Engel des höchsten Gottes verkündet wurde im fünften Jahr ihrer Heimsuchung, in dem sie der Geist des Herrn zum Heil aller heimsuchte, welche die väterlichen Ermahnungen mit dem gnadenvollen Segen Gottes vernehmen. Und das war im Jahr der Fleischwerdung des Herrn 1156.

18. Neunte Predigt über den Weg der Heranwachsenden und Jugendlichen: Im Monat August, am fünften Tag des Monats in der Frühe nach den Morgenvigilien, als ich in meinem Bette lag und noch nicht in den Schlaf gefallen war, erschien plötzlich der Engel des Herrn vor mir und begann die neunte Predigt des vorliegenden Buches mit diesen Worten: Siehe, ich habe euch etwas zu sagen, die ihr jugendlichen Alters seid, wie die Lilie, die vor dem Sonnenaufgang geschlossen war und sich öffnet und an der Wärme der Sonne erfreut, wenn die Sonne in ihrer Kraft leuchtet. So ist also der Mensch, und so erblüht sein Fleisch in seiner Jugend, und er ergötzt seinen Sinn auf viele Weisen, von der Lieblichkeit der eingeborenen Wärme berührt und gelöst. Hört also, Kinder, und vernehmt in den Worten meines Auftrags die Rede eures besten Vaters vom Himmel, der euch den süßesten und lieblichsten Ort vor dem Thron seiner Glorie geben wird, wenn ihr es wählt, seinen Ratschlägen gemäß zu wandeln. Lernt zuerst, den Herrn des Himmels zu fürchten, und gewöhnt euch daran, euch vom Beginn eures Jünglingsalters unter das Joch der Furcht vor ihm zu beugen! Seht, er hat in der grausamen Hölle Feuer und Schwefel und überaus viele Geißeln und die schmerzhaftesten Bisse der schrecklichen Geister für die Übeltäter vorbereitet, für die kleinen und die großen, und er verschont kein Alter! Daher sage ich euch: Lernt, euch von jedem bösen Werk zu enthalten, und bewahrt eure Unschuld wie erlesenes Gold, dessen Wert und Schönheit ihr noch nicht kennt. Wenn aber euer Verstand reifer geworden sein wird, dann werdet ihr erkennen und von ihr [der Unschuld] die Frucht der Freude kosten, die niemand kennt, wenn er sie nicht empfängt. Der Rat des Herrn ist, meine lieben Kinder, was ich sage: Seht, in eurem Schoße gibt es einen ersehnenswerten Schatz, kostbar über alle Reichtümer der Welt hinaus, das ist das Juwel der Jungfräulichkeit. Selig werdet ihr sein, wenn ihr sie bewahrt. Werft etwas so Kostbares nicht in den Schmutz und tauscht sie nicht gegen ein billiges Vergnügen ein, das nur einen Augenblick dauert, weil sie sich nicht mehr finden läßt, ist sie einmal weggeworfen. Sie ist im Himmel das besondere Zeichen unserer Gemeinschaft, und daher freuen wir uns auf Erden besonders über jene, von denen wir sehen, daß sie mit unserem Kennzeichen geschmückt sind. Wenn es eurer Seele gefällt, sie zu bewahren, bemüht euch darum, sie nicht mit eurer Sorglosigkeit und Unachtsamkeit zu beschmutzen. Wendet euch mit Herzensangst von den Erre-

---

[85] Egbert.

gungen der Unkeuschheit ab und flieht das Gespräch und Getändel mit jungen Mädchen und habt keine Gemeinschaft mit ihren Verderbern! Hütet euren Mund vor unreinem Gerede und wendet euer Ohr von ihm ab und enthaltet eure Augen und Hände von jeder Schändlichkeit! Hört und versteht die Schrift des Weisen, welche sagt: Glücklich die Unfruchtbare und Unbefleckte, sie kennt[86] kein sündiges Lager und wird ihre Frucht im Angesicht der heiligen Seelen davontragen. Und der Verschnittene, der mit seinen Händen nichts Unrechtes getan hat, ihm wird das erlesene Geschenk des Glaubens gegeben werden und ein hochwillkommenes Los im Tempel des Herrn[87]. Als ich ihn wegen dieser Schrift fragte, von wem sie sei, sprach er: Der Heilige Geist hat sie durch den Mund des Weisen gesprochen. Und auf der Stelle entzog er sich meinen Augen und gestattete keine weiteren Fragen mehr.

Danach fuhr er wieder fort und sagte: Ich möchte noch der Rede an meine Brüder und Mitdiener die Ermahnungen ihres Vaters hinzufügen. Kinder, macht euch die Sitten der Heiligkeit in eurem blühenden Alter zur Gewohnheit, ihr könnt sie dann in der Zeit eurer Reife ausüben. Gestaltet darin eure Sitten so, daß ihr wahrhaft seid, mild und ernst, demütig und barmherzig und geduldig gegenüber Ermahnungen, und liebt und erforscht die Lehre der Weisen! Flieht die Worte der Lüge und Bosheit, auch Späße, Diebereien, Gelage, Streit, Spiele, die der Geiz erfand, auch die, die eine Gelegenheit zu unzüchtiger Lust bieten! Es frommt euch auch, häufig dem Gebet zu obliegen, weil im Himmel das Gebet, das aus einem unbefleckten Gewissen hervorgeht, wie süßer Weihrauch ist. Fleht euren Schöpfer an, er möge euch unbefleckt von dieser Welt bewahren, und hofft nicht auf die Länge des gegenwärtigen Lebens, denn euer Ende ist ungewiß! Das ist die Schönheit eures Weges, oh ihr unbefleckten Jünglinge und Jugendlichen. Wandelt auf ihm, und ihr werdet dem Herrn liebe Söhne sein und ähnlich den Engeln Gottes im Himmel. Euch in ihre Gemeinschaft einzuführen, möge sich Jesus Christus herablassen, unser Herr, der gesegnet und gepriesen ist mit dem Vater und dem Heiligen Geiste in alle Ewigkeit. Amen.

19. Zehnte Predigt über den Weg der Kinder: Nachdem die vorhergehende Predigt vom Engel an der Vigil der Aufnahme der heiligen Gottesgebärerin Maria[88] beendet worden war, suchte er mich wieder an dem Festtag selbst[89] zur Zeit des Gottesdienstes heim und sprach: Siehe, noch möchte ich meine Predigten nicht abschließen, da es noch Platz gibt und ich kurz etwas zu den Kindern zu sagen habe, die sich aus Unwissenheit nicht zu behüten wissen. Daher ist es nötig, ihre Mütter zu ermahnen, auf daß sie sie mit Gottesfurcht rein und unbefleckt erhalten, damit sie nicht etwa zugrunde gehen. Dazu fügte ich eine Frage an und sagte: Was heißt das, Herr, daß du sie rein und unbefleckt nanntest? Was können Kinder [schon] tun, um ihre Keuschheit zu be-

---

[86] ich lese „nescit" statt „nesciunt".
[87] Weis 3, 13.
[88] 14. Aug. 1157.
[89] 15. Aug. 1157.

flecken? Und auch wenn sie sich verfehlen, dann entschuldigt sie doch ihre
Unwissenheit? Er aber sprach: Ihre Keuschheit beschmutzen sie oft mit unreinen Worten und Taten, welche sogar sie begehen können. Und obschon sie
aus Unwissenheit handeln, sind sie doch nicht ohne Schuld und entgehen keineswegs der Strafe, wenn sie aus diesem Leben scheiden, weil sie weder von
irgend jemandem bestraft wurden, noch von sich selbst aus wußten, eine Buße für das Verbrechen zu nehmen. Deswegen sollten sie von ihren Eltern für
ihre Verfehlungen bestraft werden, weil sie, wie sie sich daran gewöhnen, Böses zu tun, so auch lernen würden, Gutes zu tun, wenn sie durch Bestrafung
dazu erzogen würden. Daß ich sie aber unbefleckt genannt habe, sagte ich für
die, die, wenn sie ein wenig älter als sieben Jahre geworden sind, sich dann
umso mehr mit verkehrten Taten beflecken, weil sie es gelernt haben, mehr
an das Böse zu denken, da sie ja davon nicht zurückgehalten wurden. Denn
selbst sie begehen die Tat der Unkeuschheit, so weit sie es vermögen, so daß
sich als Geschwister Verbundene oft miteinander vereinen, ohne zu wissen,
was sie tun. Wenn also solche aus dem Leben scheiden, erhalten sie schwere
Strafen, bis sie gereinigt sind, da überhaupt kein Makel in das Reich Gottes
eintreten kann. Das also ist der Untergang jener, worüber ich oben gesprochen habe. Sie werden aber umso härter und länger bestraft, je weniger sie
durch die Gebete und Almosen ihrer Verwandten Hilfe erhalten, deswegen,
weil diese meinen, sie bedürften dessen nicht. Also sage ich euch Eltern und
allen, die ihr die Aufsicht über Kinder habt[90]: Achtet darauf, sie genauestens
zu behüten, bewahrt sie, weil ihre Sünden auf euch zurückfallen werden, wenn
ihr sie vernachlässigt. Alles Fleisch ist von sich aus zum Bösen geneigt, und
daher zieht sie nicht in euren Eitelkeiten auf, haltet sie fern von Trunkenheit
und eitlen und falschen Märchen und verführt sie auch nicht durch eine milde Erziehung zum Stolz! Verbietet ihnen schamlose Worte und Geschimpfe,
obszöne Lieder, üble Spiele, Streit und unvorsichtige Herumtreiberei! Lacht
nicht über ihre Verfehlungen, sondern schreckt sie lieber mit der Rute der
Zucht[91] und den Worten des Tadels von allen Übeln ab, denn sie werden wi-
derspenstig werden, wenn sie ihrem Eigenwillen überlassen werden. Beginnt
vielmehr, sie vom zartesten Alter an zur Furcht vor dem Herrn zu beugen,
auch zu den Anfängen des heiligen Glaubens und den Gebeten zu Gott! Und
sorgt dafür, alles, was zu guten Sitten gehört, ihren Ohren häufig einzuträu-
feln.

Er beendete aber diese Predigt an der Oktav der Aufnahme [Mariens][92]
durch die Fortsetzung mit folgenden Worten: Nun aber, geliebteste Kinder,
wie schön ist euer Weg, eilt auf ihm dahin! Oh, wie liebenswert ist euer Vater, wie kostbar ist euer Lohn im Himmelreich! Ihn euch zu verleihen möge
sich der Sohn herablassen, der im Vater weilt, und der im Sohn weilende Vater mit dem Heiligen Geiste von Ewigkeit zu Ewigkeit. Amen.

---

[90] Es ist offenbar zu lesen: „et vobis.... habetis".
[91] „mansuetudinis" kann im gegebenen Zusammenhang (Parallele zu „Worte des Tadels") kaum
mit „Milde" übersetzt werden; „mansuetus" bedeutet „zahm".
[92] 22. Aug. 1157.

20. Als die Predigten dieses Buches fast vollendet waren, befand ich mich am
Fest der Apostel Peter und Paul[93] vor der Stunde des Gottesdienstes allein im
Gebet, und es erschien der Engel des Herrn vor meinen Blicken und sprach
folgende Worte, wobei ich zuhörte: An den Bischof von Trier und die Bischöfe von Köln und Mainz: Es sei Euch vom Herrn, von Gott, dem großen und
furchtbaren, und vom Engel des Testamentes[94] dieses Buches verkündet, daß
Ihr die Worte, die ihr im vorliegenden Buch finden werdet, der römischen
Kirche und dem ganzen Volk sowie der ganze Kirche Gottes verkündet: Bessert Euch selbst und wendet Euch ab von euren Irrtümern und vernehmt diese heilige und göttliche Ermahnung nicht unwillig, da dies nicht von Menschen erfunden wurde! Ich spreche Euch aber mit Namen an, da Ihr in dieser
Provinz den Ruf der Frömmigkeit habt. Lest und hört die göttlichen Ermahnungen und nehmt sie in guter Gesinnung auf, und urteilt nicht, dies seien
Einbildungen von Frauen, weil sie es nicht sind, sondern sie kommen von
Gott, dem allmächtigen Vater, der Quelle und Ursprung alles Guten ist. Was
ich aber Euch sage, sage ich [auch] allen anderen.

[93] 29. Juni 1157.
[94] Mal 3, 1.

Abb. 1: Vision Elisabeths über die Gotteswege, Miniatur, Mittelrhein, 2. Hälfte des
12. Jahrhunderts. Ehem. Wiesbaden, Hessische Landesbibliothek, Hs. 3, fol. 83 v
(Fotoreproduktion aus dem verschollenen Schönauer Codex).

onem sacram & diuinam · quia non sunt hec ab ho
minibus inuenta · Dico autem uobis ex nomine · quio
uista prouincia nomen religionis habetis · Legite
& audite ammonitiones diuinas · & suscipite eas pla
cida mente · & nolite arbitrari hec esse figmenta mu
lierum · quia non sunt · sed sunt a deo patre omni
potente qui est fons & origo omnis bonitatis · Quod
autem uobis dico · ceteris omnibus dico · Liber
reuelationum elisabeth de sacro exercitu uirginu
colomensiu or · Capitulum i · V
OBIS qui pios affectus
ad ea que sca sunt
gerentis · ego Elisabeth
famula ancillarum
dni que sunt in sco
naugia aperio ea
que mihi per gram
dei reuelata sunt de
illo uirginali exerci
tu sce ursule brittan
nice regine · qui in
suburbio colomensis ciuitatis, papi nomine in
diebus antiquis martirum passus est · De his enim
me silere non permittunt quidam bone opini
onis uiri · qui ad hec inuestiganda diuina me
postulatione multum renitente compulerunt ·
Sco quidem quio & hinc sumpturi sunt occa
sionem flagellandi me lingui

Abb. 2: Beginn der Offenbarungen Elisabeths über das heilige Heer der Kölner Jungfrauen mit historisierter Initiale: V (obis qui pios…). Miniatur, Mittelrhein, 2. Hälfte des 12. Jahrhunderts. Ehem. Wiesbaden, Hessische Landesbibliothek, Hs. 3, fol. 117 r (Fotoreproduktion aus dem verschollenen Schönauer Codex).

Abb. 3: Vision Elisabeths über die Gotteswege, Miniatur zur französischen Übertragung von Jacques Bauchans für König Karl den Weisen von Frankreich, um 1372. Paris, Bibliothéque Nationale, ms. fr. 1792.

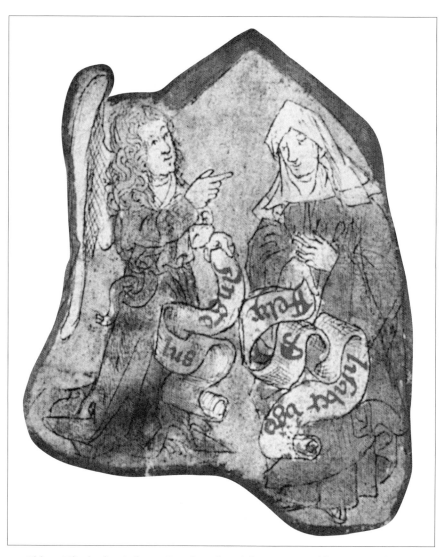

Abb. 4: Elisabeth mit ihrem Engel, Federzeichnung, Benediktinerinnenkloster Schönau, 2. Hälfte des 15. Jahrhunderts. Wiesbaden, Hessische Landesbibliothek, Hs. 4, Vorderdeckel innen (Ausschnitt).

Offenbarungen über das heilige Heer
der Kölner Jungfrauen

Buch der Offenbarungen Elisabeths über das heilige Heer der Kölner Jungfrauen[1]

1. Kapitel. Euch, die Ihr fromme Zuneigung zu dem hegt, was heilig ist, eröffne ich, Elisabeth, die Dienerin der Mägde des Herrn, die in Schönau leben, das, was mir durch die Gnade Gottes über jenes jungfräuliche Heer der heiligen Königin von Britannien Ursula geoffenbart wurde, das in einem Vorort der Stadt Köln für den Namen Christi in den alten Tagen das Martyrium erlitten hat. Darüber zu schweigen, erlauben mir nämlich einige Männer von guter Meinung[2] nicht, die mich, wiewohl ich sehr widerstrebte, durch tägliche Forderung dazu drängten, dem nachzuforschen. Ich weiß wohl, daß auch daher die ihre Gelegenheit nehmen werden, mich mit ihren Reden zu geißeln, die gegen die Gottesgnade in mir eingestellt sind, doch werde ich dies gern ertragen, weil ich hoffe, einigen Lohn zu erhalten, wenn die Ehre so vieler Märtyrer dadurch einen Zuwachs erfährt, was der Herr durch meine Mühen über sie zu offenbaren sich herabläßt.

2. Als es dem Herrn gefiel, sich über seine kostbaren Märtyrerinnen zu erbarmen, die lange Zeit über ohne Ehre bei den Mauern der Stadt Köln zu Füßen von Mensch und Tier gelegen waren, geschah es, daß bestimmte dort lebende Leute sich zum Ort ihres Martyriums begaben und viele Gräber der heiligen Leiber öffneten und sie von dort wegnahmen und zu den frommen Stätten hinbrachten, die in der Umgebung waren, so wie es vom Herrn bestimmt worden war. Dies begann aber im Jahre der Fleischwerdung des Herrn 1156, und Kaiser Friedrich hatte die Spitze des römischen Reiches inne, dem Bistum Köln aber stand Arnold II. vor. Damals wurde unter anderen eine kostbare Märtyrerin dort gefunden, in deren Grab folgende Beischrift zu lesen war: Heilige Verena, Jungfrau und Märtyrerin. Diese wurde durch die Hand unseres verehrungswürdigen Abtes Hildelin von dort zu unserem Ort überführt, als sie ihm vom Abt von Deutz, Herrn G[erlach] geschenkt worden war, der sehr in andächtiger Frömmigkeit entbrannt war, die Leiber dieser heiligen Gesellschaft zu sammeln und zu verehren. Als sie vom Konvent unserer Brüder, die sie aufnehmen sollten, am Eingang zur Kirche erwartet wurde, saß ich in unserem Gemach, und ehe ich irgend etwas von ihrer Ankunft gehört hatte, empfing ich vom Herrn folgendes Zeugnis ihrer Heiligkeit: Ich fiel in Ekstase und schaute auf der Straße, worüber die heiligen Gebeine getragen wurden, etwas wie eine ganz weiße Flamme, die die Gestalt einer Kugel hatte. Ihr schritt ein äußerst schöner Engel voraus, der in der einen Hand ein rauchendes Weihrauchfaß hielt, in der anderen aber eine brennende Kerze, und so wanderten sie gemeinsam leichten Schrittes bis in die Kirche. Als am nächsten Tag zu ihrer Verehrung die Meßfeiern zelebriert wur-

---

1 Zur Ursulalegende vgl. oben S. XIII f.
2 Neben Egbert v.a. Abt Gerlach von Deutz, denn seit 1155 waren die Benediktiner von Deutz von Erzbischof Arnold II. mit den Ausgrabungen der Reliquien betraut (Holladay 76). Vgl. die Briefe 5, 6, 17.

den, war ich im Geiste, und es erschien mir dieselbe Jungfrau, wunderbar gekrönt in himmlischer Helligkeit stehend und glorreich geschmückt mit der Siegespalme. Ich sprach sie also an und fragte, ob ihr Name wirklich so sei, wie es uns berichtet worden war; und zugleich forschte ich nach dem Namen eines gewissen Märtyrers, dessen Leib ohne bestimmten Namen mit ihr hergebracht worden war. Und sie antwortete, indem sie sprach: So ist mein Name, wie du es gehört hast. Doch wäre er fast durch einen Irrtum anders geschrieben worden, aber ich selbst habe den Schreiber daran gehindert. Mit mir kam aber der Märtyrer Caesarius[3], und als wir diesen Ort betraten, trat der Friede mit uns ein.

3. Wiederum am nächsten Tag, als der Gottesdienst desselben Märtyrers gefeiert wurde, erschien auch er mir selbst in großer Glorie. Und da ich von ihm erfragte, welchen Beruf er in der Welt gehabt habe und bei welcher Gelegenheit er mit jenen Jungfrauen das Martyrium erlitten habe, sagte er: Ein Soldat war ich in der Welt, der Sohn der Tante dieser heiligen Jungfrau, mit der ich nun verbunden bin. Da sie mir sehr lieb war, begleitete ich sie, als sie aus ihrer Heimat fortging. Sie aber bestärkte mich darin, das Martyrium auf mich zu nehmen, und als ich ihre Unbeugsamkeit im Leid sah, litt ich gemeinsam mit ihr. Es waren aber unsere Gebeine über lange Zeit voneinander getrennt gewesen, doch nun erreichten wir es vom Herrn, daß sie so verbunden würden. Durch diese Rede wurde ich aber in großen Zweifel gestürzt, denn ich meinte, wie alle glauben, die die Geschichte der Britannischen Jungfrauen lesen[4], daß diese selige Gemeinschaft ohne männliche Begleitung gepilgert sei. Außerdem erfuhr ich noch etwas anderes, was nichtsdestotrotz diese Meinung heftig abschwächte.

4. Zur selben Zeit, da die vorgenannten beiden Märtyrer gefunden wurden, stieß man zwischen den Bestattungen der Jungfrauen auf viele Leiber heiliger Bischöfe und anderer großer Männer, und da waren in den Gräbern der Einzelnen Steine mit darauf angebrachten Inschriften gesetzt, aus denen zu schließen war, wer oder von wo sie gewesen waren. Die wichtigsten und bedeutendsten von ihnen übermittelte mir der erwähnte Abt aus der oben genannten Stadt, weil er hoffte, es könne mir durch die Gnade des Herrn etwas über sie geoffenbart werden. Auch begehrte er, durch mich darüber Gewißheit zu erlangen, ob man den Inschriften glauben könne oder nicht. Er hegte nämlich den Verdacht, dass vielleicht Fälscher von heiligen Leibern aus Gewinnsucht jene Inschriften hätten betrügerischerweise zusammenschreiben lassen. Welcher Art also jene Inschriften waren und was mir über sie geoffenbart wurde, bemühte ich mich, im vorliegenden Text an verschiedenen Stellen den Augen der Leser darzutun, damit hierdurch bewußt werde, wie sehr

---

3   Die hier und im Weiteren erwähnten Namen der Kölner Märtyrerinnen und Märtyrer sind legendär bzw. frei erfunden.
4   Die Geschichte der Ursulanischen Jungfrauen war unter dem Titel *Regnante domino* weit verbreitet.

jene heilige Gemeinschaft, welche die väterliche Gottheit mit einem Gefolge von so erhabenen Personen zu ehren geruht hat, zu Recht von den Christgläubigen mit jeder Ehre bedacht werden muß.

5. Eine Zeit lang war ich beschäftigt, bei mir über das Gesagte nachzudenken, und vom Herrn den Empfang der Offenbarungen zu wünschen, die von mir begehrt wurden. Und es geschah, daß das Fest der seligen Apostel Simon und Judas[5] nahte; als ihre Meßfeier zelebriert wurde, überfiel mich ein bestimmter Herzschmerz, den ich zu erleiden pflegte, als die Geheimnisse Gottes mir zum ersten Mal geoffenbart zu werden begannen. Nachdem ich mich lange ermüdet hatte, fiel ich in die Ekstase und wurde damit ruhig. Da ich also in meinem Geiste, wie es für mich üblich ist, den Himmel betrachtete, schaute ich, wie die oben genannten Märtyrer von dem Ort der Helligkeit, wo ich die Visionen der Heiligen zu sehen pflege, weit in die untere Luft hinabschritten, und ihnen schritt mein treuer Wächter, der Engel des Herrn, voran. Diese sprach ich, wie ich im Geiste war, so an und sagte: Dies ist ein Zeichen eures großen Wohlwollens, meine Herrn, daß ihr mich nun so eines Besuches würdigt, da ich euch gar keinen Dienst erwiesen habe. Darauf antwortete die heilige Verena so: Wir haben empfunden, daß uns deine Herzenssehnsucht sehr eingeladen hat, und daher kommen wir, dich zu besuchen. Da sagte ich fragend: Meine Herrin, was soll das bedeuten, daß am Ort eures Martyriums auch die bestatteten Leiber von Bischöfen gefunden werden? Und muß man wohl den Inschriftentiteln glauben, die dort auf einigen Steinen gefunden werden? Und wer war ihr Schreiber? Und sie sprach zu mir: Vor langer Zeit hat dich Gott eben dazu auserwählt, um das, was bislang über uns unbekannt war, durch dich bekannt zu machen. Empfinde es daher nicht als mühsam, daß du von Einigen mit Bitten belastet wirst, dies zu erforschen! Es sei dir aber aufgetragen, die ganze Zeit deines Lebens über jedes Jahr an der Vigil unserer Passion mit Brot und Wasser zu fasten, oder, wenn du das nicht erfüllen kannst, dich davon durch die Feier einer Messe loskaufen läßt, damit der Herr sich herablasse, dir das zu offenbaren, was uns anbetreffend er bekannt zu geben beschlossen hat, und damit du es verdienst, dereinst unserer Gemeinschaft beigesellt zu werden. Danach begann sie, mir diese Reden vorzutragen, indem sie mit sehr heiterem Antlitz sagte:

6. Sobald wir uns in unserer Heimat zu versammeln begannen, verbreitete sich der Ruf unserer Heiligkeit weit, und viele kamen von überallher zusammen, um uns zu sehen. Es geschah aber auf Befehl Gottes, daß sich auch einige der Bischöfe Britanniens zu uns gesellten und in unserer Gesellschaft das Meer überquerten und mit uns bis nach Rom gelangten. Bei dieser Reise schloß sich uns auch der selige Bischof Pantalus von Basel an, er führte uns bis nach Rom und wurde zum Gefährten unserer Passion. Seine Inschrift lautete folgendermaßen: Der Heilige Pantalus, Bischof von Basel, der die heiligen Jungfrauen mit Freude empfing und bis nach Rom führte. Als er mit ihnen von dort nach

---

[5] 28. Okt. 1156.

Köln zurückkehrte, erlitt er da mit ihnen das Martyrium. Danach entgegne-
te ich ihren Worten das, was in ihrer Geschichte zu lesen steht, nämlich daß,
als die selige Ursula mit ihren Gefährtinnen auf dem Meere nach ihrer
Gewohnheit mit den sie umgebenden Jungfrauen spielte, die Schiffe, die die
Jungfrauen selbst steuerten, mehr als sonst in die hohe See gelangten und alle Schiffe durch einen plötzlich aufkommenden Wind von jenen Gebieten
weggetrieben wurden und nicht mehr dorthin zurückkamen. Demgemäß ist
es doch wohl wahrscheinlich, daß sie ohne männliche Begleitung unterwegs
waren. Darauf antwortete sie so: Der Vater der seligen Ursula, der König des
schottischen Britannien namens Maurus, ein gläubiger Mann, war in die Absicht seiner Tochter eingeweiht. Und was Gott über sie bestimmt hatte, erkannte er wie sie auch selbst und offenbarte dies einigen, mit denen er be-
freundet war. Er ordnete nach erfolgter Beratung vorsorglich an, daß seine
Tochter, die er höchst zärtlich liebte, Männer, deren Hilfe sowohl sie als auch
ihr Heer benötigte, bei der Abfahrt in ihrer Begleitung habe.

7. Von den bedeutenden Inschriften lautete die, die am wichtigsten war, in
dieser Weise: Der heilige römische Papst Cyriacus[6], der die heiligen Jungfrau-
en mit Freude empfing und mit ihnen nach Köln zurückkehrte und das Martyrium empfing. Und folgende zweite wurde bei dieser gefunden: Der heilige Kardinalpriester Vinzentius[7]. Als ich die selige Verena diesbezüglich fragte,
sagte sie: Zu der Zeit, da wir die Stadt Rom betraten, regierte auf dem apostolischen Stuhl ein heiliger Mann namens Cyriacus. Dieser stammte aus unserer Region, und da er ein kluger und adeliger Mann war, bei allen beliebt,
wurde er zur päpstlichen Würde erhoben. Und er hatte die römische Kirche
bereits ein ganzes Jahr und elf Wochen geleitet, und war in der Zahl der römischen Päpste der Neunzehnte. Als dieser von unserer Ankunft gehört hatte, freute er sich mit seinem gesamten Klerus und nahm uns mit großer Ehrerbietung auf, er hatte schließlich sehr viele Verwandte unter uns. In der Nacht
aber, die gleich auf unsere Ankunft folgte, wurde ihm vom Herrn geoffenbart, daß er den apostolischen Stuhl verlassen und mit uns aufbrechen solle,
um zugleich mit uns die Märtyrerpalme zu empfangen. Er aber verheimlichte diese Offenbarung bei sich und spendete den Segen der heiligen Taufe vielen unserer Gefährtinnen, die noch nicht in Christus wiedergeboren waren.
Und als die passende Zeit gekommen war, tat er seinen Willen kund und re-
signierte im Angesicht der ganzen Kirche vom Amt seiner Würde. Alle widersprachen, vor allem die Kardinäle, die es als Wahnsinn ansahen, weil er
sich weiblicher Albernheiten wegen zurückzog, da sie die göttliche Ermahnung nicht kannten, die ihn motivierte. Er aber blieb aus Liebe zu unserer
Jungfräulichkeit standhaft bei seiner Absicht, denn er selbst hatte auch von
seiner Kindheit an bei sich selbst die Jungfräulichkeit unbefleckt bewahrt. Von
jenem Zeitpunkt an verloren wir nun alle Gunst, die wir zuvor vonseiten der
römischen Kirche besessen hatten, und die, die uns zuerst applaudiert hatten,

---

[6] Ebenfalls unhistorisch.
[7] Anscheinend mit keinem der zahlreichen gleichnamigen Märtyrer zu identifizieren.

wurden unfreundlich zu uns. Unser verehrungswürdiger Vater, der selige Cyriacus aber, verließ die Stadt nicht eher, als gemäß seinem Rat an seiner Stelle ein anderer namens Anterus[8] eingesetzt worden war.

8. Danach, als ich das Verzeichnis der römischen Päpste durchgesehen hatte und dort nirgendwo den Namen des heiligen Cyriacus gefunden hatte, fragte ich wiederum die selige Verena, als sie sich mir eines Tages zeigte, warum er nicht unter die übrigen römischen Vorsteher eingeschrieben worden sei. Und sie sagte, dies sei wegen des Unwillens des Klerus geschehen, deswegen, weil er nicht bis zum Ende in seinem Amt und seiner Würde bleiben wollte.

9. An einem anderen Tag wiederum, als ich sie hinsichtlich eines gewissen Jakobus gefragt hatte, dessen Namen in seinem Grab ohne jede schriftliche Beifügung gefunden wurde, schien sie mir irgendwie über meine Frage erfreut und antwortete mir heiter, indem sie sagte: Es gab in jener Zeit einen gewissen adeligen Vater verehrungswürdigen Lebens, den Erzbischof Jakob, der aus seiner Heimat als Pilger nach Antiochien aufgebrochen war und dort zur Ehre des Vorstehers aufstieg und jene Kirche sieben Jahre regierte. Als dieser gehört hatte, daß der selige Cyriacus, ein Mann seines Stammes, in Rom zur päpstlichen Würde erhöht worden sei, kam er ihn zu besuchen, und war schon wieder aus der Stadt abgereist, als wir eben ankamen. Als uns dies mitgeteilt worden war, wurde schnell ein Bote abgesandt, ihn zurückzuholen, und er wurde in einer bestimmten Burg gefunden, die von Rom zwei Tagesreisen entfernt war. Als er von unserer Ankunft gehört hatte, kehrte er sofort zu uns zurück und wurde unser Weggefährte und Teilhaber an unserem Martyrium in Köln. Er hatte selbst auch einige Nichten in unserer Gemeinschaft. Auf Ermahnung des seligen Papstes Cyriacus und da er ein kluger Mann war, setzte Jakob viel Fleiß daran, die Namen unserer Schwestern kennenzulernen und nachdem wir zu einem großen Teil getötet worden waren, fügte er den Steinen für unsere Leiber die Inschriften hinzu. Doch ehe er dies vollenden konnte, wurde er von den Heiden bei dieser Arbeit ergriffen und mitten unter uns ermordet. Daher kommt es, daß einige von uns mit einer Inschrift gefunden werden, einige andere aber nicht. In der Stunde seines Martyriums aber, als er schon erschlagen werden sollte, erbat er nur das eine von den Henkern, daß seine Passion so lange aufgeschoben würde, bis er seinen eigenen Namen auf den Stein schreiben konnte, was ihm auch gestattet wurde. Ich fragte auch wegen des Tages seines Martyriums, weil es nach dieser Erzählung nicht glaubwürdig war, daß auch er selbst an demselben Tage getötet worden wäre, an dem die Jungfrauen litten. Auch darauf antwortete sie so: Am dritten Tage nach dem Tage unseres Martyriums erlitt er es von demselben Tyrannen, der die selige Cordula tötete.

10. Sie fügte auch etwas über einen gewissen Märtyrer hinzu, dessen Inschrift lautete: Der heilige Bischof Maurisius. Und sie sprach: Uns verband sich auch

---

8   Dieser Papst ist historisch; er regierte 235/36, womit Elisabeths zeitlicher Ansatz des Martyriums der Kölner Jungfrauen gegeben ist.

der selige Bischof Maurisius, als wir noch in Rom weilten. Dieser war zwei
Jahre Bischof in Lavicana[9] gewesen und stammte selbst auch aus unserer Heimat. Er war der Sohn eines bestimmten Grafen aus dem Geschlecht großer
Fürsten und der Onkel der beiden Jungfrauen Babila und Juliana, mit denen
bestattet er aufgefunden wurde. Er war aber ein Mann von sehr heiligem Leben, und seine Predigt besaß große Kraft, und er setzte seinen besonderen
Fleiß daran, daß jeder Ungläubige, Jude oder Heide, der zu ihm gekommen
war, nicht von ihm schied, ehe er ihn mit dem heiligen Taufwasser gewaschen
hatte, und so stimmte der Name Lavicana richtig mit seinem Amt überein[10].
Dieser führte den seligen Claudius von Spolet mit sich zu uns, den er selbst
zum Diakon ordiniert hatte, und den jungen Laien Focatus, seinen Bruder,
der noch nicht zum Militärdienst[11] herangewachsen war. Diese beiden gesellten sich zu unseren Bischöfen und dienten ihnen eifrig und erlitten mit ihnen
das Martyrium. Dies sagte sie, weil ich mich bei ihr auch über diese wegen ihrer Inschriften erkundigt hatte, die ich gesehen hatte. Sie fuhr weiter fort, indem sie sagte: Alle Bischöfe, die mit uns unterwegs waren, hatten von uns ge-
trennte Wohnungen, pflegten aber an den Sonntagen in unsere Mitte zu
kommen und uns mit dem Wort Gottes und dem Sakrament des Herrnleibes
zu bestärken.

Zu einer Zeit hatte ich den Wunsch, wegen zweier Bischöfe zu fragen, de-
ren Inschriften, wie ich vernommen hatte, folgenden Wortlaut hatten: Der heilige Bischof von Lucca Foilanus, vom apostolischen Stuhl gesandt, wurde an
dieser Stätte getötet und durch das Eisen hinweggerafft und ist mit diesen
Jungfrauen begraben. Ebenso: Der heilige Simplicius, Bischof von Ravenna.
Und es geschah, daß wir eines Tages ein Fest der seligen Jungfrau, unserer
Herrin, der heiligen Maria, feierten, und sie zeigte mir in ihrer gewohnten
Freundlichkeit ihr Antlitz. Und als sie mit mir mehrere Worte gewechselt hatte, fragte ich sie über diese Bischöfe, und sie sprach: Diese beiden waren zu
jener Zeit nach Köln aufgebrochen und stießen bei der Rückkehr von dort
auf das heilige Heer. So gesellten sie sich zu dem Papst und den Geistlichen,
die dort waren, und da sie mit ihnen wiederum zurückgingen, erlangten sie
mit ihnen die Märtyrerpalme.

11. Ich war ersucht worden, wegen der Inschrift eines bestimmten verehr-
rungswürdigen Monumentes nachzufragen, das so betitelt war: Hier liegt in
der Erde Etherius, der fünfundzwanzig Jahre im Glauben lebte. Er schied in
Frieden. Und darunter war in Großbuchstaben geschrieben: König. Und es
gab eine Zeichnung, ein großes R so angeordnet, daß darin zwei Buchstaben
zu erkennen waren, nämlich P und R[12]. Und auf der linken Seite dieser Figur waren die beiden Buchstaben E und X geschrieben, auf der rechten Sei-

---

[9] Auch der Bischofs- und der Ortsname sind erfunden.
[10] Da an lateinisch „lavare", waschen, anklingend.
[11] Es scheint, daß hier der Dienst in der römischen Armee gemeint ist, nicht der auch als ‚militia'
     bezeichnete Dienst für Gott.
[12] Vermutlich ist ein Chi-Rho Monogramm gemeint, wie es als Abkürzung für Christos gebraucht
     wurde.

te aber ein großes A. Des weiteren stand auf einem daneben gefundenen Stein
zu lesen: Königin Demetria. Ich befragte also die selige Verena dazu und zugleich über ein kleines Mädchen, das in der Nähe gefunden wurde und die
Inschrift besaß: Das Mädchen Florentina. Und sie antwortete mir auf alles,
indem sie sagte: Der König Etherius war der Bräutigam der heiligen Königin Ursula, Demetria aber war die Mutter des Etherius, Florentina aber seine Schwester. Und sie fuhr fort und sagte: Ich will dir auch erzählen, was der
Buchstabe A bedeutet, der der Inschrift des Königs beigeschrieben ist. Nimm
denselben Buchstaben A drei Mal und füge ihm drei Buchstaben hinzu, X,
P und R, und du bekommst Axpara heraus. Das ist der Name einer Herzo-
gin, die in der Nähe gefunden wurde. Sie war aber die Tochter der Tante des
Etherius, ihm durch das Band großer Zuneigung verbunden. Dies wollte der
Schreiber der Inschrift andeuten, als er ihren Namen so mit dem königlichen
Namen vermischte. Damals war es nicht angebracht, dies deutlicher auszu-
drücken, denn in Zukunft sollte dies alles durch dich offenbar gemacht wer-
den.

12. Da ich mich also bei mir darüber wunderte und dachte, es sei nach dem
historischen Zusammenhang ganz unglaublich, daß auch der Bräutigam der
heiligen Ursula bei diesem Martyrium anwesend war, ließ mich eines Tages
der Engel des Herrn seine Gestalt schauen, der mich üblicherweise heimsuchte. Und ich fragte ihn und sagte: Herr, wie ist es geschehen, daß sogar jener
Jüngling, von dem zu lesen steht, er habe sich mit der seligen Ursula vermählt,
mit ihr in der Passion verbunden war, obwohl geschrieben steht, sie habe sich
der Heirat mit ihm durch die Flucht entzogen? Er sprach: Als das Heer der
seligen Jungfrauen von Rom zurückkehrte, wurde in derselben Nacht, da die
sechste Tagesstrecke der Reise zurückgelegt war, der König Etherius, der im
englischen Britannien geblieben war, durch eine Vision im Herrn ermahnt,
seine Mutter Demetria dazu aufzufordern, Christin zu werden. Denn sein Vater, der den Namen Agrippinus trug, war im ersten Jahr, in dem er selbst die
Taufgnade empfangen hatte, aus dem Leben geschieden. Zugleich wurde ihm
verkündet, er solle aus seinem Land aufbrechen und seiner Braut entgegen-
ziehen, die schon aus Rom zurückkehrte, und daß er in Köln mit ihr das Martyrium erleiden und einen unverwelkbaren Kranz von Gott empfangen werde. Dieser fügte sich sogleich in die göttliche Mahnung und ließ seine Mutter,
die seiner Mahnung zustimmte, in Christus wiedergeboren werden. Er nahm
sie und seine kleine Schwester Florentina, die auch Christin war, und eilte seiner höchst seligen Braut entgegen und wurde ihr Gefährte im Leid und in der
Himmelsglorie. Ich aber fragte noch weiter und sagte: Was heißt das, Herr,
daß seine Inschrift besagt, er habe fünfundzwanzig Jahre im Glauben gelebt,
währenddem wir doch aus der Geschichte wissen, er habe den Christenglauben noch nicht angenommen, als die Verhandlungen über seine Heirat mit
der seligen Ursula begannen, und daß er drei Jahre vor der Verehelichung im
katholischen Glauben hätte unterrichtet werden müssen. Er antwortete: Obgleich dies so war, hatte er doch ehe er den Christenglauben annahm, so bescheiden und unschuldig nach der Lebensart gelebt, die er damals führte, daß

dem Schreiber seiner Inschrift schien, zu Recht könnten alle seine Jahre gläubige genannt werden.

13. Danach wurde ich eines Tages über einen gewissen heiligen Mann, dessen Inschrift lautete: Der heilige Bischof und Märtyrer Clemens, von unserer seligen Herrin belehrt, als sie mit mir sprach, [nämlich] daß der vorgenannte König ihn mitgebracht hatte, als er aus seiner Heimat aufbrach.

14. Als ich mich weiter nach jemandem erkundigte, dessen Inschrift lautete: Der heilige Bischof Marculus in Griechenland, empfing ich folgende Antwort vom Engel: Es gab in der Stadt, die Konstantinopel heißt, einen aus Sizilien gebürtigen König namens Dorotheus; und der Name seiner Gemahlin war Firmindina, und sie hatten eine einzige Tochter, Constantia geheißen. Und es geschah, daß beide Eltern starben, als die Tochter noch ohne den Trost eines Gatten war und ohne von einem Mann erkannt worden zu sein. Also verlobten sie ihre Verwandten als Gattin einem Jüngling, dem Sohn eines anderen Königs, doch auch ihm kam der Tod vor dem Termin der Hochzeit zuvor. Und jene freute sich über ihre Freiheit und gelobte Gott ihre unversehrte Jungfräulichkeit, indem sie betete und bat, daß er es nie gestatte, daß sie einem anderen Manne vermählt werde. Und sie wandte sich an einen Mann Gottes, den Bischof der vorgenannten Stadt (eben der, über den du gefragt hast), der nach dem Fleische ihr Onkel war, und bat ihn, ihr zu raten, wie sie ihre Jungfräulichkeit bewahren könne, und flehte ihn nachdrücklichst an, dabei ihr Helfer zu sein. Als er sich darüber bei sich Sorgen machte, wurde ihm eines Nachts durch eine Vision vom Herrn hinsichtlich der heiligen Ursula und ihres Jungfrauenheeres geoffenbart, daß sie in Kürze nach Rom kommen würden. Und es wurde ihm gesagt, er solle seine königliche Nichte Constantia nehmen und eilig mit ihr dorthin reisen, und er würde zusammen mit ihr der Gemeinschaft jener beigesellt werden. Und er glaubte der Offenbarung des Herrn, nahm jene, die das Königreich und alles, was von dieser Welt ist, um des Herrn willen verachtete, und gelangte nach Rom, obwohl jene noch nicht dorthin gekommen waren, über die er die Offenbarung empfangen hatte. Und nachdem sie nach kurzer Zeit angekommen waren, verbanden sie sich ihrer Gemeinschaft, um mit ihnen nach Köln zu kommen und das Martyrium für Christus auf sich zu nehmen. Diese Constantia aber selbst ist es, die kürzlich dein Bruder an diesen Ort brachte. Darauf antwortete ich so[13]: Herr, die, welche von ihm hierher gebracht wurde, hatte in ihrer Inschrift, wie es heißt, den Namen Firmindina – wie sagst du also, sie sei Constantia genannt worden? Er sprach: In den alten Zeiten pflegten viele als Beinamen den Namen ihrer Eltern zu erhalten, so daß sie mit zwei oder drei Namen gerufen wurden. So hatte auch diese von der Mutter her den Beinamen Firmindina, und daher geschah es wohl, daß, als ihre Inschrift zu verfassen war, dieser Name geschrieben wurde und ihr eigener Name, der Constantia war, ausgelassen wurde, weil die Sache mit Eile gemacht wurde. Eben dasselbe geschah auch

---

13 Es ist „respondi" statt „respondit" zu lesen.

vielen anderen, daß ihre Namen bei derselben Gelegenheit ausgelassen und
ihnen andere zugeschrieben wurden, die nicht ihre eigenen waren.

15. Eine Inschrift folgender Art wurde mir geschickt: Die heilige Gerasma,
die die heiligen Jungfrauen führte. Daß ich ihretwegen nachfrage, wurde ich
oft und sehr gebeten, da sie groß und bedeutend gewesen zu sein schien, die
die Führerin eines solchen Heeres sein sollte. Aber wiewohl ich oft Gelegenheit und Willen zu fragen hatte, wurde es mir nicht gewährt, weil die Frage
meinem Gedächtnis entfiel, so daß ich mich bei mir selbst wunderte, warum
das so verlief. Schließlich aber geschah es, daß der, der mich gebeten hatte, ihretwegen zu fragen, selbst drei heilige Leiber zu uns schickte, die zu der Gesellschaft der vorgenannten Jungfrauen gehörten. Und es war nach drei Tagen das Fest des seligen Apostels Andreas[14], und er selbst erschien mir
während des stillen Teils der Messe, und mit ihm ein sehr glorreicher Märtyrer sowie zwei Jungfrauen. Und ich erkannte, daß es jene waren, deren Leiber zu uns gekommen waren. Ich fragte also den seligen Andreas wegen ihrer Namen, weil sie ganz unbekannt waren. Und er sprach zu mir: Frage sie
selbst, und sie werden es dir sagen! Als ich dies getan hatte, antwortete mir
eine Jungfrau und sagte: Ich werde Albina genannt, und die, die bei mir ist,
Emerentiana. Wir waren Schwestern dem Fleische nach, die Töchter eines
Grafen, der den Namen Aurelianus trug. Dieser Märtyrer aber, der mit uns
kam, wird Hadrian genannt und war ein Königssohn. Und als er zehn Jahre
alt war, erlitt er das Martyrium für Christus. Und ich sagte: Herrin, wie werden wir eure Leiber unterscheiden, welcher zu welchem Namen gehört? Und
sie sagte: Meiner ist der größte, der kleinste aber der meiner Schwester, der
mittlere aber der des heiligen Hadrian. Und ich fuhr nicht fort, sie weiter zu
befragen. Es legte aber Gott dieses Wort über den Namen des vorher erwähnten Märtyrers in den Mund der beiden Zeugen. Und daß dies sein Name sei,
und daß er ein Königssohn war, wurde demselben Bruder, durch den die Leiber herbeigebracht worden waren, in der vorhergehenden Nacht durch eine
Vision geoffenbart.

Als ich danach über denselben Märtyrer in Gedanken war und wünschte,
über ihn etwas Gewisseres zu erfahren, erschien es mir in einer Nacht in einer Traumvision, als ob mir ein mit goldenen Buchstaben geschriebenes Buch
gegeben würde, und ich las darin eine große Predigt über ihn und seine Sipp-
schaft und wie er mit seinen vier Schwestern aus seinem Lande aufgebrochen
war und wie er mit ihnen das Martyrium erlitt. Die Namen derselben Schwestern aber, die ich dort las, lauteten folgendermaßen: Babila, Juliana, Aurea
und Victoria. Doch obschon mir schien, ich hätte alles in derselben Vision oft
und sorgfältig gelesen, so konnte ich doch nicht die richtige Ordnung der Sache im Gedächtnis behalten.

Nach wenigen Tagen kam aber das Fest des seligen Nikolaus[15]. Und als für
ihn die Meßfeier zelebriert wurde, erschien er mir gemäß seiner gewohnten

---

[14] 30. Nov. 1156.
[15] 6. Dez. 1156.

Freundlichkeit und wiederum mit ihm die drei vorgenannten Märtyrer. Ich bat ihn also, mir etwas Gewisseres über den heiligen Hadrian mitzuteilen. Und ebenso fiel es mir da in den Sinn, wegen der heiligen Gerasma nachzuforschen, von der oben die Rede war. Und er antwortete mir mit großer Freundlichkeit und sprach: Die heilige Gerasma, nach der du fragst, war Königin von Sizilien und wirklich aus der getreuen Wurzel Aarons, und sie hatte überreichlich den Geist des Herrn. Ihren Mann, den König Quintianus bekehrte sie, obschon er zuerst ein sehr grausamer Tyrann war, und machte ihn sozusagen aus einem Wolf zu einem sehr milden Lamm. Dieser hatte sie aus Britannien geholt, und sie war die Schwester des heiligen Bischofs Maurisius und der Daria, der Mutter der heiligen Königin Ursula. Sie hatte drei Söhne und sechs Töchter, und der jüngste unter ihnen war der heilige Märtyrer Hadrian, der, nach dem du gefragt hast. Sein älterer Bruder war Dorotheus, König von Griechenland, der der Vater der heiligen Constantia war, die zu euch gebracht wurde. Zu der Zeit aber, da sich die selige Ursula mit ihrem Vater insgeheim über ihren heiligen Vorsatz besprach, wobei ihr Vater durch dieses Trachten sehr getröstet war, schickte er einen Brief an die selige Gerasma und eröffnete ihr den Wunsch seiner Tochter und enthüllte ihr die Offenbarungen, die er von Gott erhalten hatte, und wollte ihren Rat hören, weil er wußte, daß sie eine Frau von großer Weisheit war. Jene aber, von göttlicher Kraft inspiriert und erkennend, daß das Wort von Gott ausgegangen sei, machte sich mit ihren vier Töchtern auf den Weg: Babila, Juliana, Victoria und Aurea, dazu mit ihrem kleinen Sohn Hadrian, der sich aus Liebe zu seinen Schwestern weiter auf die Pilgerfahrt einließ. Das Königreich wurde in der Hand eines einzigen Sohnes und zweier Töchter zurückgelassen, und sie segelten bis nach Britannien. Nach ihren Ratschlägen wurde also dieses gesamte heilige Heer der Jungfrauen versammelt und geordnet, und sie war auf allen Wegen ihres Pilgerzuges die Führerin aller durch die Lenkung ihrer Ratschläge; und zum Schluß erlitt sie mit ihnen das Martyrium. Nachdem sie dies gesagt hatte, merkte sie, daß ich mich bei mir sehr über diese Anordnung wunderte, und sprach zu mir: Zu Recht wunderst du dich, daß diese ganze Angelegenheit durch göttliche Verfügung wunderbar angeordnet wurde. Und sie fuhr noch fort und sagte: Sehr kostbar sind die Märtyrer, die der Herr zu euch gesandt hat, daher seid bedächtig, ihnen Ehre und Dienst zu erweisen, denn ihre Ankunft ist der Beginn einer großen Gnade.

16. Als sich mir einmal die selige Verena sichtbar gezeigt hatte, erforschte ich von ihr, wie mir von einem bestimmten Bruder vorgeschlagen wurde, wer denn der Urheber des Martyriums jenes seligen Heeres gewesen sei. Denn hat man Bedacht auf die Erzählung, die im Vorhergehenden über den vorgenannten Papst vorgebracht wurde, war keineswegs Attila, der Hunnenkönig[16], der Urheber jener Verfolgung, wie viele glauben, sondern seine Verfolgung folgte um viele Jahre später nach. Auf diese Frage antwortete sie so: Als wir uns in Rom befanden, gab es zu jener Zeit dort zwei ungerechte Herrscher, de-

---

[16] Reg. 434 bis 453.

ren Namen Maximus[17] und Africanus[18] lauteten. Als sie sahen, daß unsere Menge groß war und viele zu uns zusammenströmten und sich mit uns ver- einten, wurden sie gegen uns sehr unwillig und fürchteten, daß durch uns die christliche Religion wohl sehr wachsen und erstarken müßte. Daher schick- ten sie, als sie unseren Weg erkundet hatten, wohin wir aufbrechen wollten, mit Eile Boten zu einem ihrer Verwandten namens Julius, der der Herrscher des Hunnenstammes war, und ermahnten ihn, daß er sein Heer herbeiführe, um uns zu verfolgen und zu vernichten. Dieser stimmte ihrem Wunsch schnell zu, brach mit bewaffneter Schar auf, stürzte sich auf uns, als wir nach Köln gekommen waren, und vergoß ebendort unser Blut.

17. Aber auch das darf nicht verschwiegen werden, was sie sagte, als ich sie wegen des Leibes der seligen Ursula selbst befragte: Niemals wurde ihr Leib je über die Erde erhoben, außer in diesen Tagen, und er ist wirklich dort, wo seine Aufschrift bewahrt wird. Und sie fuhr noch fort und sagte: Daß in die- sen Tagen unsere Leiber so bekannt gemacht wurden, haben unsere Gebete vom Herrn erlangt. Er will unsere Klagen nicht mehr weiter ertragen, die wir darob anstimmten, daß wir so unbeachtet im Verborgenen waren und dem Herrn für uns überhaupt kein würdiges Lob dargebracht wurde. Es wird aber noch vor dem Jüngsten Tag geschehen, daß unser ganzes Heer bekannt wird.

18. [fehlt]

19. Diese Offenbarungsworte des Herrn habe ich über die verschiedenen Hei- ligenfeste hin, wie es dem Herrn gefiel, empfangen – nicht auf Grund meiner gerechten Taten, sondern wegen der drängenden Verdienste der heiligen Jung- frauen und Märtyrer Christi. Und sie waren innerhalb von ein wenig mehr als Jahresfrist vollendet. Und es geschah, als fast alle diese Reden vollendet waren, daß der Festtag der Passion derselben heiligen elftausend Jungfrauen[19] kam. Und als ich beim Gottesdienst war und die Lesung aus dem Evangeli- um vorgetragen war, fiel ich in gewohnter Weise in meine Ekstase und schau- te in der Region des Lichtes, deren Anblick mir stets vor den Augen meines Geistes steht, eine ausgedehnte Menge schöner Jungfrauen, gekrönt wie mit dem reinsten Golde, und in ihren Händen etwas wie sehr leuchtende Palmen. Ihre Kleidung erschien weiß und strahlend, ähnlich wie Schnee, wenn er vom Sonnenglanz bestrahlt wird, und an ihren Stirnen war blutige Röte zum Zeug- nis des Blutes, das sie in ihrem heiligen Bekenntnis vergossen hatten. Es er- schienen aber auch mit ihnen sehr viele glorreiche Männer mit denselben Zei- chen, unter denen auch viele mit der Priesterwürde ausgezeichnete hervorleuchteten. Ich hatte aber den Wunsch, noch etwas über sie zu fragen, doch aufgrund ihrer Vielzahl wußte ich nicht, wen von ihnen ich ansprechen

---

[17] Historischer Kaiser im Jahre 238.
[18] Beiname der historischen Kaiser Gordian I. und Gordian II. (beide + 238), die gegen Maximus kämpften.
[19] 21. Okt. 1157.

könnte. Und sogleich traten zwei von ihnen, die sehr ausgezeichnet waren, aus der Schar der anderen hervor, standen getrennt vor den anderen und blickten mich an. Und ich verstand, daß dies meinetwegen geschehen sei, sprach sie an und sagte: Ich bitte, meine Herrinnen, mich der Mitteilung zu würdigen, wer ihr seid und was eure Namen sind. Und eine von ihnen sprach: Ich bin Ursula, und die, die bei mir steht, ist meine Schwester Verena, die Tochter meines Onkels, eines großen Fürsten. Und ich sprach zu ihr, die mit mir redete, und sagte: Ich bitte, heiligste Herrin, daß du nun, da ja mir unwürdiger Sünderin über euch schon so viel durch die Gnade Gottes geoffenbart wurde, dich herablassen mögest, die Sache zu Ende zu bringen, und mir über die Art eurer Bestattung Kunde zu geben wollest. Wer waren denn jene, die zur Zeit einer solchen Verfolgung eure heiligen Gebeine so sorgfältig zusammenlegten und euch ein so ehrbares Begräbnis gewährten? Darauf antwortete sie mir Folgendes:

20. Es lebte zu jener Zeit in Köln ein heiliger Bischof namens Aquilinus, voll des Heiligen Geistes, der dort als vierter nach dem heiligen Maternus[20] die Kirche Gottes leitete. Als wir daran waren, aus Rom aufzubrechen, und uns schon zu unserer Rückkehr bereiteten, schaute dieser, da Gott es ihm zeigte, unsere ganze Menge, und er erblickte die ganze Reihenfolge unserer Passion, die wir auf uns nehmen sollten. Er hörte auch eine Stimme, die ihm sagte, daß er sich bereiten solle, unsere Leiber zu bestatten und alles Notwendige für unsere Beerdigung mit Eile beschaffen solle. Während er aber damit beschäftigt war, kamen jene zwei Bischöfe zu ihm, über die du schon einiges gehört hast, nämlich der von Lucca und der von Ravenna, und erzählten ihm, wie ihnen durch eine Vision von Gott geoffenbart worden sei, sie würden an jenem Ort das Martyrium erleiden. Sie seien aber noch im Ungewissen darüber, sagten sie, wie oder bei welcher Gelegenheit dies geschehen werde. Er aber, von dem es in seiner Inschrift hieß, er sei vom apostolischen Stuhl gesandt, hatte vom Inhaber des apostolischen Stuhles einen Rat hinsichtlich seines Weges erhalten, ehe wir angekommen waren. Als aber auch sie vom vorgenannten Kölner Bischof seine Vision, die er über uns geschaut hatte, gehört hatten, kehrten sie wieder auf dem Weg, den sie gekommen waren, zurück, kamen uns entgegen und blieben so bei unserer Gemeinschaft bis zum Ende.

21. Und nachdem sie dies gesprochen hatte, fügte ich folgende Worte hinzu und sagte: Ich möchte wissen, meine Herrin, welchen Grund man nennen könnte, den eure Widersacher gegen euch hatten, daß sie euch ermordeten. Und speziell über dich selbst möchte ich Gewißheit erlangen, durch welche Todesart du das Leben beendetest. Und sie antwortete, indem sie sprach: Der ruchlose Tyrann, der der Urheber unserer Ermordung war, forderte das durch Drohungen und Schmeicheleien von uns, daß wir unseren Bräutigam, der im Himmel ist, den Herrn Jesus Christus, verleugnen und uns seinen Umarmun-

---

[20] Im Gegensatz zu Aquilinus ist Maternus als Bischof von Köln historisch bezeugt; er lebte jedoch in der ersten Hälfte des 4. Jahrhunderts (LThK 6, 1997, 1469 f.).

gen und denen seiner Gesellen hingeben sollten. Aber nicht zu diesem Zweck
waren wir dorthin gekommen, und wir weigerten uns beständig, seinem unrechten Wollen zuzustimmen, und wählten lieber zu sterben, als von unserem Bräutigam getrennt zu werden. Deswegen wüteten sie mit verschiedenen
Foltern gegen uns, ich aber wurde von einem Pfeilschuß im Herzen durchbohrt. Als wir schließlich alle in unserem Blute lagen, hat jener verehrungswürdige Bischof, wie es ihm vorgeschrieben worden war, uns gegenüber ein
Werk großer Frömmigkeit gewirkt und leistete uns den Dienst, uns mit großer Sorgfalt und Ehrerbietung zu bestatten. Ihm und denen, die mit ihm unseretwegen arbeiteten, stand die Majestät des Herrn bei, und die Engel Gottes halfen ihnen, und schnell war das Werk unserer Bestattung vollendet. Wir
aber schoben es nicht auf, den Herrn für ihn zu bitten, daß er ihm den Lohn
seiner Mühe erstatte. Und so geschah es, daß er bald darauf aus diesem Leben genommen wurde, und Gott schenkte ihm eine besondere Ehre wegen
der Ehrerbietung, die er uns bezeugt hatte. Nicht viele Tage später aber, nachdem unser Begräbnis vollzogen war, kam der verehrungswürdige Mann Clematius und nahm einige Leiber, die an einem Ort noch übrig waren, und be-
erdigte sie mit großer Ehrerbietung, wie er selbst von der Majestät des Herrn
zuvor ermahnt worden war. Und ich fuhr gleich mit meinen Fragen fort und
sagte: War denn, Herrin, jener Clematius hier, der eure Kirche gebaut haben
soll? Und sie sagte: Keineswegs, sondern er kam erst nach langer Zeit an. Und
nachdem sie diese Reden beendet hatte, fügte sie noch etwas zum Schluß an
und sagte: Dem, der unsere Passion erneuert hat, möge ihm Gott den Lohn
für sein Werk erstatten. Und nun sei dem, der das Verborgene kennt und es
offenbart, wem er will, ohne die Person der Großen zu bevorzugen oder die
Niedrigkeit der Kleinen zu verachten, dem gütigen und barmherzigen Herrn,
Ehre und Ruhm und Dankbezeugung in Ewigkeit, Amen.

22. Älterer der guten Tage[21], Mann des Herrn, verehrungswürdiger Vater der
Brüder zu Steinfeld, U[lrich]![22] Euch sendet Euer Diener, der Mönch E[gbert]
von Schönau diese Worte: Darauf, das, was Ihr lange von mir gefordert habt,
durchzuführen war ich bedacht, häufiger von der Neigung zu Euch ermahnt,
als durch eine Aufforderung. Ich bat also die Magd des Herrn El[isabeth],
von der wir aus sicherer Erfahrung wissen, daß sie die Gnade heiliger Offenbarungen besitzt, daß sie vom Herrn erbäte, ihr möge etwas über den heiligen Potentinus geoffenbart werden, dessen Leib in der Kirche zu Steinfeld
aufbewahrt wird: Wer er gewesen sei, was seine und seiner Gefährten Heiligkeit wäre, die ebenso dort ruhen, da ihr mir sagtet, bislang nichts Gewisses
über jene erfahren zu haben. Ich bat, nein, ich zwang vielmehr die wegen des
Geredes der Verleumder lange sehr Widerwillige mit großer Hartnäckigkeit,
und er, der das Verborgene kennt, hat mir durch sie das eröffnet, was ich suchte. Das sind also die Worte, die ihr der getreue Engel des Herrn, da er die vorgenannte Dienerin Gottes zu verschiedenen Zeiten heimsuchte, gemäß dem,

---

21 Anklang an Dan 7, 9 ?
22 Ulrich war Propst des in der Eifel gelegenen Prämonstratenserklosters von 1152 bis 1170.

was er von ihr über das Gesagte gefragt wurde, antwortete. Und das, was den vorgenannten Mann Gottes und seine Gefährten betrifft, offenbarte er bereitwillig.

Es war, sprach er, Potentinus[23] ein Sohn des Königs der Gallier Antimius, eines wilden und ungläubigen Tyrannen, dessen königliche Residenz in der Stadt Paris lag. Der Knabe war aber von sehr gütiger Freundlichkeit und unschuldigem Leben, und wiewohl er kein Christ war, liebte er doch stets die Christen und besuchte ihre Wohnsitze und erfreute sich daran, ihre Lehre zu erkunden und zu hören. Deswegen erlitt er oft harten Tadel und Bestrafungen von seinen Eltern, und trotzdem ließ er nicht von jener heiligen Gewohnheit ab. So sehr begann er aber das christliche Glaubensbekenntnis zu lieben, daß er sogar von ihnen das Taufsakrament empfing, als er bereits fünfzehn Jahre alt geworden war. Von da an fing er an, mit dem Geist der Stärke ausgestattet, sich ganz von den Eltern zurückzuziehen und sich recht offen unter den Christen zu bewegen. Er ging von der Stadt der königlichen Residenz weg an einen anderen, etwa eine Tagesreise entfernten Ort und wohnte dort. Da zu ihm von allenthalben die Christen zusammenströmten, lernte er von ihnen eifrigst die göttlichen Schriften. Und er machte auf jede Weise vor Gott Fortschritte, so daß er in kurzer Zeit vor allen bei ihm weilenden Christen berühmt wurde in der Weisheit Gottes und der Heiligkeit des Lebens. Auch wirkte der Herr durch ihn zu jener Zeit große Wunder, denn er gab einer gewissen Frau, die mehr als fünfzig Jahre an einer krankhaften Lähmung gelitten hatte und sich immer im Krankenbett aufhalten mußte, nur durch Gebet und Handauflegung die Gesundheit zurück. Gleicherweise heilte er auch einen Mann, der dieselbe Krankheit dreißig Jahre gehabt hatte. Er wurde auch in den kirchlichen Weihestufen bis zum Grad der Leviten[24] erhoben, gelangte aber nicht zum Stand der Priesterschaft. Als er aber dreißig Jahre alt geworden war, wurde er in einer bestimmten Versammlung der Kleriker zur Bischofswürde gewählt. Es hatten sich nämlich in jener Zeit in einer Stadt des deutschen Königreichs, die Münster im Gebiet von Westfalen genannt wird, Kleriker zum Gottesdienst versammelt, fünfzehn an der Zahl. Da einige von ihnen als Pilger in Gallien gewesen waren, hatten sie den Mann Gottes gesehen und seine Heiligkeit sowie Weisheit bemerkt, und daher überzeugten sie die übrigen, sich diesen als Hirten zu wählen. Und daher kam es, daß sie mit ihm deswegen sehr eifrig durch Abgesandte unterhandelten, die sie ihm schickten. Nachdem er, motiviert durch den Rat seines Bruders Kastor, zugestimmt hatte, der selbst auch ein Christenmensch war, machte er sich mit jenen auf den Weg, wobei er in seiner Begleitung Kastor bei sich hatte, ebenso seine Schwester Kastrina, wie es Gott über sie bestimmt hatte. Und schon waren sie zwei Tage unterwegs gewesen, als die Kunde zu ihren Verwandten kam: Da stürzte sich rasch ihr Onkel, ein sehr grausamer Mann, der wegen ihres Bekenntnisses zum Christenglauben einen heftigen Haß gegen sie hegte, auf sie, verfolgte sie mit äußerstem Zorn und tötete sie. Gegen den Prie-

---

23 Dieser legendäre Heilige wurde seit dem 10. Jh. in Steinfeld verehrt (BS 10, 1061).
24 Im Mittelalter Diakon oder Subdiakon.

ster Gottes Potentinus aber wütete er grimmiger als gegen die übrigen und durchbohrte seinen Leib nicht nur grausam mit Schwertern, sondern auch mit vielen Pfeilschüssen, und so verschied dieser glorreich im heiligen Bekennertum. Nicht nur Kastor und Kastrina, seine Geschwister, wurden mit ihm ermordet, sondern auch zwei von den Gesandten, die geschickt worden waren, ihn wegzubringen, nämlich Simplicius und Felicius, von denen der eine, das heißt Felicius, ein Geistlicher, ein Priester, war, der andere aber ein Laie. Die übrigen aber, die zugleich mit ihnen dort waren, entzogen sich dem Martyrium durch die Flucht. Gelitten haben die Heiligen Gottes aber zur Winterzeit, am 5. Januar. Die jedoch, die dem Martyrium entkommen waren, kehrten, als sich der Verfolger zurückzog, zum Ort des Martyriums zurück und begruben die heiligen Leiber ebendort, wobei sie die Begräbnisplätze der Leiber mit einem Zeichen versahen; dann kehrten sie in ihre Heimat zurück und berichteten den Brüdern, was geschehen war. Viele Tage später aber kehrten dieselben Brüder, von der Liebe bewegt, mit der sie die Heiligen Gottes im Leben geliebt hatten, eben zu der Stätte ihres Martyriums zurück, und holten ihre Leiber von dort, weil sie sie in ihre Kirche transferieren wollten. Und als sie bei der Rückkehr ihren Weg durch das Moseltal nahmen und zu dem Ort, der Karden[25] heißt, gelangt waren, geschah es nach dem verborgenen Urteil Gottes, daß die Leiber der Heiligen wundersamer Weise derartig schwer und untragbar wurden, daß sie gar nicht mehr von diesem Ort wegbewegt werden konnten[26]. Nachdem die, die sie zu transportieren versuchten, lange mit fruchtloser Mühe sich ermüdet hatten, gaben sie dem göttlichen Willen nach und gingen fort, nachdem sie die Märtyrer ebendort bestattet hatten. Diese Märtyrer sind aber von großem Alter, denn sie litten vor den Zeiten des heiligen Mauritius und seiner Gefährten[27].

Nachdem mir die Magd des Herrn diese Reden des heiligen Engels berichtet hatte, forderte ich sie auf, von ihm zu erfragen, ob der selige Potentinus, von dem dies gesagt wurde, zur Zeit des heiligen Bischofs von Trier Maximinus[28] gelebt habe oder nicht. Dies tat ich aber wegen eines bestimmten Hymnus, den Ihr mir vor einigen Tagen gezeigt hattet, als ich bei Euch war, und aus dem zu entnehmen ist, daß es so war. Es war aber der Festtag des heiligen Protomärtyrers Stephanus, als sie dessentwegen fragen sollte. Und als ihr während der Meßfeier der Engel des Herrn erschienen war, den zu fragen sie gedachte, stand er wie mit Empörung sein Haupt von ihr abwendend. Sie aber, die den Grund seiner Empörung nicht kannte, wurde darob tieftraurig und erbat voller Besorgnis vom heiligen Stephanus, der ihr zur selben Stunde erschien, er möge für sie bei dem heiligen Boten Gottes intervenieren, der ihr zu zürnen schien, und er möge ihr sein Antlitz wieder versöhnen. Und nach kurzem wandte er sein Haupt zu ihr und sprach: Dein

---

[25] Zwischen Koblenz und Cochem.

[26] Ein von äußerst vielen Heiligen berichtetes Wunder, um die Wahl der Begräbnisstätte zu erklären.

[27] Historizität und Chronologie des Martyriums der Thebäischen Legion sind nicht geklärt (LThK 9, 2000, 1386 f.).

[28] Historisch, reg. 330-347.

Bruder hat mich und meine Brüder beleidigt! Er wußte nämlich aus den Ge-
schichtswerken, daß die Thebäische Legion vor der Zeit des heiligen Maximinus war, und als er dir diese Nachforschung auftrug, machte er das wie
zum Versuch, ob ich vielleicht meiner Rede widersprechen würde, die ich
über die Passionszeit der vorgenannten Märtyrer gehalten hatte. Und er fuhr
fort und sprach: Ihr werdet mich nicht versöhnen können, wenn ihr nicht
zuvor den einzelnen Chören meiner Brüder zur Genugtuung eine spezielle
Ehrerbietung erweist.

Danach war ich begierig, vom seligen Kastor zu erfahren, ob er irgendeinem kirchlichen Stand angehört habe, und von seiner Schwester Kastrina, ob
sie verheiratet gewesen war oder eine Jungfrau, und bei welcher Gelegenheit
sie zu ihrem Bruder, dem seligen Potentinus, gestoßen seien, so daß sie ohne
Wissen des Vaters und der Mutter jenen Weg angetreten hatten, auf dem sie
mit ihm das Martyrium erlitten. Zugleich begehrte ich zu wissen, ob es dort
irgend einen Ortsnamen gäbe, wo sie getötet wurden. Ich bat daher die Dienerin Gottes, auch dessentwegen nachzuforschen. Es kam ihr aber bis zum
Fest des seligen Märtyrers Laurentius nicht ins Gedächtnis, darüber zu fragen. Doch an jenem Tag geschah es, daß sie nach ihrer Gewohnheit denselben Märtyrer Christi in der Vision ihres Geistes zur Zeit des Gottesdienstes
schaute und ihn über das, was eben gesagt wurde, befragte. Der aber nahm
ihre fragenden Worte wohlwollend auf und sprach: Da der selige Kastor ein
christlicher Mann, ein Priester und älter als der selige Potentinus war, zögerte er nicht, recht oft zum Haus seiner Eltern zu kommen, und recht häufig
belehrte er seine Schwester, die Jungfrau Kastrina, über das Christentum und
taufte sie heimlich. Zu der Zeit aber, da der selige Potentinus daran dachte,
die Heimat zu verlassen, erlangte er es mit frommer Schläue von den Eltern,
daß er zur Unterhaltung seine Schwester bis nahe zur Vorstadt mitnehmen
konnte. Als er sie aber herausgeführt hatte, entfernte er sich schrittweise mehr
und mehr von der Stadt, so daß die Flucht nicht gleich bemerkt werden konnte. In der Nacht endlich entwichen sie von denen, die bei ihnen waren, durch
die Flucht und gelangten bis zu ihrem Bruder, dem seligen Potentinus. Und
so schlugen sie gemeinsam den Weg zum Herrn ein. Der Ort aber, an dem der
Verfolger sich auf sie stürzte, hatte keinen bekannten Namen, doch befand
sich in der Nähe eine Kirche, die den Beinamen die Rote[29] hatte und nach der
Zeit ihres Martyriums zwei Mal von den Ungläubigen zerstört wurde. Sie litten aber an einem lieblichen Ort am Abhang eines Berges bei einer Quelle,
die vom Volk den Namen Roel[30] bekommen hatte. Er fügte aber unter anderem noch etwas hinzu und sprach: Wisse, daß der Priester Gottes, der selige
Potentinus, von hohem Verdienst vor Gott ist und sehr ruhmreich unter den
Märtyrern Christi.

Durch seine mächtige Fürbitte unterstützt zu werden, möge Euch, geliebtester Vater, mit Eurer ganzen Familia[31], die göttliche Gnade zugestehen, auf

---

[29] Lat. Rufa.
[30] Wohl Röhl, südöstlich von Bitburg, oder Brohl bei Andernach?
[31] Klosterinsassen, Abhängige und Gesinde.

daß ihr die Macht habt, die feindlichen Gewalten in der geistlichen Rüstung[32], der Ihr Euch verlobt habt, zu vernichten und einzugehen in die Burg des ersehnenswerten und in alle Ewigkeit beständigen Königreiches! Amen[33].

---

[32] Zu dieser von Paulus mehrfach verwendeten Metapher (z.B. Eph 6, 14 ff.) vgl. die Literatur bei Dinzelbacher, Mentalität 304 Anm. 13.

[33] Einige Handschriften enthalten noch weitere ähnliche Ausführungen, ob von Elisabeth oder einem späteren Bearbeiter, ist ungewiß (Clark 2000, 228 f.).

Briefe

Sechstes Buch, erstes Kapitel[1]
Elisabeths Briefe, die sie nicht aus menschlicher Überlegung diktierte, sondern aus göttlicher Inspiration, da sie ungelehrt war, wobei sie nicht ihre Worte sprach, sondern die des Herrn und seines heiligen Engels.

Aus dem Bistum Metz, aus der Abtei, die sich in Busendorf[2] befindet, kam ein in den heiligen Schriften sehr bewanderter Mönch, Elisabeth zu besuchen und zu erforschen, was Gott mit ihr getan hatte. Als er ihr nachdrücklich gratuliert und sie treulich mit guten Ratschlägen belehrt hatte, bat er beim Abschied, es möge ihm gewährt werden, einmal von ihr einen Brief zu empfangen von derselben Gnade, von der auch das Übrige war, was von ihr selbst im Geiste verkündet worden war, auf daß hierdurch seine Seele etwas Läuterung und gute Tröstung empfangen könne. Zugleich verlangte er auch von ihr, einen Brief an seinen Abt und die Brüder zu senden, der sie hinsichtlich ihrer Besserung ermahnen möge. Als sie dies der Gottesgnade ehrerbietig nahe gelegt hatte, diktierte sie in jener Nacht, die die nächste nach diesem Ersuchen war, plötzlich und unvorbereitet, als sie bei der Matutin war, den Brief, den ihm zu schicken der genannte Bruder verlangt hatte. Ähnlich diktierte sie auch in der dritten Nacht danach den anderen Brief, den er seinem Abt und den Brüdern zu senden gebeten hatte. Seit dieser Zeit also besaß sie die Gnade, Briefe dieser Art zu diktieren, wie sie hier beschrieben sind:

2. L.[3], dem Diener Gottes, [wünscht] E[lisabeth] die Gnade Gottes! Ich ermahne Dich, Freund Gottes, gerecht auf dem Weg der Betrachtung zu wandeln, den Du eingeschlagen hast. Weiche nicht nach rechts oder nach links ab, sondern reiche jenem die Hand, der jedes Übel in Gutes zu verwandeln weiß! Reich bist Du nämlich, doch sei bescheiden in allen Deinen Reichtümern! Gib Gott die Ehre, von dem jede Weisheit kommt, und begehre nicht hoch hinaus, sondern habe Furcht, weil den Gottesfürchtigen nichts abgeht. Erhöhe Dich nicht, sondern demütige Dich stets! Je demütiger Du sein wirst, desto mehr folgt Dir hoher Ruhm. Bessere Dein Leben nach allen Deinen Kräften, auf daß Dir die Ruhmeskrone bereitet werde, die Dir Gott am Tag des Festes und der Freude[4] übergeben wird. Die möge Dir der gewähren, der in der vollkommenen Dreifaltigkeit lebt und herrscht von Ewigkeit zu Ewigkeit. Amen.

3. W., dem Abt von Busendorf, [wünscht] E[lisabeth] die Gnade Gottes! Knecht Gottes, es ermahnt Dich eine göttliche Inspiration: Erwache und strecke Deinen Hirtenstab aus und schlage fest zu und ordne alles um Deine Schafe mit Milde, die zu leiten und zu beschützen Du übernommen hast. Ein

---

[1]   Der Gesamtausgabe Egberts.
[2]   Boussonville bei Metz.
[3]   In einer späten Handschrift mit Ludwig, Mönch und später Abt des Klosters St. Eucharius in Trier identifiziert. Dieser hatte auch Hildegard von Bingen besucht (Roth Anhang S. XVI; Clark (2000) 296).
[4]   Beim Weltgericht.

jeder folgt seinem Herzen, sie weichen ab vom Weg der Betrachtung und wandeln ungerecht. Deswegen wird Gott Euch nicht das Lebensnotwendige geben. Kehrt zurück, Söhne Gottes, Söhne des Lichtes, zu eurem Herzen und befragt eure Gewissen, ob es etwas in Euch gibt, das nicht wohlgefällig ist vor jenem, vor dem alle Erde zittert. Läutert Euch zum Besseren! Ihr habt einen Vater, der in den Höhen wohnt und das Niedrige betrachtet. Laßt eurem Herzen nicht Raum, hierhin und dorthin zu schweifen! Verachtet die Welt und jeden weltlichen Pomp aus Gottesliebe, auf daß Ihr den König in seinem Schmuck und den Urheber des Lebens schauen könnt, der Euch zur Mahlgemeinschaft mit den Bürgern dort oben einlädt, wo der Vater im Sohn und der Sohn im Vater weilt mit dem Heiligen Geist von Ewigkeit zu Ewigkeit. Amen.

4. Ein kleiner Funke, ausgesandt vom Sitz der großen Majestät, und eine Donnerstimme im Herzen eines gewissen Menschenwurms[5] spricht zu H[illin], dem Erzbischof von Trier[6]: Es ermahnt Dich der, der war und der ist und der kommen wird. Erwache im Geist der Demut und Furcht vor Deinem Herrgott! Strecke den Hirtenstab aus über die Herden, die zu leiten und zu beschützen Du vom Herrn übernommen hast. Schlage fest, aber milde zu, indem Du beschwörst und schiltst, nicht wie ein Söldner, der keine Schafe zu Eigen hat[7], sondern wie ein getreuer und kluger Knecht, den der Herr über seine Familie gesetzt hat, um ihm zu seiner Zeit seinen Scheffel Weizen zu geben[8].

Abermals ermahnt Dich derselbe Herr, indem er spricht: Lege Rechenschaft ab, weil Du mich um ausgewählte Perlen und kostbare Edelsteine betrogen hast, die Dir anvertraut waren von der Macht der großen Majestät. Hinter Deinen Rücken hast Du sie geschmettert und wolltest mir nicht gehorchen! Weißt Du nicht, daß ich gesagt habe: Du hast dies vor den Weisen und Klugen verborgen und es den Kleinen geoffenbart?[9] Nimm das Buch und schlage nach, und Du wirst finden, was ich sprach und was geschehen ist. Der Papstthron ist von Hochmut umlagert, und der Geiz wird umhegt usw. Wenn Du ihnen nicht das sagst, was Dir eröffnet worden ist, und sie in ihren Sünden sterben, wirst Du das Urteil Gottes tragen! Und es sei Dir klar, daß der, der vom Kaiser gewählt wurde, vor mir der annehmbarere ist[10]. Wenn er mich

[5] Vgl. Ps 21, 7.
[6] Hillin von Fallemanien reg. 1152 bis 1169, zeitweise päpstlicher Legat.
[7] Joh 10, 12.
[8] Lk 12, 42.
[9] Lk 10, 21.
[10] Die Papstwahl 1159 endete mit einem Schisma, die Mehrheit der Kardinäle wählte Alexander III., der schon als Gesandter des vorhergehenden Papstes Hadrian IV. gegen Friedrich Barbarossa eingestellt gewesen war, eine kaisertreue Minderheit dagegen Viktor IV. Diesen hielten Egbert und Elisabeth (im Gegensatz zu Hildegard von Bingen) für den rechtmäßigen Papst, sicher nicht zuletzt, da Egbert ein Studienfreund des kaiserlichen Reichskanzlers Rainald von Dassel war. Da sich jedoch Alexander durchsetzen konnte, wird Viktor heute als Gegenpapst bezeichnet. Hillin zögerte länger als die meisten deutschen Kirchenfürsten, ehe er sich (zunächst) Viktor anschloß (Hauck IV, 256 f.).

fürchtet und mein Urteil ausführt, werde ich ihm ein neues Herz geben, und meinen Geist mitten in sein Herz senden[11]. Nun merke auf und tue, was mir genehm ist, und fürchte dich nicht, weil ich mit dir bin alle Tage meines Lebens[12]. Und ich werde Dich nicht verlassen, sondern Dir einen ansehnlichen Platz in meinem Königreich geben, wo die Musik meiner Heiligen zusammen ertönen läßt, was niemand kennt, wenn er es nicht erhält. Was Dir zu gewähren sich der herablassen möge, der Quelle und Ursprung allen Guten ist.

5. Dem verehrungswürdigen Abt G[erlach][13] [wird gewünscht] das Heil seiner Seele und der Seelen seiner Brüder. Ein kleiner Funke, ausgesandt vom Sitz der großen Majestät, und eine Donnerstimme im Herzen eines gewissen Menschenwurms ermahnt Euch und spricht: Freut Euch mit Wonne und nicht ohne Furcht und Herzklopfen, Ihr habt nämlich unter Euch einige Morgensterne, die im Himmel vor dem Thron der göttlichen Majestät in hellstem Leuchten erstrahlen. Ahmt Gott und seine Heiligen nach wie gute Nachfolger und hütet Euch vor jeder Verkehrtheit! Auch gebe es nicht unter Euch Stolz, Neid, Entzweiung und andere Laster, die gegen den Geist streiten, sondern seid wie neugeborene Kinder: vernünftig ohne Trug[14]. Nichts Eigenes sollt Ihr in dieser Welt besitzen und keinen Eigenwillen ausführen, weil Euch gesagt werden muß: Mit den Heiligen werdet Ihr heilig sein, wie der Herr in der Heiligen Schrift seinen Getreuen sagt: Seid heilig, weil ich heilig bin![15] Segnend segnete Euch der Herr und zeigte Euch den so viele Jahre, so lange Zeit im Acker verborgenen Schatz[16], auserlesen und kostbar. Voller Freude über ihn kauft Ihr ihn: auserwählte Perlen und kostbare Edelsteine[17]. Wißt ohne Zweifel: Wenn Ihr sie ehrt, wie es sich wohl geziemt, dann werden die immer vor Gottes Antlitz stehen, die für Euch beten und für Euch das Heil des Leibes und der Seele erflehen. Und ich ermahne Dich, ehrwürdiger Vater, strecke den Hirtenstab aus und schlage mit aller Sorgfalt und Abwägung die Herde des Herrn, damit auf dem Weg seiner Betrachtung keine Hinkenden wandeln und damit Du, Vater, ihnen durch das Beispiel guten Werkes voranschreitest und sie mit Dir zum ewigen Leben hinführst. Dort werdet Ihr bereitet finden, was das Auge nicht sieht und das Ohr nicht hört und nicht in das Menschenherz hinansteigt[18]. Dies Euch zu gewähren, möge sich Jesus Christus herablassen, der Sohn des lebendigen Gottes, der in der vollkommenen Dreifaltigkeit lebt und herrscht in Ewigkeit. Amen.

6. Dem Herrn G[erlach], dem verehrungswürdigen Abt der Kirche Gottes, die sich in Deutz befindet, [entbietet] Elisabeth von Schönau, die demütige

---

[11] Ez 36, 26.
[12] Is 43, 5.
[13] Gerlach regierte Deutz 1147 bis 1155. Vgl. Brief 6 und 17.
[14] 1Pet 2, 11, 2.
[15] Lv 19, 2.
[16] Die Gebeine weiterer Märtyrerinnen.
[17] Mt 13, 44 ff.
[18] 1Kor 2, 9.

Magd Christi, Gruß und Gebete. Seid getröstet und erfreut Euch im Herrn,
und stärkt die Herzen der Brüder, die mit Euch sind, denn der Herr vernahm
eure Klagen und blickte herab auf die Bedrängnis eures Herzens, von der Ihr
angesichts eines beweinenswerten Sturzes des göttlichen Sakramentes, welcher sich in eurer Mitte ereignete, betroffen wurdet[19]. Er handelte nämlich
gemäß seines üblichen Wohlwollens und ließ sich herab, mir durch seinen Engel einige Worte zu verkünden, aus denen Ihr Tröstung ziehen könnt. Es geschah am ersten Sonntag des vierzigtägigen Fastens, als der Herr Abt bei uns
den Gottesdienst feierte, nach der Lesung des Evangeliums, da ich auf das Gebet konzentriert war, daß ich plötzlich schwach wurde und in die Ekstase des
Geistes fiel. Und siehe, der Engel des Herrn, mein wohlgesonnener Tröster,
kam und blieb vor meinem Blick stehen. Dann erwähnte ich zwischen anderen Reden, die ich mit ihm führte, Euch vor ihm, wie ich zuvor von meinem
Bruder gemahnt worden war, und fragte ihn, indem ich sagte: Mein Herr, was
ist mit jenem verehrungswürdigen Sakrament geschehen, das in der Kirche
von Deutz aus der Kehle eines niesenden Knaben ausgeworfen wurde? Es ist
doch nicht etwa von den Füßen der Umstehenden zertreten worden und so
zu Schanden gegangen? Er antwortete und sprach: Die Heiligkeit dieses Sakramentes belebt den Geist dessen, der es aufnimmt. Was aber aus seinem
Munde gefallen ist, das wurde von einem Engel Gottes, der anwesend war,
aufgenommen und an einem geheimen Ort geborgen. Und ich sagte: Ob ich
es wohl wage, Herr, nachzufragen, an welchem Ort es geborgen wurde? Er
sprach: Frage nicht! Wieder sagte ich: Herr, welchen Dienst Gott zu leisten
geziemt es sich jenen Brüdern wegen dieser Nachlässigkeit? Er antwortete:
Vierzig Tage sollen sie im Konvent Gott das Lobopfer für dieses Delikt darbringen. Er fügte aber noch etwas hinzu und sprach: Ich aber setze an Stelle
unseres Herrn Jesus Christus diese Buße fest, daß, wo auch immer der Herrn-
leib zur Erde fällt oder das Herrnblut ausgegossen wurde, so daß es danach
nicht unter die Reliquien aufgenommen werden kann, für diese Sünde vierzig Tage lang das Lobopfer dargebracht werde. Wenn es aber unter die Reliquien aufgenommen werden kann, soll dasselbe dreißig Tage lang geschehen.
Endlich fügte er noch dies hinzu: Es nützt jenen Brüdern, und sie haben es
nötig, daß sie sich, je mehr Heiligenleiber sie bei sich versammeln und bei sich
bewahren, umso mehr bemühen, ihnen ehrerbietig und liebevoll zu dienen
und ihr Leben mit Gottesfurcht zu bessern und sorgfältiger ihre Standesver-
pflichtung zu beobachten. Denn um sie daran zu erinnern, erlaubte der Herr
es, daß geschehe, was in ihrer Mitte geschah. Wenn sie seiner Mahnung gehorchen und tun, was ich sagte, mögen sie sich sicher sein, daß jene kostbaren Märtyrer für sie beim Herrn Fürsprache einlegen werden und ihnen, wo
immer notwendig, zu Hilfe kommen werden. Wenn sie es aber nicht tun, werden sie Anklage und Beschwerde gegen sie erheben.

---

[19] Diese Problem wird auch S. 22 besprochen. Es ist ein Zeichen der sich intensivierenden
Hostienverehrung des Hochmittelalters. Elisabeths Gebetbuch enthält auch eucharistische
Gebete (Roth, Gebetbuch 16, 33, 53).

7. Dem Herrn B., dem verehrungswürdigen Abt von Odenheim[20], [entbietet] Schwester E[lisabeth] von Schönau Gruß und fromme Gebete. An der Vigil des heiligen Laurentius[21] kam einer von euren Brüdern zu mir, schon gerüstet für den Weg, den er nach Jerusalem antreten wollte, und eröffnete mir euren Wunsch und Vorsatz, ebendiese Reise zu unternehmen. Nachdem er viel mit mir besprochen und mich eifrig gebeten hatte, den Willen des Herrn in dieser Sache zu erforschen, legte der Herr in derselben Nacht, als ich bei der Matutin war, plötzlich seine Worte in meinen Mund, und ich verkündete sie in dieser Weise: Das spricht, der war und der ist und der kommen wird, der Allmächtige: Ich bin der Weg und die Wahrheit und das Leben[22]. Wenn jemand durch mich eintritt, wird er gerettet und in die Stadt Jerusalem kommen, die in der Höhe ist, und dort ruhen und großen Lohn für seine Arbeit und Mühe finden. Es gibt freilich manche Menschen – Ungerechte, Mörder, Übeltäter –, die der Buße bedürfen und nach Jerusalem kommen, um den Patriarchen und seinen Rat zu suchen, wie es ihnen nützt. So aber nicht Ihr, Söhne des Lichtes![23] Oh Ihr im Herzen Törichte und Träge im Glauben, wißt Ihr etwa nicht, daß, wenn mich jemand in seinem ganzen Herzen sucht, ich, seht, zu seiner Hilfe da bin? Doch ermahne ich Dich, der Du der Hirte der Schafe bist, strecke mit allem Eifer den Hirtenstab aus und schlage heftig, und ordne alles mit Milde hinsichtlich der Untergebenen an, die zu leiten und zu behüten Du unternommen hast wie ein treuer und kluger Knecht. Schüttle mein Joch nicht von Deinem Nacken, vielmehr sei es Dir leicht zu tragen. Und bei meiner Rechten befehle ich Dir: Was Du im Herzen trägst, tue nicht, weil es keinem guten Gewissen entspringt, sondern Dich verführt, so daß Du in die Grube stürzt! Wenn Du aber meinem Rat nicht folgst und meine Gebote mißachtest, werde ich, der Herr, Dich zerschmettern und Deinen Namen aus dem Buch des Lebens tilgen. Nun kümmere Dich also um jene, die unter Deiner Leitung stehen, indem Du beschwörst, tadelst, schiltst, ermahnst! Läutert Euch zum Besseren und gebt dem Teufel nicht Raum, der immer umhergeht und sucht, wen er verschlinge[24]. Und empfangt meine väterliche Ermahnung mit Danksagung.

Und jenen Euren Bruder empfanget mit Gunst und Segen, denn der Herr aller liebt ihn und wird mit ihm tun, was vor ihm wohlgefällig ist.

Und nochmals ermahne ich Euch: Geht auf dem Weg meiner Betrachtung wie sehr liebe Söhne in aller Demut und allem Gehorsam, ohne Gemurre, ohne Ablenkung und Neid, damit Euer himmlischer Vater nicht in Euch gelästert und erzürnt werde. Und geht nicht ab vom gerechten Weg, d.h. vom Weg seiner Betrachtung. Wandelt, so lange noch Licht in Euch sein wird, auf daß

---

[20] Zu Bruchsal gehörige, 1122 gegründete Benediktinerabtei.

[21] Vgl. Brief 5 f.

[22] Joh 14, 6.

[23] Elisabeth vertritt hier die u.a. auch von Bernhard von Clairvaux eingenommene Haltung, daß Pilger- oder Kreuzzugsfahrten ins Heilige Land sehr wohl für Laien heilsam seien, Mönche aber den Weg zum Himmel gemäß der „stabilitas loci" in ihrem Kloster zu finden hätten (Dinzelbacher, Bernhard 66 ff. u.ö.).

[24] Eph 4, 27; 1Pet 5, 8.

nicht die Todesfinsternisse Euch ergreifen, bis der Gott der Götter in Zion zu sehen ist. Und er wird Euch mit sich in der unendlichen Glorie herrschen lassen. Amen.

8. Euch, die Ihr in Neuenburg[25] Wohnung genommen habt, ermahnt die göttliche Stimme im Herzen eines gewissen Menschenwurmes und spricht: Wählt Euch ein heiteres Licht und bringt wahren Frieden zu Euch, und es wird sich eure Seele an der Fülle erfreuen[26]. Wandelt als liebste Söhne auf dem Weg der Betrachtung des Herrn, den Ihr gewählt, und besteigt den hohen Berg, wo die Wasserquelle liegt, und überströmt Euer Herz! Trinkt das Wasser voller Freude über die Quelle des Heilands und sprecht: Wir, die wir leben, lobpreisen den Herrn[27]. Es gibt nämlich unter Euch einige Menschen, die mir gut und friedlich scheinen, einige aber auch böse und verkehrt, die das unverständige Herz ersterer der Welt überlassen und sich daran auf vielerlei Weise freuen. Deswegen ermahne ich die Guten, zum Besseren voranzuschreiten, die Bösen aber, sich zu bekehren und zu leben, denn es geziemt sich, daß wir für den einen Gott kämpfen, von dem alle Güte und alle Heiligkeit kommen. Und alles im Himmel wie auf Erden dient ihm, für den im Mönchskleid zu kämpfen es Euch geziemt, damit Eure Frömmigkeit innerlich als Gott wohlgefällig erscheine. Und seid wie die Engel Gottes, die immer nach ihm verlangen, wobei sie den, der von Ewigkeit zu Ewigkeit lebt, loben und preisen. Amen.

Wenn Ihr dies tut, was oben genannt wurde, und noch dem Ähnliches, flieht auch den Stolz und jede Unreinlichkeit, damit nicht Euer Sinn von so vieler Unreinlichkeit beschmutzt werde, daß nicht Euer himmlischer Vater gegen Euch erzürnt werde, und Ihr nicht vom rechten Weg abkommt, das heißt vom Weg seiner Betrachtung. Ohne Zweifel wird er Euch Wohnstätten bei den Gestirnen bereiten und den unverwelkbaren Kranz. Den Euch zu verleihen möge der sich herablassen, der Quelle und Ursprung alles Guten ist.

9. Elisabeth, die demütige Magd Christi, wünscht den Schwestern des Konvents zu Andernach[28] Heil der Seele und des Leibes und die Freuden des ewigen Lebens. Es ermahnt Euch ein kleiner Funke, ausgesandt vom Sitz der großen Majestät, und die Donnerstimme im Herzen eines gewissen Menschenwurmes spricht: Freut Euch immer im Herrn, und eure Seelen werden in der Fülle erquickt werden[29]. Seid nicht müßig im Dienst Gottes, Eures Gottes! Wandelt auf dem Weg seiner Betrachtung so wie sehr liebe Töchter mit aller Demut und Liebe und Gehorsam, ohne Murren, ohne Verleumdung, ohne Neid und dem Ähnlichem, wohlgefällig wie neugeborene Lämmer vor dem lebenden Gott. Ich will die Bande Eurer Gefangenschaft zerreißen, spricht der Herr, Euer Gott, und Euch zu den grünenden Weiden bis zum Vorplatz mei-

[25] Wohl das Benediktinerkloster Neuburg bei Heidelberg, 1144 wieder besiedelt (Hauck IV, 998).
[26] Is 55, 2.
[27] Ps 113, 18.
[28] Augustinerinnen, deren Vorsteherin Tenxwind Hildegard von Bingen brieflich kritisiert hatte (LThK I, 1993, 620). Drei Verwandte Elisabeths lebten dort (Clark 2000, 397).
[29] Is 55, 2.

nes Zeltes führen. Ich ermahne Euch nochmals mit aller geistiger Besorgtheit, wandelt auf dem Weg der Gottesschau und bereitet wie die klugen Jungfrauen eure Lampen vor![30] Liebt Euch gegenseitig, wie auch Euer himmlischer Vater Euch liebte[31], und tragt einer der anderen Lasten[32]. Seid barmherzig, kommt einander an Ehrerbietung zuvor, und habt Sorge für die Kranken. Gebt, und Euch wird gegeben werden[33], und hundertfältig werdet Ihr nicht nur in dieser Welt, sondern auch in der zukünftigen empfangen. Nehmt die väterlichen Ermahnungen des Herrn mit gnadenvollem Segen, heiteren Angesichts, Herzens und Geistes an und hört nicht nur das Gotteswort, sondern handelt auch danach![34] Schaut auf Eure Berufung, zu der Ihr berufen seid! Gott hat Euch nämlich in sein wunderbares Licht gerufen[35] und Euch sich zum Erbe erwählt. Achtet mit allem Fleiß Eures Sinnens darauf, wie Ihr Eurem himmlischen Bräutigam gefallen könnt, damit Ihr Euch unter die für ihn auserwählten Töchter zählen könnt. Und er wird Euch mit der Krone der Gerechtigkeit krönen, die er Euch am Tag des Festes und der Freude übergeben wird. Diese Euch darzubieten möge sich Jesus Christus herablassen, unser Herr, der mit dem Vater und dem Heiligen Geist lebt und herrscht als Gott von Ewigkeit zu Ewigkeit. Amen.

10. Die Donnerstimme im Herzen der Magd des Herrn Elisabeth hat gesprochen: Ich, ein kleiner Funke, ausgesandt vom Sitz der großen Majestät, spreche und sage zu Euch, Schwestern des Klosters, das sich in Bonn[36] befindet: Ich ermahne Euch, vorsichtiger auf dem Weg zu wandeln, der der Betrachtung des Herrn gehört, nicht wie Unkluge, sondern wie Kluge, die verstehen, was der Wille Gottes ist, da ja die Tage und Zeiten dieser Welt böse sind und das Reich Gottes Gewalt erleidet und eine große Spaltung sogar von Euch. Ihr seid wie ein Volk, das Gott nicht kennt, und die Schmach Gottes tragt Ihr an Eurem Leib. Kehrt über den anderen, zum Leben führenden Weg zurück, Töchter Jerusalems, denn noch habt Ihr eine Lebensspanne und Raum für die Buße. Im Himmel sitzt nämlich der, der Euch wegen Eures Wandels ermahnt, und wenn er dies so beschlossen hat, wird er Euch sofort retten. Der weise Arzt begehrte, das Siechtum Eurer Seele zu heilen, indem er zuerst etwas Bitteres auflegt, und danach sachte berührt und eine milde Salbe auflegt und so Eure Wunden verbinden wird, wie einst der Heiland kam, die Kranken zu heilen. Weist den Arzt des Heiles nicht von Euch, bis Ihr die Gesundheit erhaltet. Nehmt die väterlichen Ermahnungen des Herrn nicht unehrerbietig auf, denn er züchtigt die, die er liebt, und wie ein liebevoller Vater die ermahnt, die er gern hat. Und die, die ihn gern haben, werden von seinem Gesetz erfüllt werden. Man muß ihn aber für eine solche Ermahnung lieben! Betrach-

---

[30] Mt 25, 1 ff.
[31] Joh 15, 2.
[32] Gal 6, 2.
[33] Lk 6, 38.
[34] 1Joh 22
[35] 1Pet 2, 9.
[36] Dietkirchen. Vgl. Brief 13.

tet die ganze Welt, wie sie wächst und wie sie verfällt und es in ihr nichts Festes gibt, sondern sie dem Staube gleich ist, der vom Winde verweht wird. Und er wird zerstreut, und so verschwindet die Welt und alle ihre Begierde. Wir haben hier keine bleibende Stadt, sondern suchen die künftige, wo Christus ist, der zur Rechten Gottes sitzt[37]. Dort soll in uns die Drachme wiedergefunden werden, die verloren ging[38], und werden wir den Lohn des ewigen Lebens finden. Diesen Euch darzubieten, möge sich Jesus Christus herablassen, der Sohn des lebendigen Gottes, der in der vollkommenen Dreifaltigkeit lebt in Ewigkeit. Amen.

11. Ein kleiner Funke, ausgesandt vom Sitz der großen Majestät, und eine Donnerstimme im Herzen eines gewissen Menschenwurmes ruft zu den Schwestern der heiligen Jungfrauen zu Köln[39] und spricht: Meine Töchter sind wie Witwen und gingen an ihren Eitelkeiten zugrunde, und wie Sand, der vom Winde hierhin und dorthin bewegt wird, so sind meine Töchter auf allen ihren Wegen. Es spricht der Herr: Das Blut meiner Heiligen, das auf der Erde vergossen wurde, tritt Euer Fuß, und unter Euren Füßen liegen die, die Euch bei mir verklagen, indem sie sprechen: Warum rächst du uns nicht, Herr Sabaoth, weil dieses Volk uns nicht verehrt? Unter vielen gibt es wenige, die uns ehren, die wir Großes deinetwegen ertrugen! Doch die Erde tritt uns nieder mit ihrem Volk. Seht, Töchter, Ihr habt mein Bett befleckt, in dem ich mit meinen Heiligen ruhen sollte! Nehmt Euch das zu Herzen und erinnert Euch, wie Eure Vorgängerinnen Euch in aller Demut und Keuschheit vorangingen und ihren himmlischen Bräutigam liebten; sie ahmten ihn sogar in ihrem Tode nach, und werden daher gekrönt und erhalten die Palme. Wendet Euch ab von Euren Wegen und folgt jenen und seid bereit, daß, wenn Euer Bräutigam kommen und an Eure Herzenspforte klopfen wird, Ihr ihm sofort öffnet und ihn in Euer Herz einführt. Gewiß, wenn es ihm gefallen wird, dort zu sein, wird er Euch einen auserwählten Platz in seinem Königreich geben. Diesen Euch darzubieten möge der sich herablassen, er jetzt ist und immer sein wird. Und sein Reich wird kein Ende kennen.

12. Seht, ich ermahne Euch, oh liebste Töchter[40]. Wandelt auf dem Weg der Betrachtung des Herrn mit aller Sorgfalt des Geistes, mit aller Demut und allem Gehorsam, mit Liebe und Geduld, da ja Gott Euch zu seinem Erbe auserlesen hat, daß Ihr in seiner Betrachtung ohne Murren gehen möget, ohne Verleumdung, ohne Neid, auf daß nicht der himmlische Vater in Euch gelästert und erzürnt werde und Ihr vom Weg abweicht, auf dem zu gehen Ihr begonnen habt. Und seht, er ermahnt Euch in aller Milde: Nehmt seine väterlichen Ermahnungen mit dankbarem Lobpreis an. Solange Ihr das Licht

---

[37] Heb 13, 14.
[38] Lk 15, 8 f.
[39] Das adelige Damenstift St. Ursula bestand seit 922.
[40] In einer Handschrift wird dieses Schreiben als an die Nonnen in Di(e)rstein bei Diez a. d. Lahn gerichtet bezeichnet (Roth Anhang XVIII).

habt, wandelt in ihm, damit Ihr Töchter des Lichtes seid. Und sieh, ich ermahne Dich, oh Jungfrau, wer immer Du seiest, [lege mich[41]] wie ein Siegel
über Dein Herz[42], damit die Täuschungen des Feindes nicht in es eindringen,
und treibe mich nicht aus Deinem Herzen, da ich Dir ja unvorstellbare Schätze bereitet habe. Und ich will Dich in das Zelt meines Palastes einführen, wo
Engel und Erzengel singen, wo die Musik der Heiligen harmonisch ertönt
und Dir die Ruhmeskrone bereitet werden wird, die Dir Jesus Christus darbringen wird, der Sohn des lebendigen Gottes, der in der vollkommenen Dreifaltigkeit lebt und herrscht von Ewigkeit zu Ewigkeit. Amen.

13. E[lisabeth] an die geliebteste Äbtissin von Dietkirchen[43]. Ich demütiges
Würmchen, die ich darniederliege und äußerst in den vielen Übeln dieser Welt
erschöpft werde, [entbiete] alles, was ich an Gebet schulde; und daß Dich Gott
teilhaftig mache des Lohnes, den ich in meiner Seele mit seiner Gnade verdie-
ne. Liebste, ich ermahne Dich, sammle Dich und sei stark gegen die Ränke
der schlauen Schlange, die Deiner Ferse nachstellt[44] und Dir durch den Neid
vieler Leute Schlingen gelegt hat. Wisse sicher, die Dir Schlingen gelegt haben, werden selbst in die Schlinge fallen. Du aber, Tochter Jerusalems, wand-
le wohlbehalten auf dem Weg der Betrachtung des Herrn, voraneilend in Liebe, Keuschheit, Klugheit und Demut. Handle männlich, und Dein Herz möge
erstarken! Und ertrage die Versuchungen dieser Welt, denn wir müssen durch
viele Versuchungen in das Reich Gottes eintreten! Gott hat nämlich einen
Weinstock an dem Ort gepflanzt, an dem Du wohnst, und dort ersprossen einige sehr schöne Zweiglein und brachten eine Gott angenehme Frucht. Es
wuchsen aber dort auch Dornen, Gestrüpp und Unkraut. Und was meinst
Du, wird der Herr mit seinem Weinstock tun, sobald er ihm keine angenehme Frucht bringen wird? Ohne Zweifel wird er das Unfruchtbare daran aus-
reißen und in den Feuerofen werfen. Strecke Du den Hirtenstab mit aller Sorgfalt des Denkens aus über Deine Untergebenen, die zu leiten und zu
beschützen Du es übernommen hast. Schlage fest und mit Milde, ordne alle
mit Unterscheidung, mit Gottesfurcht, mit aller Demut. Je höher Du stehst,
desto demütiger sei, denn die Demut ist eine große Tugend, durch die man
zur Krone gelangt. Und nun freue Dich und juble in ihm, der Dich für sich
weihte und es machte, daß Deine Seele eine Gottesbraut ist, eine Königsbraut,
die Braut des allerweißesten Lammes, das Dir voranschreitet. Süß soll es Dir
sein, seinen Spuren nachzueilen. Weiche nicht ab nach rechts oder links, und
so wirst Du zu ihm kommen, und er wird Dich in den Speisesaal seines Zeltes einführen, und Du wirst mit ihm speisen und er mit Dir. Dort wirst Du
immer mit den Engeln in Freude sein, dort [gibt es] Zimt und Balsam, süßesten Duft, und dort läßt die Musik der Heiligen ein liebliches Lied vor dem
Thron Gottes ertönen. Dort quält keine Krankheit, stört keine Anfechtung.

---

[41] Vgl. Clark (2000), 297 Anm. 300.
[42] Hld 8, 6.
[43] Vgl. Brief 10.
[44] Gen 3, 15.

Diese Freude Dir darzubieten, möge sich der herablassen, der in der vollkommenen Dreifaltigkeit lebt und herrscht als Gott von Ewigkeit zu Ewigkeit.
Amen.

14. Meine Liebe, vernimm bitte mit Dankesbezeugung meine Worte, die als
Gottesgabe ohne Menschenfleiß von mir vorgetragen wurden. Denn als am
Freitag vor Palmsonntag zwei Männer zu mir kamen, nach Bonn zu gehen,
und mich von Dir gegrüßt hatten, erinnerte mich mein Bruder, der bei ihnen
war, daran, wie Du immer von mir eine Ermahnung und Tröstung haben wolltest. Sogleich in der nächsten Nacht also nach der Matutin, als ich heftig von
sehr hohem Fieber gequält wurde und glühend in meinem Schweiß lag, legte plötzlich Gott zugleich diese Worte in meinen Mund, und ich überlegte sie
bei mir bis zum Morgen und konnte keine Ruhe finden, ehe sie niedergeschrieben waren. Und als ich sie meinem Bruder gezeigt hatte, sagte er: Du
mußt uns erklären, was das ist, daß du gesagt hast, es gäbe Zimt und Balsam
in jener himmlischen Heimat. Und ich versprach, meinen Besucher deswegen zu befragen, da ich diese obengenannten Worte ja nicht aus meinem Sinn
hervorgebracht hatte. Da er mir danach also zur Ostervigil erschienen war
und ich ihn deswegen befragte, schaute er mich fröhlich an, als ob ihm meine Frage angenehm sei, und sagte mir: Zimt hat von Natur aus eine angenehme Süße, die den Geschmack erfreut, und zugleich hat er eine intensive Schärfe, mit der er den Gaumen des Kostenden entzündet. Und je mehr man ihn
kaut, desto schmackhafter und duftiger ist er. So beschaffen ist unser Herrgott für uns, die wir immer dabei sind, sein ersehnenswertes Antlitz zu schau-
en. Süß ist er für uns über alles, was man schmecken kann, und unter allem
Begehrenswerten kann mit seiner Süße nichts verglichen werden, die uns mit
unaussprechlicher Intensität berührt und unser Inneres durchdringt und uns
entzündet und zugleich entflammt, ihn zu lieben. Und je mehr wir uns am
Geschmack seiner Süße ergötzen, desto mehr ist er für uns schmackhaft und
erstrebenswert, und kein Ziel kennt der Lauf unserer Sehnsucht nach ihm. Er
ist auch der Balsam seiner Auserwählten, weil er ihre Schmerzen besänftigt
und ihnen in seinem Reich ewige Gesundheit schenkt. Ihn trinken sie unauf-
hörlich und ziehen ihn in sich und werden von ihm reichlich erquickt, so daß
ihnen alles Üble in Vergessenheit fällt, das sie in diesem Leben ertrugen. Und
er macht sie unvergänglich, so daß sie weiterhin weder hungern noch dürsten
noch irgend etwas Unangenehmes durch Hitze oder Kälte oder Krankheit
oder eine andere Widrigkeit erdulden; auch können sie auf ewig nicht von
der Wunde des Todes dahingerafft werden. Sein Duft besitzt einen solchen
Überfluß an Süße, daß, würde man alles, was es unter dem Himmel an süß
Duftendem gibt, zusammenhäufen, das keine Süße aushauchen könnte, die
jener vergleichbar wäre. Sein Duft ist eine süßeste Erquickung, die von ihm
nicht nur auf die ausgeht, denen das Antlitz seiner Majestät gegenwärtig ist,
sondern auch auf jene, die noch in dieser Welt pilgern und seinen Ruhm lieben und nach der Heimat seines Anblicks seufzen. Nachdem er dies gesagt
hatte, tröstete er mich freundlich wegen meiner Krankheit und versprach mir
eine große Gnade. Denn ich weinte sehr deswegen, daß ich wegen der Hef-

tigkeit des Fiebers, das mich über viele Tage hin unerträglich quälte und sich von einem Quartan- zu einem Tertianfieber[45] gewandelt hatte, nicht bei den österlichen Freuden dabei sein konnte. Doch erinnerte er sich seines Wohlwollens mir gegenüber und kam zur Osteroktav zu mir zurück und führte mich im Geiste an einen sehr lieblichen Ort und stellte mich vor eine sehr schöne Quelle, und schöpfte mit etwas wie einer goldenen Vase daraus und gab mir zu trinken. Nachdem ich getrunken, machte er über mich das Kreuzzeichen, segnete mich und sprach: Du bist deiner Krankheit ledig, sie wird dich nicht weiter berühren. Nachdem ich aus der Ekstase erwacht war, fühlte ich mich sogleich erleichtert und begann, festen Schrittes einherzugehen (was ich seit langem nicht mehr getan hatte), und jene Krankheit kam nie wieder zu mir. Gepriesen ist Gott in all seinen Erbarmungen, die er mir gegenüber gezeigt! Dies alles wollte ich Dir, Liebste, aus großer Zuneigung anzeigen, damit Du davon etwas Tröstung erführest und im Herrn bestärkt würdest.

15. E[lisabeth], die demütige Magd Christi [entbietet] ihrer sehr geliebten Verwandten und verehrungswürdigen Meisterin G.[46] alles an Gebet und Zuneigung Geschuldete in Jesus Christus. Geliebteste, ich ermahne Dich, mit all Deiner geistigen Sorgfalt auf dem Weg der Betrachtung Gottes zu wandeln und den Spuren des allerweißesten Lammes nachzueilen, das Dir in aller Demut und Geduld voranschreitet. Bemühe Dich, gegen alle Widrigkeiten geduldig zu sein! Je höher Du stehst, umso mehr demütige Dich in allem! Die Demut ist nämlich eine große Tugend, durch Demut gelangt man zur Krone. Je demütiger Du sein wirst, desto mehr wird Dir die Höhe des Ruhmes folgen. Beachte die Unterscheidung[47] hinsichtlich Deiner Untergebenen beim Beschwören, Schelten, Tadeln. Unterscheidung ist nämlich die Mutter aller Tugenden. Für solche Menschen, die sich Meister nennen, ist es sehr notwendig, Unterscheidung bei sich selbst und bei anderen zu besitzen.

Und nochmals ruft die göttliche Stimme, die Stimme eures Bräutigams, zu Dir und allen, die unter Deiner Leitung stehen, und ermahnt Euch, auf dem Weg seiner Betrachtung zu wandeln, so wie er selbst voranschreitet. Wandelt, wie er selbst wandelte, und weicht nicht nach rechts noch nach links ab, sondern folgt seinen Spuren in aller Demut, Geduld und Folgsamkeit. Und seid ohne Zwietracht, ohne Verleumdung, ohne Gemurre und Neid und hütet Euch vor Anderem dieser Art, damit Ihr, gerecht und fromm in dieser Welt lebend, wie neugeborene Kinder seid: vernünftig ohne Trug[48]. Seid heilig, spricht der Herr, weil ich heilig bin[49]. Und wiederum sagt er: Seid vollkommen, wie auch Euer himmlischer Vater vollkommen ist[50]. Wandelt wie

---

[45] Ein regelmäßig an jedem vierten bzw. dritten Tag auftretender Fieberschub.
[46] Vielleicht Guda von St. Thomas in Andernach, der Egbert später über Elisabeths Tod berichten sollte (Clark 2000, 297).
[47] Vgl. oben S. 139 Anm. 81.
[48] 1Pet 2, 1 f.
[49] Lev 19, 2.
[50] Mt 5, 48.

Töchter des Lichtes, wie sehr liebe Töchter Eures Vaters, der in den Höhen
wohnt und das Niedrige betrachtet. Liebt Gerechtigkeit, Gehorsam, Geduld
und Demut. Liebt Euch gegenseitig in aller Freundlichkeit, tragt jede wechselseitig und liebvoll eure Lasten[51]. Seid mitleidig und barmherzig, wie auch
Euer himmlischer Vater mitleidig ist, ohne irgend jemandem Anstoß zu geben, auf daß nicht Euer Dienst gescholten werde[52]. Jede einzelne von Euch
soll das keiner anderen antun, was sie für sich nicht will! Ehrt Eure Meisterin und liebt sie in aller Freundlichkeit und lauteren Herzens! Verschmäht
und verachtet sie nicht, weil der Herr selbst spricht: Wer euch verschmäht,
verschmäht mich, und wer euch hört, hört mich[53]. Nun hört und bedenkt also die göttlichen Ermahnungen und nehmt sie heiteren Herzens mit Dankesbezeugung an. Und mit den Ohren hört das Folgende – es ist aber die
Stimme des Bräutigams: Ich werde nicht ausruhen, es sei denn über dem Demütigen, Gelassenen und meine Worte Fürchtenden. Und wiederum spricht
er: Es zählt zu meinen Wonnen, unter den Menschensöhnen zu wohnen[54].
Und dagegen spricht die Braut des Lammes: Zeige ihn mir, den meine Seele
liebt! Wo weidest Du, wo liegst Du zu Mittag?[55] Und abermals: Ich für meinen Geliebten, und mein Geliebter für mich, der zwischen Lilien weidet[56].
Was bedeutet das, daß er sagt, er liege, ruhe, weide unter Lilien? Dies sind
die keuschen und durch Liebe, Keuschheit, Klugheit, Demut wohlge-
schmückten Jungfrauen. Je keuscher eine Jungfrau ist, desto demütiger sei
sie! Freut Euch mit Jubel, Töchter Jerusalems, da Euch ja Gott sich zum Erbe gewählt hat, und bessert Euch mit aller Sorgfalt eures Herzens. Und er
möge Euch unter dem Schatten der Barmherzigkeit beschützten und an den
Brüsten seines Trostes ernähren, bis der Tag aufdämmert und sich die Schatten legen[57]. Und er möge Euch in das Jerusalem einführen, das in der Höhe
liegt. Und er wird sprechen: Tretet vor, Töchter Zions, und schaut den König der Könige mit dem Diadem, mit dem ihn sein Vater am Tage seiner Ver-
mählung und am Tag der Freude seines Herzens krönte. Wann war der Tag
der Freude seines Herzens? Damals war er, als er wie ein tapferer Recke her-
vortrat um gegen den Höllenkönig zu kämpfen[58]. Und er obsiegte und beraubte ihn und führte die mit sich in die Glorie, die er mit seinem Blute er-
kaufte. So möge es kommen, daß auch wir mit ihm und er mit uns in der
Glorie sei, im ewigen Leben! Amen. Lebt wohl, und bittet den Herrn für
mich, daß in mir der Tempel des Heiligen Geistes erstehe und er in mir voll-
bringe, was ihm gefällt.

---

[51] Gal 6, 2.
[52] 2Kor 6, 3.
[53] Lk 10, 16.
[54] Spr 8, 31.
[55] Hld 1, 6.
[56] Hld 6, 2.
[57] Hld 2, 17; 4, 6.
[58] Beim Abstieg Christi in den Limbus patrum, die Vorhölle, aus der er die Gerechten des *Alten
Testamentes* befreite (Dinzelbacher, Dinge 119 ff.).

16. Elisabeth, die demütige Magd Christi, [wünscht] ihrem geliebten R.[59], er möge alle Freude im himmlischen Schatz empfangen. Liebster, ich ermahne Dich, Dir bewußt zu machen, wie diese Welt wankt und der Herr stets den Schwankenden zu Hilfe kommt, indem er sie herauszieht, bald durch eine Ermahnung, bald durch Tadel, bald durch Tröstung. Und wie ein sehr milder Vater weist er die Seinen zurecht, auf daß nicht ihr zerbrechliches Gefäß[60] zugrunde gehe. Jetzt aber, oh Freund Gottes, gedenke mit aller geistigen Sorgfalt, wie diese Welt vergeht. Und ihre Blüte vertrocknet und ist trügerisch. Und wer wagt schon zu sagen, mein Fuß steht fest und ich werde nicht fallen? Niemand soll seiner sicher sein, ist er es heute, wird er es morgen nicht sein. Und über Dein seliges Haus will ich sagen: Es ist ein Haus des Friedens, und der Friede ruht in ihm. Und bei Dir wurde die auserlesene Perle gefunden, und der Herr aller liebt sie, und sie wurde für ihn bewahrt, er ruft sie, auf daß sie dem himmlischen Bräutigam Jesus Christus vermählt werde. Und er selbst wird alles geben, was er besitzt, um sie zu kaufen[61]. Und siehe, es ermahnt Dich die göttliche Nachsicht, oh verehrungswürdige Mutter von jener Perle[62], über die ich sprach, daß Du sie mit mütterlicher Liebe lieben sollst. Schau aber, daß Du sie nicht mehr liebst als Deine Seele! Wenn Du sie aber liebst wie Deine Seele und wenn Du Gott mehr als Deine Seele liebst, verbinde diese zwei zu einem: die Tochter mit Gott, das Geschöpf mit dem Schöpfer, und davon wirst Du am Tag der Vergeltung einen großen Lohn in Deiner Seele empfangen und immer wird es Dir bei ihm gut gehen, der gebenedeit ist in Ewigkeit.

Und wiederum wende ich mich an Euch, Väter, und ermahne Euch unter allem und über allem, sich des Weines zu enthalten, da ihr davon eine große Gefahr in euren Seelen erleidet. Wisset ganz sicher: Wer immer berauscht ist, ist vor Gott immer dem Vergessen anheimgegeben. Gott ist geduldig und erwartet Euch Tag für Tag, und schenkte Euch Tage und Jahre, Euch zum Besseren zu läutern, und Ihr habt keine Entschuldigung. Er gab Euch die Lehre und zeigte Euch den rechten Weg, und Ihr wandeltet den Weg der Ungerechtigkeit. Man muß aber wegen der Geduld Gottes an dem Tag, an dem er jedem gemäß seiner Werke vergelten wird, in Furcht sein. Wenn Ihr Euch aber bekehrt und Buße tut, werdet Ihr bei Gott große Gnade finden, da er ja milde und barmherzig ist und die Sünder nicht verachtete, sondern mit ihnen speiste. Und nicht will er den Tod des Sünders, sondern daß er sich bekehre und lebe[63].

Und wieder spreche ich zu Euch, in Christo geliebteste R., L. und H.: Stärkt Euch im Heiligen Geiste und festigt eure Herzen, da Ihr ja Glaubenskämpfer Gottes seid und gut die überwinden werdet, die Feinde der Keuschheit sind, wie Ihr Liebhaber der Keuschheit seid, woraus Euch große Freude im

---

59 Elisabeths einziger bekannter Brief an (nicht identifizierte) Laien, denen sie dazu rät, ihre Tochter, die „Perle", ins Kloster zu geben.
60 Im Kirchenlatein häufiger Ausdruck für den zerbrechlichen Menschenleib.
61 Mt 13, 45 f.
62 Sic!
63 Ez 33, 11.

Himmel kommen wird, und die Freudenkrone wird Euch bereitet werden
und ein übergroßer Lohn. Den Euch darzubringen sich der herablassen möge, der in der vollkommenen Dreifaltigkeit lebt und herrscht in Ewigkeit.
Amen.

17. Dem verehrungswürdigen Herrn Abt G[erlach] der Kirche von Deutz[64]
[entbietet] Schwester E[lisabeth] Gruß und fromme Gebete. Es bat mich einer Eurer Freunde, Euch dies mitzuteilen, da er aus euren Briefen ersah, daß
Ihr dies wünscht. Als wir gerade die Ankunft meines Bruders erwarteten, der
zu Euch gereist war, geschah es, daß ich in einer nächtlichen Vision schaute,
wie wenn er zu uns gekommen sei, in der Hand drei prächtig anzusehende
Lilien tragend, von denen die eine ganz klein und wie eben von der Sonnen-
wärme geöffnet erschien, aber weißer als die anderen und lieblich anzuschau-
en. Indem er diese in meine Hände legte, schien er zu sagen: Nimm sie, Schwester! Diese heißt Euticia. Danach, als er zurückkehrte, kam er zunächst bei
uns vorbei, bis sich die Brüder zur Prozession bereiteten, und erzählte uns
von zwei heiligen Jungfrauen, Fenellina und Grata, die er mit sich brachte,
und von jenem dritten kleinen Mädchen, von dem er mir sagte, es sei mir besonders von Euch geschickt worden. Sogleich verstand ich die Vision der drei
Lilien, und daß die dritte, die er ohne Namen brachte, Euticia sei. Lebe wohl,
ewig in Gott, Deinem Heilbringer.

18. [Entspricht Visionen 3, 19]

19. [Entspricht Visionen 3, 20 ff.]

20. [Entspricht Buch der Wege zu Gott 20]

21. Elisabeths Brief an Abt Reinhard von Reinhausen[65]. Nachdem ich Elisabeth Euer Schreiben aus der Hand Eures Boten erhalten und es gelesen hatte,
wandte ich mich an den Herrn und bat ihn aus ganzem Herzen, er möge mir
eine solche Antwort bereiten, die zu Eurer Tröstung diene. Und kaum hatte
ich mein Gebet vollendet, als mein Mund mit folgender Rede erfüllt war: Dem
verehrungswürdigen Abt Reinhard [entbietet] Elisabeth, die demütige Magd
Christi, Heil und Tröstung in Jesus Christus. Oh verehrungswürdiger Vater,
siehe, es ermahnt Dich die himmlische Stimme, indem sie spricht: Ermanne
Dich und sei stark gegen alles Widrige! Tröste Dich im Heiligen Geiste und
vertraue auf Gott, Deinen Herrn, weil ich, der Herr, mit Dir bin alle Tage
Deines Lebens und Dich in der Zeit der Anfechtung und Beängstigung nicht
verlassen[66], sondern retten und wie meinen Augenstern beschützen werde.

---

[64] Vgl. Brief 5 f.
[65] Reinhard von Helmwardhausen regierte die Benediktinerabtei bei Göttingen ca. 1130 bis 1170;
    er war wegen seiner Finanzgebarung umstritten, wurde jedoch später als Seliger verehrt (BS
    11, 90 f.). Der Brief ist 1163/64 zu datieren (Clark 2000, 298 Anm. 309).
[66] 2Makk 1, 15.

Ermanne Dich und lasse nicht nach im Streit: Wer nämlich wacker bis zum Ende streitet, der wird heil sein[67].

Und wiederum ermahnt Dich dieselbe göttliche Stimme und spricht: Reinhard, Diener Gottes, eile, wie Du eilst, wirke, was Du wirkst, nicht gebe Dein Fuß nach und nicht Deine Hand, die Zeit ist nämlich nahe, und die Tage werden nicht verlängert werden, da sich Gott Deiner erbarmen wird. Ich selbst habe Dich erwählt und als Arbeiter in meinen Weinberg gesetzt. Du hast meinen Weinberg bewacht und treulich in ihm gearbeitet wie ein treuer und kluger Knecht, den der Herr über seine Familia gesetzt hat, um ihr zur Zeit den Scheffel Weizens zu geben[68]. Freue Dich und juble, weil ich, der Herr, Dich als meinen auserwählten Knecht annehmen werde und Dich mit meinen Brüdern bei meinem Mahl erquicken werde. Und ich werde Dir den unvergänglichen Lohn für Deine Arbeit und Mühe geben, und Du wirst dort ruhen, wo ich selbst bin, und Dich dort mit den Engeln freuen und mit den Heiligen ohne Ende frohlocken. Und Euch, die Ihr in eben demselben Orden erscheint, ermahne ich, nicht nur vor den Menschen so zu erscheinen, sondern auch vor Gott und seinen Engeln, der in der Höhe wohnt und das Niedrige betrachtet. Und so möge Euer Licht vor den Menschen erstrahlen[69] und alle Eure Werke im Licht leuchten. Und merkt auf, was David im Psalter spricht: Die den Menschen gefallen, sind beschämt, da sie ja Gott verschmähte[70]. Und laßt Euch nicht zu den törichten Jungfrauen zählen, die ihr Lob draußen suchen, sondern seid wie die klugen Jungfrauen, die ihr Öl mit sich tragen und deren Lampen entzündet sind[71], und seid nicht bei Euch selbst weise, sondern daß Ihr kühn sagen könnt: Alle Menschen haben wir gewonnen, soweit es an uns lag, gemäß dem, was Paulus spricht: Allen Menschen bin ich ein Schuldner[72]. Hütet Euch aber, daß nicht etwa auf Euch zutreffe, was bei Jesaias gelesen wird: Ihr habt meinen Weinstock geplündert, und der Raub am Armen ist in Eurem Hause[73] statt dem, was Ihr den Armen hättet spenden müssen, was Ihr im Überfluß habt – und das entzieht Ihr jenen? Was ich Euch sage, dasselbe sage ich noch angelegentlicher vielen anderen Brüdern. Weh über das geheime Geschäft des Verkaufens und Kaufens dessen, was Gott gehört! Ihr wißt ohne Zweifel, daß die, die verkaufen, sich das Gericht erkaufen, und die kaufen, sich das beidseitig geschärfte Schwert kaufen. Was meint Ihr, wird der Herr tun, wenn er mit den Älteren des Volkes zum Gericht kommt und mit solchen Knechten abrechnet? Mit gebundenen Händen und Füßen wird er sie in den Feuerofen werfen, wo Augenweinen und Zähneknirschen sein wird[74].

---

[67] Mt 10, 22.
[68] Lk 12, 42.
[69] Mt 5, 16.
[70] Ps 52, 6.
[71] Mt 25, 1 ff.
[72] Röm 1, 14.
[73] Is 3, 14.
[74] Mt 13, 42.

Und abermals ermahne ich alle, die Ihr unter der Leitung eines guten Vaters seid, ertragt vor und über allem Euren[75] Herrn und Vater[76] und erblickt
in ihm unseren Herrgott, und liebt ihn mit aller Sorgfalt und Geneigtheit Eures Denkens und lauteren Herzens und ehrt Euch gegenseitig, und tragt einer des anderen Lasten[77], und nicht gebe es unter Euch Entzweiung und Är-
gernis und Gemurre oder Verleumdung. Und nichts Eigenes dürft Ihr in dieser
Welt besitzen, nicht einmal Eure Körper, und vergeßt nicht auf Reinlichkeit!
Ertragt alles zur Ehre Gottes, zieht nichts der Gottesliebe vor, seinetwegen,
der Euch geliebt hat und sich selbst für Euch hingegeben hat als Opfer für die
Vielen, der Unschuldige für die Sünder. Und Euch hat er in sein wunderbares Licht berufen[78]. Wandelt wie die sehr lieben Söhne Eures himmlischen Vaters, solange noch das Licht in Euch ist, auf daß nicht die Finsternisse Euch
ergreifen. Noch ist es Zeit zu bereuen, läutert Euch zum Besseren und seid
bereit, weil Ihr nicht wißt, zu welcher Stunde Euer Herr kommen wird[79], auf
daß Ihr ihm sogleich, wenn er kommt, öffnet und mit ihm in die Glorie ein-
geht, wo Ihr die Belohnung für alle guten Werke von ihm empfangen werdet,
der die vollkommene Freude ist, das unendliche Frohlocken, die Krone und
der Jubel aller Heiligen. Dies Euch darzubringen möge sich der herablassen,
der Quelle und Ursprung von allem Guten ist.

Am Tag der Epiphanie erschien mir mein vertrauter Engel des Herrn, und
als ich ihn wegen Euch gefragt hatte, was es denn gewesen sei, was Euch bewegt habe, sich danach zu erkundigen, was mit mir wäre, sagte er mir: Wisse
ohne Zweifel, daß ich es bin, der ihn dazu bewegte, und alles, was er diesbezüglich tat, geschah nach Gottes und meinem Plan, damit die Werke Gottes
in dir deutlich würden. Deswegen und hinsichtlich des Schreibens an Euch,
das ich eben damals verkündet hatte, fragte ich ihn wegen einiger Worte, die
darin gesagt worden waren, aus welchem Grund sie gesagt worden seien, und
er erläuterte mir alles.

22. Dem verehrungswürdigen Herrn Abt V.[80] von Laach [entbietet] Schwester Elisabeth von Schönau Verehrung und Liebe in Christus. Die Vision, die
ich knapp vor dem Weihnachtssonntag zur Zeit der Matutin schaute, war folgende: [entspricht Visionen 3, 5].

Diesem möchte ich noch das anfügen, daß am dritten Tage danach der Geliebte des Herrn, der selige Johannes der Evangelist, sagte, als auch bei ihm
bei irgendeiner Gelegenheit das Gespräch auf den erwähnten Gelehrten [Ori-
genes][81] kam: Der Herr hat das Urteil über ihn unserer Herrin überlassen, so
dass, was immer sie am Jüngsten Tag will, mit ihm geschehen wird. Den Worten unserer Herrin aber, die sie am Geburtstag des Herrn zu mir gesagt hat-

---

[75] Ich lese „vestrum", vgl. Roth Anhang XVII, Anm.
[76] Den Abt Reinhard.
[77] Gal 6, 2.
[78] 1Pet 2, 9.
[79] Mt 24, 42.
[80] Fulbert, reg. 1155 ff.
[81] Vgl. oben Visionen 3,5.

te, fügte ich sogleich noch eine andere Frage hinzu und sagte: Bitte offenbare mir, Herrin, auch etwas über jenen Bruder, der bei der Laacher Kirche so seltsam[82] zu Grunde ging, ob es eine Hoffnung hinsichtlich der Rettung seiner Seele gibt und ob es erlaubt ist, für ihn zu beten oder nicht. Und sie sprach: Weder auf die eine noch auf die andere Weise, will der Herr, soll dir etwas über ihn geoffenbart werden, weil dadurch nichts Nützliches im Volk entstehen würde; und ich achtete nur darauf, dies Euch jetzt mitzuteilen, damit es nicht scheine, ich habe Euer Ersuchen vergessen. Ihr aber denkt daran, sowohl Euch als auch die Brüder, die bei Euch sind, nach dem Maß eurer Klugheit zu trösten[83].

---

[82] Statt „mirabiliter" ist vielleicht eher „miserabiliter" (tragisch) zu lesen.

[83] Damit enden die von Egbert zur Veröffentlichung bestimmten Briefe. Ein weiteres, separat überliefertes Schreiben Elisabeths an Abt Burchard von Odenheim identifiziert auf dessen Wunsch die Reliquien einer ihm überbrachten Kölner Jungfrau. Es handle sich um Viventia, die ihren Eltern nach vierzigjähriger kinderloser Ehe geschenkt wurde. Diese schickten sie zu Ursula und ihrem Heer, mit dem sie das Martyrium erlitt. Als Elisabeth ihren Namen Egbert gegenüber irrtümlich mit Convivia angab, erschien die Heilige ihr und zeigte ihr weißes Gewand vor, auf dem in Goldbuchstaben stand: Ich heiße die erwählte Viventia. Auch die heiligen Patrone Schönaus, Bobosius und Abrunculus, sind durch viele Wunder ausgezeichnet (Schmitz, Ph., Visions inédites de Saint Élisabeth de Schoenau: Revue Bénédictine 47, 1935, 181-183).

Anhang:
Brief der Hildegard von Bingen
an Elisabeth von Schönau

Während in der älteren Literatur von zwei erhaltenen Briefen Hildegards an Elisabeth die Rede ist, muß heute davon ausgegangen werden, dass nur das im folgenden übersetzte Schreiben CCI R im Epistolarium der Bingener Visionärin, datiert zwischen 1152 und 1156, an die Schönauer Ordensschwester gerichtet war. Der andere Brief CXCVIII richtete sich dagegen mit einiger Wahrscheinlichkeit an die Zisterzienserin Elisabeth von St. Thomas an der Kyll[1]. Der lateinische Text liegt in der kritischen Ausgabe der Edition des Briefbuches Hildegards durch L. van Acker im Corpus Christianorum Continuatio Mediaevalis XCI A, Turnholti 1993, S. 456 f. vor und wurde danach übertragen.

Hildegard entwirft hier Elisabeth zum Trost in poetischer Formulierung ein Bild von der Conditio des Propheten, Sehers, Visionärs. Er ist ganz passiv, nur das Sprachrohr, durch das der Herr redet, die Posaune, auf der er spielt (ein Topos der charismatischen Rede). Seine Aufgabe ist es, dem sündenbelasteten Menschen das Wort des Herrn zu verkünden und dem Vorbild des Lammes Gottes zu folgen.

Hildegard an die Nonne Elisabeth

Ich armes Wesen und gebrechliches Gefäß sage das Folgende nicht von mir aus, sondern von dem lieblichen Licht: Der Mensch ist ein Gefäß, das Gott für sich selbst schuf und mit seinem Hauch erfüllte, so dass er seine Werke darin erfülle. Denn Gott werkt nicht wie ein Mensch, sondern schon durch seinen Befehl und sein Geheiß ist alles vollkommen: Die Gräser, Hölzer und Bäume erschienen, auch Sonne, Mond und Sterne gingen nach seinem Befehl hervor, und die Wasser brachten Fische und Vögel hervor, auch Vieh und Wildtiere entstanden, die alle dem Menschen dienen, wie Gott es anordnete.

Nur der Mensch allein erkannte ihn nicht. Denn als Gott dem Menschen großes Wissen gab, wurde der Mensch in seiner Gesinnung hochmütig und wandte sich von Gott ab. Den Menschen hatte Gott nämlich damit geprüft, dass er in ihm alle seine Werke vollendete. Jedoch der alte Betrüger täuschte ihn und steckte ihn mit der Sünde des Ungehorsams an, mit der Freude an unerlaubter Windbeutelei, indem er mehr erforschte, als er sollte.

Ach, oh weh![2] Da scharten sich alle Elemente [entweder] in die Nähe des Lichtes oder die der Dunkelheit, wie es auch der Mensch tat, als er die Got-

1 Kerby-Fulton, K., Elliott, D., Self-Image and the Visionary Role in Two Letters from the Correspondence of Elizabeth of Schönau and Hildegard of Bingen: Vox Benedictina 2, 1985, 204-223; Rissel, H., Hildegard von Bingen an Elisabeth von St. Thomas an der Kyll: Citeaux 41, 1990, 5-44; Van Acker, L., Der Briefwechsel zwischen Elisabeth von Schönau und Hildegard von Bingen: Van Uytfanghe, M. u.a. ed., Aevum Inter Utrumque, Den Haag 1991, 409-417.
2 Diese Worte stehen in Mittelhochdeutsch im sonst lateinischen Text.

tesgesetze überschritt. Gott aber beeinflusste einige Menschen, dass der Mensch nicht zur Gänze zum Gespött würde. Denn Abel war gut, Kain aber ein Mörder. Und viele schauten im mystischen Lichte Gottes, doch verübten andere trotzdem sehr viele Verbrechen, bis dann jene Zeit anbrach, in der das Wort Gottes erstrahlte, wie es heißt: Schön an Gestalt vor den Menschensöhnen[3]. Da trat die Sonne der Gerechtigkeit[4] vor und erleuchtete die Menschen mit guten Werken im Glauben und im Handeln, so wie die Morgenröte sich zuerst erhebt und wie die übrigen Stunden des Tages nachfolgen, bis dann die Nacht hereinbricht. So, oh Tochter Elisabeth, wandelt sich die Welt. Schon ist nämlich die Welt ermattet in aller Tugendkraft, so wie im Morgenrot, in der ersten, der dritten und der kräftigsten, der sechsten Stunde des Tages. Doch in dieser Zeit ist es nötig, dass Gott einige Menschen beeinflusst, dass sie ihm nicht träge Werkzeuge seien.

Vernimm, oh besorgte Tochter, dass jene Menschen, die so die göttliche Inspiration erfüllt, die eitle Einflüsterung der alten Schlange einigermaßen ermüdet. Da nämlich diese Schlange den herrlichen Edelstein[5] sah, zischte sie sogleich und sagte: Was ist das? Und sie ermüdet ihn mit dem vielfachen Übel eines Geistes, der über die Wolken schweben will – als ob sie Götter wären – wie sie[6] es ja selbst auch tat.

Nun höre nochmals: Die, welche die Werke Gottes zu vollenden wünschen, müssen stets darauf Acht haben, dass sie zerbrechliche Gefäße sind, da sie ja als Menschen existieren; und so sollen sie immer betrachten, was sie sind und was sie sein werden. Und das Himmlische sollen sie dem überlassen, der himmlisch ist, da sie ja selbst Vertriebene sind, unkund des Himmlischen. Aber trotzdem singen sie die Geheimnisse Gottes wie eine Tuba, die nur den Klang ertönen lässt, ohne ihn zu verursachen, sondern in die ein anderer bläst, damit sie erklingt. Aber sie sollen auch die Rüstung des Glaubens[7] anlegen, sanft, mild, arm und elend sein, so wie es auch jenes Lamm war, dessen Tubenklang sie selbst sind. Auch sollen sie die Sitten einfacher Kinder haben, denn Gott geißelt immer jene, die seine Tuba ertönen lassen, wobei er dafür vorsorgt, dass ihr zerbrechliches Gefäß nicht zugrunde gehe, sondern so, wie es ihm gefällt.

Oh Tochter, Gott mache Dich zu einem Spiegel des Lebens. Aber auch ich, die ich im Kleinmut meiner Seele liege, werde sehr durch Sorge und Furcht ermüdet, bisweilen ein wenig ertönend wie ein leiser Tubenruf vom lebenden Licht.

Darob helfe mir Gott, damit ich in seinem Dienst verbleiben kann.

---

[3]   Ps 44, 3.
[4]   Mal 4, 2, hier auf Jesus bezogen.
[5]   Den Menschen als Krone der Schöpfung.
[6]   Die Schlange, d.h. Luzifer, vor seinem Höllensturz.
[7]   Eph 6, 14.